SOKAGAKKAI

A Success and Limitations of a Political Religion

創価学会

政治宗教の成功と隘路

櫻井義秀／猪瀬優理［編］

法藏館

目次

創価学会

政治宗教の成功と隘路

Introduction
はじめに

政治宗教と政教分離

本書のタイトルにある「政治宗教」という言葉を初めて見た人が多いだろう。創価学会という宗教団体とこの教団を支持母体とする公明党は、政治宗教として日本において異彩を放っている。第二次世界大戦後の日本では、日本国憲法の第二〇条に規定された信教の自由と政教分離を厳格にとらえるために、「政治と宗教」は並列で記載され、その関係が盛んに論じられることはあっても、一つの言葉や概念として扱われることはほとんどなかった。なぜなら、特定教団を「政治宗教」と呼ぶことは、その教団が政教分離の原則に反していると批判することになるからである。

本書は創価学会と公明党が憲法に違反していると主張しようとしているのではない。むしろ、筆者たちは創価学会という教団の特徴を示す分析概念として政治宗教という言葉を使おうと考えている。政治参加のために組織体制や運動形態、あるいは教説や信仰のあり方をも政治と結びつけ、政治参加を強力に指向する宗教の類型として政治宗教という呼称を用いている。では何のために政治参加を指向するのか。

政治の世界において政治家や政治集団は権力を掌握し、組織や国家を統治するために政治活動を行う。目的はどれだけ崇高な理念で糊塗しようと、支配する側に立つことにある。宗教の場合には、宗教的理念を現実世界に実現するべく統治者に影響力を行使しようとするが、その仕方には後述するようにさらにいくつかのタイプに分かれる。そして、政治の側も宗教の側もそれぞれの思惑により、さまざまな形態の政教関係を結ぶことになる。

政治宗教とは、ある特定の政教関係において生まれた宗教類型である。政治と宗教が未分化だった時代の歴史的な宗教形態（中世のカトリックや日本の顕密仏教）や、分化しづらい宗教類型（イスラーム）を念頭に置いたものではない。次項で説明を加えるが、世界的には政治と宗教が分化し、独自の制度・組織に分かれた近代化後に出現した新たな宗教類型であり、日本でも近代以降に出現し、戦後は政治宗教がさらに三類型に分化している。より具体的に示せば、政治宗教は聖と俗に分かれた制度を再び結びつけようという運動や統治の形態であり、日本では王法と仏法の一致を目指す日蓮主義運動や天皇崇拝と国民道徳を結合させる国家神道が相当する。創価学会は、戦後の政治宗教の一形態である。

創価学会は、教団の組織戦略として政治参加を選択し、公明党を立党して王仏冥《みょうごう》合や国立戒壇を当初目指したが、言論弾圧事件において政治過程に関与し、政治力をもって自教団の利害を図ったために社会的批判を受けた。そのために一九七〇年に方針を転換し、日本の一宗教法人と一つの宗教政党に留まりながら、政治参加の道を模索した。創価学会は宗教政党を結成したという点では独自の戦略を採用しているのだが、政治に宗教的理念を反映させることを企図するという点において他の伝統宗教や新宗教と同列にある。

ところで、どのような形の政治宗教であっても、政治と宗教が密着している限り、そのような政党が政治過程に参加すれば、政教分離の原則に違反するのではないかという根本的な疑念が当然出てこよう。やや原則論的な話になるが、憲法と内閣府の法解釈からこの問題に暫定的な回答を試みよう。

憲法第一九条で思想・良心の自由と、同第二一条で結社・言論の自由を保障し、同第四四条において国会議員と選挙人を信条によって差別することを禁じている以上、宗教人が政党を結成し、政治参加することを憲法は認めているとみなすことができる。ただし、宗教的理念を前面に出した政治家や政党が特定の宗教団体に利するような政治活動を国政や地方政治において行うことがあれば、関係する宗教団体は権力行為を行ったものとみなせるので、政教分離の原則に違反していると言える。内閣府の見解は次の通りである。

二〇一四年六月一六日に自民党の鈴木貴子衆議院議員は、当時内閣官房参与を務めていた飯島勲《いさお》氏が訪米先の講演において「集団的自衛権の政府解釈変更に関連し、宗教と政治との関係について定めた日本国憲法の「政教分離」について、自民党と連立政権を組む公明党と、同党の支持母体である創価学会との関係を指し、「内閣によって法制局の答弁を一気に変えた場合、政教一致ということが出てきてもおかしくない」との発言」があったことから、「現在自民党と連立政権を組み、政府と一体となっている公明党と、その支持母体である創価学会との関係は、「政教分離」の原則に照らして適切なものであるか。公明党と創価学会は「政教一致」の関係にあるか。政府の見解如何」と質問趣意書を提出した。

六月二四日に安倍晋三内閣総理大臣の名前で内閣府は、「いわゆる政教分離の原則は、憲法第二十条第一項前段に規定する信教の自由の保障を実質的なものにするため、国その他の公の機関が、国権行使の場面において、宗教に介入し、又は関与することを排除する趣旨であると解され」、「一般論として申し上げれば、憲法の定める政教分離の原則は、先に述べたような趣旨を超えて、宗教団体等が政治的活動をすることをも排除している趣旨ではなく、また、憲法第二十条第一項後段の規定は、宗教団体が国又は地方公共団体から統治的権力の一部を授けられてこれを行使することを禁止している趣旨であって、特定の宗教団体が支援する政党に所属する者が公職に就任して国政を担当するに至ったとしても、当該宗教団体と国政を担当することとなった者とは法律的に別個の存在であり、宗教団体が「政治上の権力」を行使していることにはならないから、同項後段違反の問題は生じないと解してきている」回答している。

一人の人間が宗教団体と政治団体に所属し、宗教人と政治家という両面を備えていたとしても、法律上別個の存在であるか、立場を変えて活動するのだから問題ないというものである。この形式論理にはいささか弱点があり、目的効果基準などを援用すると政治家の行為が宗教団体を利する可能性はあり（靖国神社参拝など宗教施設や儀礼に対する権威付け）、宗教団体の行為が政治家の政治活動を利する（選挙支援など）可能性も当然にある。実際に、双方が企図をもって宗教や政治に介入し、実質的な効果を得ている可能性は濃厚にあり、ここにこそ政教分離の実質的な問題がある。本書では、このような関係を用いながら政治参加を図ろうとする宗教団体を特徴付けるために政治宗教という概念を用いている。

政教関係の構図

政治と宗教の関係を考察するためにやや図式的になるが、類型論的な説明を加えよう。その方が、創価学会の政治宗教としての特徴が明確になる。歴史上、政教関係には三つの類型が存在する。

①**政教一致型**。祭政一致型といってもよく、統治者が最上位の祭祀者でもあるような類型（仏教の正法王やイスラームのカリフ）か、宗教が権力の正統化装置（ヨーロッパ世界とカトリック、スラブ世界と正教、上座仏教と王権、日本古代の鎮護国家仏教）になっているような類型である。古代から中世にとどまる。時に新宗教の教祖が夢想する。

②**葛藤（抗争）型**。歴史上、反体制の活動に宗教勢力が加担することで叛乱・蜂起が宗教運動の体裁で起きている（中国史における道教・新宗教・キリスト教の乱やヨーロッパにおける宗教戦争、日本の戦国仏教など）。宗教の終末論的世界観は抗争者のエネルギーとなり、近現代においても原理主義や宗教的過激主義の運動において現実世界の闘争が宇宙論的な世直しと理想化されることもある。世俗と宗教の分離という思考様式と制度化は、フランスのライシテ（公共領域における非宗教化）やインドの世俗主義、あるいは旧共産主義国家における無神論や宗教抑圧に行き着いたが、ヨーロッパ世界のイス

ラーム化の葛藤、ナショナリズムと民族宗教の結合、そして復興した宗教と政権との協力関係などに変質している。

③協調（癒着）型。世俗化を徹底させずに宗教と政治が一定の妥協を図りながら協力関係を維持する政教関係であり、現代ではどの地域世界でも頻繁に見られる政教関係である。

日本では、この三類型に相当する政教関係が古代から中世にかけては①と②が、中世から近世にかけて②と③、そして、近現代において部分的に①と②、③が出現している。

明治以降、日本には国体と天皇制に対する崇拝を行う国家神道を最上位に、次いで翼賛を余儀なくされた伝統教団や新宗教、最下位に類似宗教とされた民間信仰や迷信を位置づける宗教界のヒエラルキーがあった。国家神道は人為的な官製宗教であり、地域の神社神道とは区別されるべきものであり、天皇が実質的に宗教と政治の両面において権力を保持していたわけではない。昭和一四年（一九三九）に成立した宗教団体法に体現された宗教を行政的に管理・統制するシステムが近代日本の政教関係の骨格だった。その結果、新宗教は教派神道に再編され、伝統宗教は合同されて命脈を保った。しかしながら、新宗教の大本は、大正一〇年（一九二一）と昭和一〇年（一九三五）にそれぞれ、不敬罪や新聞紙法違反、治安維持法違反によって教祖家族、教団幹部、一般信者らが特高警察によって多数検挙され、教団施設が警察隊により破壊された。大正一〇年の事件は大正天皇崩御による免訴、昭和一〇年の事件は七年後に無罪判決が出て、戦後の控訴審では原審通りの判決を得ている。権威主義的体制の枠外に出てしまった教団のなかで、大本以外にも指導者が拘留された教団は少なくない。

創価教育学会の初代会長の牧口常三郎（一八七一～一九四四）は獄死し、二代会長の戸田城聖（一九〇〇～五八）も勾留された。このような宗教弾圧の経験を通して、戦後の諸宗教は政界進出によって抑圧を阻止する戦略をとり、とりわけ成長著しい新宗教では集票力を背景に政治家を支援者として味方に引き込む戦略を現在まで維持してきたのである。

現代日本における政教関係として三つの類型が考えられる。政治に一切関わらないという教団宗教や宗教者もいるので、ここであげる類型は政治参加を試みる宗教団体の類型論である。

①**支援・後援型**。伝統宗教・新宗教共に昭和二〇年代には自教団から要職者を政治家として議会に送り込んでいたが、各教団とも一人もしくは二、三名程度であり、会派を結成して議会内活動を行うこともままならなかった。そのために昭和三〇年代において自教団の理解者である政治家を支援・後援することに政治参加の方針を転換した。伝統宗教および新宗教、日本会議などの保守的な政治団体に加盟する宗教者たちもこの類型である。

②**直接参画型**。創価学会は昭和三六年（一九六一）に公明政治連盟を結成し、三九年（一九六四）に公明党を結党し、四〇年（一九六五）に参議院選（一一人当選）と東京都議選（二三人当選）、四一年に衆議院（二五人当選）と政治進出を果たした。五〇年代には衆院選で五〇議席を超え、現在まで創価学会は政治と宗教を教団活動の両輪としている。創価学会以外に直接的な政治参加をめざした教団としてオウム真理教があった。一九九〇年の衆院選で真理党を結成したが、教祖松本智津夫以下二五名全員の供託金が没収された。幸福の科学は二〇〇九年に幸福実現党を結成し、公認候補を国会議員に

は当選させていないが、市区町村議会ではこれまで四六名の議員を出している。

③ステルス（隠密）型。統一教会（二〇一五年から世界平和統一家庭連合に改称）は一九六八年に国際勝共連合を設立し、地上天国実現の宗教活動と反共の政治活動を行い、自民党の保守政治人脈（岸信介以下安倍家三代と清和会）に食い込んできた。教団自体は政治の前面に出てくることはないが、無償の秘書や選挙ボランティアを提供することで国会議員や地方議員と関係を結び、朝日新聞が全国の国会議員、都道府県の議員、知事を対象に実施したアンケート調査では、国会議員一五〇名、地方議員二九〇名が接点ありとの回答だった（朝日新聞二〇二二年九月一七日付）。安倍晋三元首相が統一教会による被害者家族の青年によって銃撃され、殺害された二〇二二年七月八日以降、統一教会が自民党政治をはじめ政界に深く浸透していた事実が明らかにされた。

以上の三類型のうちで②と③は、教団設立当初から政教一致的な統治権力になることをめざしたが、現実政治に関わることでそれが困難になったものの、政党や政治団体を擁することで政策関与の実利を指向している。この点において政治宗教とみなしてよいだろう。

ところで、日本の政教関係は諸外国と比べてわかりづらいと言われる。その理由は、宗教的理念やイデオロギーによって宗教団体と政党や政治家が関係を持つという海外に典型的な事例があてはまらないことによる。長らく政権与党の地位にあり保守政党でもある自民党政治家が、①において伝統宗教および新宗教から支援や後援をもらい、②において公明党と二〇年来の連立政権を組み、③においで統一教会とは五〇年を超す関係を維持しながら、選挙戦を戦い、権力構造の中核を占めてきたことは、海外のメディアや研究者にとって理解を超えていた。

日本会議の日本ナショナリズムと統一教会のコリアナショナリズムは対立するはずである。創価学会の宗教理念を自民党政治家が共有しているとは考えられない。しかしながら、集票活動と国会運営のために自民党政治家はこの三つのベクトルで連携することに矛盾を感じない。理念に殉じないという意味では清濁併せ呑むという言い方も可能だが、あまりに定見がないとも無節操ともいえよう。逆の言い方をすれば、このような政党と関係することで政治的権力につながることを日本の宗教は求めてきたのである。

なぜ、現代の主要な日本宗教は政教協力を希求し、政治参加の指向性が強いのか。それは政治実践を伴う社会参加の意思が強いからというよりも、日本近代における総力戦体制下のトラウマではないだろうか。

総力戦体制下の集合的記憶

総力戦体制下の日本では伝統宗教・新宗教による翼賛的大衆運動を通じた戦争協力と政府による抑圧・統制の両局面がそれぞれ強調された［永岡　二〇一五］。弾圧された経験が主に語られ、戦争協力の反省を諸教団が表明するのに数十年を要した。それほどに抑圧の記憶は強烈であり、宗教団体は政治に対して防御的に対応し、むしろ、協力者を政治内部に求めたり、自ら政治権力を握ろうとしたりしたのである。その結果、戦後の厳格な政教分離体制下でも政党・政治家と教団宗教との密接な関係が生まれ、リベラルを自認するマスメディアは創価学会＝公明党や近年の日本会議を批判的に報道し、日本政治の右傾化を警戒してきた［塚田　二〇一五、二〇一七］。

しかしながら、少子高齢化による家族・地域社会の変動に伴い、伝統宗教の衰退が顕著な現代において、創価学会が地方・国政選挙において第三勢力を形成し、自民党と二〇年以上にわたって連立政権を組める背景が必ずしも学問的に十分に明らかにされていない。また、急速な経済成長を遂げた韓国、台湾、中国においても教勢の拡大と維持を成し遂げた一人勝ち状態にある教団があり、日本同様に積極的な政治参加によって政権と協調関係を構築していることもあまり注目されていない。

編者の櫻井はタイ、韓国、中国における宗教運動の現地調査を踏まえ、この一〇年ほどアジア地域における比較宗教、政教関係の比較制度研究に従事してきた［櫻井・中西　二〇一〇。櫻井・外川・矢野編　二〇一五。櫻井編　二〇一七、二〇二〇a、二〇二〇b。櫻井　二〇二二］。そして、韓国の李元範他宗教研究者と共同研究を経験し［李・櫻井　二〇一一］、ソウル大学のKim Hong Jungとも研究交流を行なってきた。こうした研究交流を通して朴正熙《パクチョンヒ》の維新体制と韓国最大の教会であるヨイド純福音教会創設者趙鏞基《チョーヨンギ》による三重の福音にサバイバリズムのユートピアが見られること、さらに、台湾中央研究院社会学研究所と交流する中で、台湾四大仏教には白色テロや戒厳令下の記憶が教団の活動戦略に深く刻まれていることを確認してきた。強い宗教、巨大化する教団は、抑圧を回避するべく周到に政治権力にパイプを構築しているのである。

宗教運動が多くの大衆を集め、教団として成長し、社会のエスタブリッシュメントになるプロセスには、当該社会全体が経験した集合的記憶やそれに影響された大衆の社会意識が関わる。この点は、アルバックスによる集合的記憶論やマンハイムによる社会意識論が参照され、本書でも議論の補助線としている。従前の集合的記憶論は戦争・慰霊の議論に限定され［粟津 二〇一七］、社会意識論も近年の宗教社会学の理論には使われることがないのだが、近現代日本および東アジアの宗教史を展望する場合、この理論的視座は大いに活用可能である。

政治体制とも共有されたサバイバリズムや成長主義、政教協力という理念や活動戦略は、創価学会に固有な特徴ではなく、総力戦体制以降の社会において発展経路が構成された宗教制度である。そして、日本会議に連なる宗教団体や、自民党との関係を長期にわたって維持してきた統一教会もまたこの経路上において活動を展開してきたと考えている。

こうした日本宗教の特徴を最も顕著な形で体現した創価学会＝公明党の分析は、政治宗教という宗教類型の研究にとどまらず、戦後にも総力戦体制が継続し、政財界の護送船団方式で高度経済成長が達成できた日本社会を振り返る意味でも有意義なものになろう。創価学会は、日本の戦後社会そのものだった。教団の成長期はピークを過ぎ、広宣流布の戦略も信者の獲得よりは信仰継承による再生産に軸足を移している。失われた三〇年と言われる定常経済から減衰・人口減少期に入る今、なおサバイバリズムや成長主義にとらわれ、次代につながる社会目標や施策の策定に苦しむ日本社会の困難を創価学会も共有している。したがって、創価学会＝公明党の研究は現代日本社会の研究にもなる。

以上、本書の視点と理論的背景を述べたので、以下では簡単に章の構成を説明しよう。

本書の構成

第一章「**創価学会研究の視点**」では、編者の櫻井が国内外における創価学会研究を検討しながら、これまでに出されてきた知見と論点をまとめている。ジャーナリズムは中央集権的な教団体制と公明党の選挙戦術に対する分析と評論が主であり、創価学会に批判的な視点が強い。それに対してアカデミズムの研究は日蓮正宗の借傘教団だった創価学会が独立し世界宗教化していくプロセスを政治や社会の情勢、教学や私人間の葛藤から描き出しており、比較的中立的な立場を維持している。公明党が野党の時代は批判的視点が強かったが、政権与党となってからは大手メディアが表だった創価学会批判を控え、むしろ自公政権における創価学会の政治的バランサーとしての役割や社会貢献を評価する評論や研究も現れている。いずれにせよ、創価学会研究は初期と中期に厚みがあるものの、近年は戦後から現代まで一貫した教団目標や戦略によって成長してきた教団としてその特質を分析し、創価学会＝公明党を政治宗教としてとらえる本書のような研究はなかった。

第二章「**集合的記憶としての**「**勝利**」**への道筋**」も編者の櫻井が担当し、戦後の創価学会創設期から一九六〇年代の発展期までを扱う。創価学会を創設した初代会長の牧口常三郎と二代会長の戸田城聖、および初期の幹部信者には立志と成功への夢があった。それは戦後世代に特有な「勝利への渇望」という集合的記憶だった。創価学会は小樽問答という日蓮宗との法論や北海道夕張炭鉱において炭労と対峙する事件において攻勢を強め、「勝利者」としての立場の喧伝に努めることで実証と利益を信者達に証明することができた。緒戦を制した創価学会はこれ以降大躍進を遂げていくことになるが、その戦術について新資料を用いて分析している。

第三章「**創価学会の選挙活動と信仰**」は、編者の猪瀬優理が創価学会の活力の源とも言える選挙に焦点を絞り、公明党の政治活動を概観したうえで選挙活動に動員される組織と信者の実態を描き出す。創価学会において選挙に主体的に関わることは、公明党議員として幹部の道を歩む者にとって特別な使命を受け入れることであり、篤信の信者にとってはまさに信仰が試される場となる。毎年のように国政選挙や地方選を戦い、信仰と集票ネットワークを強化し、組織の求心力を高める学会の戦術は、創価学会の活力と再生力の保持に寄与する一方で、周辺的な信者や二世・三世信者達に遠心的作用をもたらす。さらに、創価学会員は一枚岩ではなく、選挙へのコミットメントにバリエーションがあることを猪瀬は類型論でまとめている。

第四章「**「破られた契約」――路線変更とその現在**」では、粟津賢太が政権与党となった公明党の政策に同意できない信者達の声や非同意の意思表明を行う創価学会信者達に着目する。創価学会は創設期に掲げた王仏冥合と国立戒壇の建立方針を一九六〇年代末の言論弾圧事件を経て変更し、公明党は平和と福祉を掲げた中道政党の道を歩むことになる。しかし、一九九九年に自民党と連立政権を組んで以降、自民党の外交・国防政策に従い、創価学会信者から不満の声が高まった。政権与党となることで公明党の旗頭である福祉的な給付政策を実現できたものの、その代償は大きかったと考える信者層が増えてきた。三代会長が主導した創価学会と集団指導体制に移行した現在の創価学会＝公明党は別物ではないかという。アメリカの著名な社会科学者ロバート・ベラーは、清教徒のキリスト教理念と自由の地を求めた植民者達の共和制の理念が建国神話としてアメリカの市民宗教の核心をなしてきたのだが、世界の大国となるなかで何度も契約は破られてきたと論じた。日蓮主義に立つ立正安国の具現をめざした創価学会＝公明党は権力の中枢に入り込むことで深刻な設立理念と現実政治との葛藤に陥ったのではないかと粟津は論じる。

第五章「「家族」イメージとその政治性」において猪瀬は創価学会信者に対する質問紙調査に基づきながら、信仰形成と家族的価値観との関連を問う。創価学会信者は年齢階梯と性別役割分業に基づいた部に所属し、部に求められる役割を果たすことで承認される。男女の性別役割分業が高度に組織化された高度経済成長期の近代家族モデルが、創価学会における組織編成や信仰継承にも機能している［猪瀬　二〇二一］。もちろん、ＬＧＢＴＱなどの性の多様性や個人の生き方の選択はますます自由になり、保守的な自民党政治家が守ろうとする家父長制的家族観や名望家支配の地域像はまったく実態にそぐわない。しかしながら、政治も宗教も社会の変化に抵抗する。規制がなくなり自由度が高まってどうすべきか悩む人々に拠りどころ、戻るべき地点を示し、そこを結集軸とするのが政治であり宗教である。自公政権における家族政策と創価学会組織における編成原理としての家族像との類似や差異を論じながら、家族のイメージングが政治的な凝集力になることを猪瀬は論じる。

第六章「成長＝成功神話――長期的展望を失うメカニズム」では、創価学会が陥る成長戦略の隘路を日本政治の成功神話に固執する閉塞性と合わせて論じ、本書の結論とする。創価学会における都市型で実利思考の宗教組織、権力集中の官僚制的ガバナンス、選挙による祝祭空間・時間の創出、家族イメージによる凝集性の確保といった成長期の戦略は、成熟期の創価学会においていささか制度疲労を起こしている。それは日本社会が失われた三〇年ともいわれる定常経済、人口減少社会の局面にありながらも依然として成長期の記憶を拭い去ることができず、近代家族像や地域共同体を政治・宗教の基礎（選挙や政治過程）に据えながら成長戦略の旗頭だけ第四次産業革命（ソサイエティ5・0、AI、DX化など）や脱炭素・持続可能性などに付け替えている状況とも酷似している。ある時代、ある状況に適合し、驚異的な成長や成功体験を得た記憶は一世代の単位では忘れられるものではない。しかし、適応しすぎたからこそ、時代や状況が変わってしまったときに変化に対応しづらくなる。現時点では停滞で済んでいることが、縮減や没落につながることさえありうるのが宗教史や文明史の教えるところである。

（櫻井義秀）

文献

粟津賢太［二〇一七］『記憶と追悼の宗教社会学――戦没者祭祀の成立と変容』、北海道大学出版会。

猪瀬優理［二〇一一］『信仰はどのように継承されるか――創価学会にみる次世代育成』、北海道大学出版会。

櫻井義秀編［二〇一七］『現代中国の宗教変動――アジアのキリスト教』、北海道大学出版会。

櫻井義秀編［二〇二〇a］『アジアの公共宗教――ポスト社会主義国家の政教関係』、北海道大学出版会。

櫻井義秀編［二〇二〇b］『中国・台湾・香港の現代宗教――政教関係と宗教政策』、明石書店。

櫻井義秀［二〇二二］『東アジア宗教のかたち――比較宗教社会学への招待』、法藏館。

櫻井義秀・外川昌彦・矢野秀武編［二〇一五］『アジアの社会参加仏教――政教関係の視座から』、北海道大学出版会。

櫻井義秀・中西尋子［二〇一〇］『統一教会――日本宣教の戦略と韓日祝福』、北海道大学出版会。

塚田穂高［二〇一五］『宗教と政治の転轍点――保守合同と政教一致の宗教社会学』、花伝社。

塚田穂高［二〇一七］『徹底検証日本の右傾化』、筑摩書房。

永岡崇［二〇一五］『新宗教と総力戦――教祖以後を生きる』、名古屋大学出版会。

李元範・櫻井義秀編［二〇一一］『越境する日韓宗教文化――韓国の日系宗教　日本の韓流キリスト教』、北海道大学出版会。

第一章　創価学会研究の視点

Chapter 1: Perspectives on Soka Gakkai Research

櫻井義秀
Yoshihide Sakurai

一　はじめに

創価学会はなぜ強いのか

ひとつのシンプルな問いから始めたい。創価学会はなぜ巨大なのか。信者数は公称八二七万世帯。日本の教団宗教において群を抜いて大きい。しかも、信者を動員する組織力も強力である。創価学会が支持母体となる「公明党」が、二〇一七年の衆議院選挙において獲得した比例区の票は六九七万七七一二票だった。二〇二二年の参議院選挙では、比例区六一八万一四三一票である。非会員が依頼されたいわゆる友人票が加えられているとしても、創価学会信者の投票は五百万票をくだらないだろう。

比例区における政党別の投票数には、支持団体の基礎票である安定的な「不動票」と政治状況によって変動する「浮動票」がある。保守革新共に選挙民にアピールすることで浮動票を獲得しようとするが、保守では自民党、革新・改革では二〇〇九年に政権奪取を実現した旧民主党（現在の立憲民主党、国民民主党など）と日本維新の会に浮動票が集まる。二〇一七年に実施された衆議院議員総選挙比例区において政権与党の「自由民主党」獲得票は一八五五万五七一七票、革新系の「立憲民主党」が一一〇八万四八九〇票、東京都知事が民主党を割って改革政党にしたてた「希望の党」が九六七万七五二四票、大阪都構想の実現を目指す「日本維新の会」が三三八万七〇九七票だった。

それに対して、戦後一貫して他党と協働せず、独自の左派路線を貫く「共産党」の四四〇万四〇八一票には浮動票部分が少ない。公明党はそれよりもさらに浮動票部分がないと考えられる（選挙戦における自民党との協働部分を除く）。「不動票」だけでも勝負できる公明党―創価学会は、日本の政党政治において独自の存在感を放っている。

創価学会は宗教勢力としてだけではなく、政治勢力としても一九九九年以来自民党と連立与党を組みうる強力な政治勢力なのである。創価学会がなぜこれほど選挙に強いのかということについては、本章において直接考察の対象としないが、選挙を通じた政治参加こそ創価学会の成長と勢力維持の核心であることはあらかじめ確認しておいてよいだろう。

創価学会の巨大さと旺盛な宗教・政治活動については、他の伝統宗教や新宗教と比較してみることでよくわかるのではないか。

人口減少社会における教団宗教の衰退

日本の人口は二〇〇九年以降減少に転じ、二〇五〇年には一億人を割り込み、高齢者人口比は三九%に達することが予測されている。家族変動から見れば、家族の個人化が進行し（生涯未婚者と独居高齢者の増加）、世代ごとに居住地域が異なる（三世代家族比率は一〇%をすでに割り込んでいる）。多世代が生活空間をともにすることで可能であった檀家制度が崩れ、日本の寺院仏教は急激な衰退を迎えるだろう。親子関係の通俗道徳や先祖祭祀、家族意識に基盤を置いた新宗教も同じ道をたどる。そして、地域社会においては、若い世代が都市部に流出することによって人口の社会減が一層進行し、地域の宗教施設や祭礼行事を維持することが困難になる。このことは産土型神社が多い地域神社の衰退にも繋がるし、地域社会に根ざした新宗教も存立の基盤を失っていくことになる［櫻井・川又　二〇一六。櫻井　二〇一七］。

このような人口変動によって伝統宗教と新宗教は長期的に衰退の趨勢にあるのだが、創価学会はこの状況に対して抵抗力が強く、教団の規模の確保と勢力の維持に成功している稀な教団である。もちろん、創価学会といえども信仰継承の難しさは他の新宗教同様であり、三代目四代目ともなれば、強烈な救済や回心の体験を経て信仰を確立した初代ほどの信仰の篤さを維持していないかもしれない［猪瀬　二〇一二］。しかし、そうであっても他の教団宗教の衰退傾向に比べれば、はるかに勢力は維持されている。その理由について考察することから、創価学会を現代宗教研究の対象に据えることの今日的意義を確認しておきたい。

創価学会のレジリエンス

レジリエンスとは、跳ね返す力や耐久力の意味で使われており、震災復興に向かうコミュニティの復元力や、苦難に耐え、挫折から立ち上がるメンタルな強さを示す概念としても使われている。なぜ、創価学会は家族変動や地域変動に対してレジリエンスが高いのだろうか。この問いに五つの要因から考えてみたい。

第一に、創価学会における忠誠心は牧口常三郎・戸田城聖・池田大作の三代にわたる指導者と、日蓮仏教の正統な担い手である創価学会本体に向けられている。指導者と信者、組織と信者という直接的な関係は「師弟の精神」で結ばれ、教団幹部や中間管理職が組織内に勢力を生み出せない中央集権的構造がある。それに対して伝統仏教では、祖師や法主（管長）と信徒の間に檀那寺や住職が介在し、信者の意識がわが寺やわが先祖と家族の共同性にとどまり、宗派全体にはなかなか到らない。その他の新宗教においても自分と導き手の関係や所属教会との関係が強く、指導者や組織が信者個人に強力に働きかける構造ではない。

もちろん、創価学会の強力なリーダーシップと組織的一体性は左派知識人にはファシズムを想起させ［高木　一九五九］、家族や地域社会に根ざした宗教ではないために一般市民には強烈な違和感を与えた。謗法となる民俗宗教の実践、すなわち神棚や仏壇における日常的礼拝に対しても徹底した批判と破却を進めたために、高年齢世代においては怖い宗教の記憶を残した。しかしながら、創価学会は創成期のハンディキャップを乗り越えることで、伝統的なイエやムラ社会と一線を画した信仰実践の形が家族の個人化や地域社会の変化に対するレジリエンスとなったのである。

第二に、創価学会は都市型の宗教である。一九六〇年代に創価学会を調査した鈴木広によれば、創価学会の信者は向都離村し、自営農層から労働者階層に下降移動した人たちが多く見られたという［鈴木　一九七〇］。創価学会の座談会や世代・男女別組織は、都市の中の新しい共同体として機能し、青年たちに居場所を提供したのである。移動者に対応した宗教であるからこそ、家族から離れ、地域から離れた人たちを新たにまとめあげる所属組織の構築を進めるとともに、全国をブロックに分け、地方支部は本部から直接指令を受けて末端の会員にまで伝達する官僚制的統治機構と司令の媒体である広報誌『聖教新聞』頒布の仕組みも作り上げた。

本願寺派教団のように全国の寺院を教区―組単位で掌握し、宗報を月刊で刊行し、情報伝達に務めるほどの組織化された伝統宗教でも、寺院単位で個別門徒の動向を掌握しているとは言い難い。まして本末の寺院関係や親教会―子教会（分教会）の関係が組織原理となっているところでは、組織として信者個人を把握するということが難しい。したがって、伝統教団や伝統教団に近い組織体制を維持して信者を個別の寺院や教会に所属させている新宗教では、移動者をフォローできないまま信者の減少に歯止めがかからないという状態が生じている。

第三に、創価学会は創設以来一貫して日本最大のボリュームゾーンである中下層の人々を信者としてきた。宗教運動が規模を拡大できるかどうかはどの社会層をターゲットにし、信者間のネットワークと組織化を図るかで決まる［スターク 二〇一四］。天理教や金光教などは近世の農村社会を成立の基盤とし、大本は農村や都市の中間層に入り込んだ。戦後の新宗教はまさしく庶民の宗教だったのである。対象とした社会層が信者となり、その階層が底上げされることによって教団全体も規模と財政ともに拡大した。創価学会が法華経信仰とその現証（現世利益）によって後ろ盾を持たない人々をひきつけ、信者としていったのは他の新宗教同様であった。創価学会信者の二代目三代目が社会上層に食い込んでいる事実から、現在の創価学会の社会層を中間層と見ることもできるが、依然として信者の多数派は中下層に位置しているという指摘がある［中野 二〇一〇：一一一～一四二頁］。

数百万人の信者がいれば、社会層としては上層から下層にわたっていることは当然であり、総体革命の結果として専門職種に多数進出していることも頷ける。しかし肝心なことは、教団が勢力を維持するためには、信者としてリクルート可能な人口のボリュームゾーンをどの程度抱えているのかということが重要である。信者の入信動機には社会的剝奪が影を落としている。貧病争は現代においても克服されているわけではなく、人々が入信する有力な背景である。この点において日本の主流派キリスト教が中上層の宗教となったために発展の余地を失っている例と対照的である。また、身体的・物質的な欠乏が満たされれば、精神的な部分の欠落に目を向ける余裕が出てくるが、精神的な欲求充足がなお宗教によって満たされるとは限らない。むしろ、教団宗教の教説よりもスピリチュアリティの探求に適した精神世界やスピリチュアル・マーケットが登場し、人々の関心が向かっている［櫻井二〇〇九。山中　二〇二〇］。ただし、創価学会信者の社会階層にそれほど変化がないということは、創設当初の教説と信仰実践が今もって信憑性を失っていないということでもある。

一九九〇年初頭のバブル経済崩壊以降、失われた三〇年と呼ばれた低成長時代を経て日本社会は定常経済型社会へと変わっている。社会の成長部分は新自由主義経済やＩＴ革命、非正規雇用という労働力（総労働者数の三分の一を占める）の柔軟な活用に負う部分が多いので、中間層は上層と下層に分化する傾向を強め、格差社会が時代のキーワードとなっている。今や中下層が日本社会の過半を占めるに至っている。日々の生活のために苦しむ人々が増えている現在、創価学会の教えや公明党の選挙戦略に共鳴する人々は増える可能性がある。

以上の三点については、宗教社会学的な観点としてこれまでも述べられてきたことである。本章では、新たに二つの観点を付け加えたい。もちろんこの二つの観点は、ジャーナリズムによって繰り返し主張されてきたことであるが、宗教研究においては正面から議論されることがなかった。しかし、他の伝統宗教や新宗教と創価学会を大きく分かつ分類軸が政治進出であり、選挙体制に応じた組織の動員戦略を持っていることである。以下説明を加えよう。

第四の要因として、創価学会は政治に参画することで信者を含む社会層に福祉や社会保障の資源を届けることに成功している。二〇二〇年現在、公明党に所属する衆議院議員は二九名、参議院議員二八名、都道府県議会議員二〇四名と政令指定都市・区議会議員三七六名、市町村議会議員二三三四名である。地方議員は八名が推薦議員であるが、その他の議員と国会議員は創価学会員であり、地域と全国の創価学会員から投票を受けて当選したものである。東京都議会では一二七名の定数のうち公明党の会派は二八名で構成している。

公明党議員の活動は、政権与党として自民党と協働する国会運営が着目されているが、地方議会における公明党議員の地元に密着した活動こそ、公明党のみならず創価学会の勢力基盤を維持しているのである。「地域の御用聞き」として住民相談に力を入れ、生活者の視点で必要とされる施策を実現していくのが公明党地方議員の活動とされる（公明党公式ＨＰ参照）。国会政治と地域政治の二方面から支持者の拡大をうかがう政党が日本共産党であり、公明党と共産党では支持基盤の社会層が重なり、また選挙戦術も似ている所があるので長年の葛藤と競合が続いている。この二党では議員候補者の選抜と支援体制が中央指導で決められており、議員個人の地盤と看板で勝負する他の政党議員とは性格を異にしている。

もう一つ違う点を述べれば、この二党は政治的影響力の拡大に関する長期的戦略を持ち、公明党では創価学会の宗教的な理念、共産党では共産主義のイデオロギーが正当性根拠となっている。その時々の政局において離合集散を繰り返す政党とは異なり、理念と組織体制、支持基盤の安定性において他の政党とは一線を画しているのである。これだけでも創価学会の安定性と求心力は、他の教団宗教とは異なるものとして理解されようが、もう一つ、創価学会だけが有する世俗化された祝祭空間があることを指摘しよう。

五番目の要因として、選挙戦の活用があげられる。国政選挙では衆議院と参議院を合わせて約二年に一度、地方政治では四年に一度の選挙がある。いわば、公明党＝創価学会は毎年選挙戦を戦っている。ここに学会の総力を結集することによって宗教集団としての心理的・社会的結束力を確認することができる。伝統的な教団においては祖師や教祖の御遠忌や節目の記念祭があるものの、数十年単位ではイベントの間が空きすぎる。かといって年頭の挨拶や標語、時折のイベントでは教団の構成員を一つの目標に駆り立てるほどのメッセージ力や祝祭空間にはならない。ところが、創価学会では毎年のように全国各地で信者や地域組織が、それぞれの信仰の篤さや実行力を試す機会があるのである。もちろん、毎年の活動は会員のバイタリティを高める一方で体力を著しく消耗させもする。会員も組織も選挙活動に自らの自由な時間や資金を相当程度投入せざるを得ない。そのため、公明党は慎重にそれぞれの選挙が重ならないように国会運営を行ってきた。

公明党＝創価学会と日本共産党だけが総力を挙げて選挙戦を戦う政治・宗教／イデオロギー集団と言える。定期的な祝祭空間を持つことの意義は単に集団の結束力や運動目標の確認と革新を進めるだけではない。選挙戦に勝利することによって、宗教的空間に止まらない現世的空間において勝利の実感を味わうことができる。創価学会において「仏法とは勝負である」「勝利することが実証」と戸田城聖から池田大作まで講話や聖教新聞で繰り返し語られている。創価学会において政治進出とは、この勝利を全信者に味わってもらうために必要な政治宗教的な活動目標であり、対価でもある。この点は、他の宗教団体と比較することが困難なほど、創価学会の独自性として際立っているものである。

しかしながら、創価学会のみなぜ政治進出を継続してきたのかという教団戦略の背景を探るためには、①創価学会固有の理念と活動形態、そして②広く東アジア全体に特有の近代的政教関係から見えてくるマクロ的構図を考察しなければならない。

この章では、残りの紙幅で創価学会に対してなされた学術的研究を振り返っておきたい。

二　日本の創価学会研究

戦後の日本研究

本研究のマクロ的な分析視角を述べる前に日本における創価学会の社会学的な研究を簡単に概括しておこう。従前の研究は、マクロ社会学的な分析であっても、日本の近現代化過程における新宗教運動をどのように評価するのかという日本に限定した分析枠組みである。しかし、本書では、直接考察しないものの、新宗教研究には、東アジアにおける近現代化の時間軸と領域を視野に収める分析視角が求められる［櫻井　二〇二〇a、二〇二〇b、二〇二二］。

ところで、戦前までの日本の教団宗教は朝鮮半島・台湾・満州を含む中国大陸、および樺太を含む千島列島を版図として国策に乗りながら布教活動を展開し、宗教指導者や研究者も東アジア（東亜）の地平において自らの宗教を構想し、実践領域としていた。戦後、植民地から大勢の日本人とともに宗教者も引き揚げ、現地の宗教施設は破壊されるか転用された。敗戦後の日本では、北海道から九州までの国土に限定された社会空間において荒廃した国土と混乱した価値観をどう立て直すのかという問題意識が強かったために、歴史認識も社会認識も日本限定のものになってしまった。良くも悪くも、植民地主義的な歴史認識に対する反省のために、近現代に誕生した教団宗教も日本固有の宗教運動として研究され、天皇制と国家神道を足場に国家総動員体制を形成した日本の封建遺制とメンタリティを批判するという、良心的ではあったが視野を狭めた視角から宗教研究は戦後の歩みを始めたのである。

左派的新興宗教批判

初期の創価学会研究は、マルクス主義的な社会・歴史認識で戦後の新宗教運動を批判する研究者が手がけたものである。一言で言えば、「新興宗教」の信者がいまだに呪術的思考様式に囚われ、社会変革に転じない通俗道徳を内面化させられたまま、カリスマ的指導者に従うさまを外在的視点で批判した。初めに、「新興宗教」の典型的な論じ方を見ておこう。

日本宗教学会の会長を務め、東京大学教授でもあった小口偉一は、戦後に叢生した新興宗教が人々のニーズを捉えていることを認めつつも、呪術的な病気治しをはじめとする現世利益だけでは社会変革に至る世界観を構築できないと批判した［小口　一九五三］。シャーマニズムと民衆宗教の研究者であった東北大学教授の堀一郎も、同様に「宗教が呪術を駆使して民衆をより高い救済に導くのでなく、呪術が宗教を征服して民衆に臨み、民衆が呪術を駆使して宗教を救済するという、アイロニカルな現象が生じてきている」と評価し、迷信・俗信の類が民衆に支持されている文化の跛行性を農耕祭祀型の民間信仰に由来すると言うだけでなく、既成宗教の衰弱を呪術が栄える原因と指摘した［堀一九六二］。

左派的論客として新興宗教を論じた東洋大学教授の高木宏夫は、新興宗教の思想は大衆を社会不安、苦悩から救済する広範な社会運動としての意義はあっても、個人の心的状態の反映として具体的な社会問題である病・貧・争が起きるとする転倒した社会認識を持ち、信者が教祖、導き手に全人格的に傾倒するあまり民主的組織形成がなされない問題がある。したがって、革新陣営の種々の運動は新興宗教の生活規律による理念の内面化、集会における一体化、指導者の経験主義的組織運営能力、大衆本位の教化方法等、大衆動員に関して学ぶべきことが大であるものの、最終的には理性的な社会認識を得て民主的社会を形成する主体は、新興宗教以外の大衆運動に求められるべきであるとしている［高木　一九五八、一九五九］。

第一期の創価学会研究

創価学会の創設期から政治進出の時期までを牧口常三郎と戸田城聖の個人史と教団史から丁寧に描いたのが村上重良である。国家神道批判を基軸に近現代の新宗教を論じてきた村上の叙述には宗教史を小気味よく説明する流れがあるが、先に述べた高木宏夫や後述する佐木秋夫のような左派政治運動との対照において教団宗教の布教戦略や信者層のメンタリティを深掘りする指向性がない。むしろ、仏教宗派（門流）である日蓮正宗と創価学会がどのように教説と活動目標において接続しているのか、創価学会の独自性が三代会長までどのように発揮されたのかという教義と教団に関心がある。法華講の域を超えた新宗教・政治運動にまで拡大した創価学会への評価は、同時代のジャーナリズムや研究者と共通しているのだが、宗教史的視点と実証性において研究の特徴を出している［村上　一九六七、一九八〇］。

それに対して、佐木秋夫と小口偉一による『創価学会』は、小著ながら、この時期の創価学会の活動を運動体の組織戦略と動員される信者の意識構造から分析する社会運動論的観点が強い。国立戒壇や王仏冥合という政治理念の宗教的起源（日蓮の立正安国論）の問題よりも、不幸の神義論から創価学会の実践的教説を解説する。つまり、個人の貧病争や社会の混乱は全て人々や国が日蓮の教えに帰命しないためであり（謗法）、この教えで「宿命転換」して現証（現世利益）をいただき、さらに板曼荼羅本尊から仏の「生命力」をいただくことで幸福境涯を達成し、日蓮仏教の教えに従って不断の「人間革命」を実践するのである。個人の実践目標は自らの謗法を改めるだけでなく広宣流布により邪教（日蓮正宗以外すべて）を折伏し、教団としては国立戒壇により仏国土を日本に建設することだった。

このような教団目標を達成するための組織が、会長の指導一つで「聖戦」を実行する青年部隊と、ロジスティクスを支える本部―支部―地区―班―組の縦線組織である。在家集団ながら教学部が設けられ、信者は教学試験を受けて階梯化され、優秀な人材が本部や支部の要所に集められ、本部から地域ブロックへ指揮命令系統が一本化された実働組織が創価学会である。だからこそ、「選挙闘争」においても無類の強みを発揮する。

小口と佐木は終章において創価学会を「妖怪」と評するが、それは『共産主義者宣言』冒頭に記されたプロレタリアートによる階級闘争をもじったものである。日本共産党や組合主導の労働者運動には反省が必要であるとしながらも、一九五〇年代末に第三勢力とみなされる宗教―政治運動がどこまで拡大するのか不安を隠さない。折伏―オルグ、座談会―会議とサークル活動など、運動戦略と人心掌握の手法が酷似し、日本の中下層―労働者・自営層をターゲットとする左派政治運動にとって創価学会を無視し得ぬと認めたのである［佐木・小口　一九五七］。

高木、佐木・小口の問題意識は社会運動に対する分析視角を含んでいたが、信者に対する調査票調査や聞き取りなどの資料収集を行ったものではなかった。本格的な社会学の調査は、一〇年ほどの間隔を置いて都市社会学者や組織社会論の研究者によってなされた。

第二期の創価学会研究

九州大学教授で都市社会学者である鈴木広は、信者の態度変容を学会組織による折伏者と被折伏者の相互作用の結果と捉え、信念変容をうながす社会的要因を求めようとした。信者の社会的属性は、下層中産階級、下級労働者、単純、不定労働者が多く、調査地の関係もあるが大都市住民である。被調査者の父親の職業階層・地域と調査者のそれとを比較してみると、商工自営層、農民層からの下降移動型のものと離村向都型の移動者が多い。これらの階層は戦時、戦後の混乱期に階層・地域間の急激な変動を経験した世代である。

移動者たる信者の社会意識には家郷喪失感とかつての共同体的なるものへの復帰願望が推測される。つまり、自身の社会的地位認知ほど現在の職業・階層的地位が高くない場合は、零落したという剥奪感を抱くだろう。このような剥奪感を共有できる家族や親族、地域や職場の人間関係を自己の周囲に持たない都市の大衆は孤立する。このような人々に地域や職場で積極的に働きかけ、まず、話しだけでも聞いてほしいと座談会への出席や聖教新聞の購読を勧める。折伏者の体験談は宗教者による上から目線の説教ではなく、同じ境遇の人間が語る信仰のご利益談である。悩める境遇にある人々にとって信仰の実証として実利が示されることで説得力が増す。会員の入信動機の大半は悩みが解消することであり、ご利益を得た経験に基づく信心の確信である。折伏者のように「腹を決めて」目標に邁進する生活態度を確立した者は、少なくとも当面の問題に対して果敢に挑み、成果を上げられるだろう。

学会の信仰の特徴は、信心の現証を確認していくような上昇志向の信仰形態を持ち、この時代の下層階層や、青雲の志に燃える青年世代にアピールし、その後の教団の爆発的拡大戦略によって、発展・成功・達成の予言を自己成就していったと鈴木は結論づける［鈴木　一九七〇：二九一〜三〇九頁］。

次に、大阪大学教授で組織論と社会運動論の研究者であった塩原勉の論考を取り上げたい［塩原　一九七六：四一三〜四一九頁］。創価学会が飛躍的に成長した一九五〇年代半ばから一九七〇年代にかけて、近代化で生産性を高めた大企業と前近代的な設備と雇用関係を維持した中小企業の二重構造が顕著になり、生活様式や生活水準の面でのみ大衆化状況が生じた。塩原は、そこに表れた矛盾と不安定さが宗教的社会運動の背景であると考えた。そして、現代の民衆の願いである現世と来世の幸福を一挙に獲得するための価値哲学が、創価学会が解くところの信心・労働・功徳の三位一体説だとする。二重構造下の未組織労働者層には、マルクス主義イデオロギーに依拠して組合活動に勤しむ余裕すらなく、伝統的な働き主義と真面目主義で現状に適応し、自己を保身するしかなかった。そのような生活態度と学会の価値観が一致した。というより、創価学会の創設者世代が頑張って学び、働いて、成功するという素朴な価値観に基づいて宗教運動を始め、現在に至るまで後継世代がその努力主義的価値観を継承したとも言える。

しかし、創価学会の人々が日本経済全体の底上げの水準を超えて成功したとは言えなかった。塩原はいささかの皮肉を込めて、創価学会は日本社会内部に新たな部分社会を作り、そこで信者の自己実現と社会的達成欲求を実現したという。つまり、折伏対象たる謗法の徒と学会員は、雇用者・幹部職員―労働者という社会的地位の階梯だが、上位のものが下位のものから折伏を受けて師弟関係となれば立場が逆転する。そして、地域において折伏の実績を積めば幹部となり、地方議員となる道も用意されていた。この点は創価学会に限らず、急成長した在家主義的新宗教においてはどこでも同じことが生じていたのであり、教団内の役職という対価を中高年の女性に提供することで大いに布教のパワーを増したのである。高度経済成長期には、新宗教運動に入り込む女性達よりもやや上層に中等教育を終えた若い女性や主婦達がいたが、この層を摑んだのが日本の芸道を世襲で伝える家元たちの茶道、華道などの習い事の世界の隆盛であった。

鈴木と塩原の議論は創価学会の成長にかかるマクロ社会学的な分析であり、下降移動者や不安定な労働市場で働く男性や女性など自己実現の場を与えられない人々が、相対的な剝奪を癒すべく、既成社会に対抗する新しい社会集団を生み出したという知見だった。しかし、それはあくまでも研究者の解釈であって、個別の信仰者たちはそれとは異なる自己理解や状況認識を示していたと思われる。

鈴木広の弟子で都市エスニシティ論を専門とする元甲南大学教授の谷富夫は、一九七四年の『聖教新聞』に掲載された信仰体験レポートを用いて、一九五〇年代から一九七四年までに入信した四九六人の体験記事から入信動機・契機を時系列で分析した。

入会の類型として以下のものがある。①経済的入会として、既に述べた都市下層労働者が多く、彼等にとって学会は一種の社会保障制度だった。②身体的入会とは、病気・障害をきっかけとしたものでどの時代にも見られる。③家庭的入会は、入会者以外の病気・疾病、家庭内不和や問題などを理由とし、既婚婦人が多い。④矯正的入会では、入会者自身の親などが子供の性格や行状を変えるために連れてきた例であり、青年男子に多い。⑤職業的入会とは、役割・地位の上昇や下降に伴って生じる人間関係の問題を解決することを理由とし、都市中間層が主だった。⑥疎外的入会は、大衆社会からの疎外状況から救済を信仰に求めるタイプで、未婚男子に多い。⑦教理的入会とは、日蓮正宗や創価学会への教義的関心から入会を決意したものである。

これらの類型を時代ごとに見ていくと、一九五〇年代は「貧病争」を解決する現世利益を求めた入会が多く、一九六〇年代には職業上で上昇移動を遂げた後、自己評価と周囲の期待とのギャップ、人間関係の軋轢等の問題を解決して、更なる自己実現を目指す職業的入会型が登場する。一九七〇年代にかけて、都市下層の経済的入会が減り、大衆社会から疎外され孤独に陥り、都市中間層の準拠集団への所属を求めての入会、及び教義自体に関心を示す価値志向型の入会者が増えてくる。このような入信類型の変化から谷は、モノ（金銭的、社会的成功）からヒト（人間関係における充足）、そして、八〇年代へと続く、ココロ（生きる意味、アイデンティティ探し）の問題が、入会者の価値剝奪的状況の主たる問題になってきたことを示唆する。入信動機が世直しをも指向する社会運動から次第に宗教的な問題解決に移っている点は注意しておきたい［谷　一九九四：一二一～一三六頁］。

第三期の創価学会研究

日本の新宗教研究をリードしてきた東洋大学名誉教授の西山茂は、近現代における法華系宗教の変動を、各教団が他球団との相互関係と社会的需要に対応した行動戦略のライフコースの束として分析する。日蓮正宗の在家講であった創価学会が、日蓮正宗の枠内で勢力を拡大して政治進出まで果たし、最後には伝統宗教の枠を食い破って完全に別派独立する過程を内棲型セクトの発展過程として的確に分析している［西山　二〇一六］。

戦後期に発展した霊友会や立正佼成会、あるいは一九八〇年代以降教勢を拡大した真如苑、阿含宗、幸福の科学や、一九九〇年代のオウム真理教など仏教系新宗教の大半は、創設者かパートナーが霊能や現世利益的儀礼を駆使し、既成仏教の軒先を借りて教説の体系化と正当化をなすなど、教団創設期から独自路線を歩んできた。それに対して、創価学会は一宗教法人として日蓮正宗の勢力を遥かに凌いだ後も、日蓮の板曼荼羅を持つ日蓮正宗の総本山大石寺と血脈の権威を継ぐ法主に従うべき存在であった。二代会長の戸田城聖とその門下生までは日蓮正宗信徒としての創価学会員というアイデンティティを維持していたようである。しかし、三代会長の池田大作時代になり、創価学会は法主と僧侶、他の在家講との葛藤から独自の発展を模索して「昭和五十二年路線」を構想したが、宗門から否定された。その間、「言論出版妨害事件」他のマスメディアや共産党との葛藤から「王仏冥合」と「国立戒壇」の看板を下ろしたことによって〔藤原　一九六九、一九七二〕、創価学会は法主の権威から自立した「広宣流布」だけを受け継いだので、日蓮正宗の権威をそれほど必要としなくなった。結果的に、「日蓮本仏」のカリスマを法主に仰ぐ必要もなくなり、三代までの会長を永遠の師とすることで新たな権威を確立し、「師弟不二」の忠誠を三代会長の池田大作に集約することで創価学会は完全に独立した新宗教となり、葬儀も日蓮正宗の導師を入れず、「友人葬」として創価学会内部で完結するようになった。

西山茂は、創価学会における実践的信仰の特徴として、現世利益の現証を求めた自利の信仰実践が仏法そのものを欲するようになり、広宣流布や選挙活動を通して社会貢献するという自負の背景に「自利利他連結転換」を指摘する。日蓮正宗の排他性を継承する創価学会は、他教団（謗法）との連携や他分野の社会組織との協働には消極的である。他教団が文化活動や社会活動に力を入れる一方で教勢を落とす傾向があるのに対し、創価学会は対外的な活動の落としどころを広宣流布の目的からそらさない特徴がある。教団の戦力は常在戦場たる選挙活動に集中投下されており、そこで勝利することが信仰の証や社会変革の重要なステップとして認識されていくのである。

創価学会憲章において「仏法の生命尊厳観を基調に平和・文化・教育に貢献するとの目的と使命」を持つとしながら、教勢拡大のために布教第一の姿勢を信者が崩さないのは、社会学的に見れば創価学会信者の階層的な問題ではないかと考えられる。既にこの点は、第二期の創価学会研究によって触れられていたのだが、信者の文化資本の問題としても検討の余地がある。ここで創価学会の階層性について明確に意識していた中野毅の研究を紹介しておこう。

創価大学名誉教授の中野毅は、創価学会の学生運動組織である「新学生同盟」の理論部長を務めたことがあり［津山　一九六九］、学術的世界では宗教社会学の観点から創価学会の成長を批判的に検討してきた。中野の問題意識は日本の占領下で方向付けられたアメリカ的な信教の自由が日本に定着し、同時に日本の宗教団体が政治社会活動の関わりを強めていった過程にある。一九五〇年代には伝統宗教・新宗教ともに衆議院に直接代議士を送り込む政治参加を試みたが、あまりに少数で会派を形成して立法や政策に関与することができないために方針を転換し、教団の理解者を推薦することにした。最終的に創価学会のみが自前の候補を地方議会と参議院に送り込み、一九六四年に公明党を結成して一九六七年の衆議院選挙以降、現在まで地方議会と国会で政治活動を行っている。

中野は、創価学会が政治進出を決めた要因を三点あげる。①広宣流布、王仏冥合、立正安国など日蓮正宗の教説を実践したという宗教的な理由。②中下層の生活者が多い学会員をはじめ、日本では福祉社会の実現を求める多くの人々がいたという社会政策的な理由。③地方議会選挙において選挙活動を行う学会員が取り締まりを受けるために、学会幹部や会長を批判政党から守る政治的な理由があげられた［中野　二〇〇四］。②と③の現実的な理由は①以上に強調されて良い。そして、②の政策によって日本国民、とりわけ創価学会員の生活が向上したのかどうかを見ることで公明党の五〇年にわたる活動と政権参与の評価ができるとする。

中野は、これまで創価学会もしくは公明党支持者に対する社会調査（［鈴木　一九七〇。堀　一九九九。谷　一九九四。統計数理研究所　一九七三、一九七八、一九八三。石井　二〇〇五。大西　二〇〇九。真鍋　二〇〇八］）から創価学会信者の社会的属性を次のように整理した。①中大都市の居住者である。②信者の約六〇％が女性である。③一九七〇年代に組織が成長したが、このとき信者となった青年たちが現在は高齢化して教団全体の高齢化をまねいている。④一九五〇～六〇年代加入者の学歴は小・中卒が大半を占め、一九七〇～八〇年代で高卒者が増えたものの、現在に至るまで大卒者の割合は平均に達しない。⑤専門職に従事する信者は増えてはいるが、現在も中下層の人々が主流である。結果的に、東京の学会本部や地方組織の幹部、および総体革命の期待を寄せられた多領域の専門職に就く会員のエリート層と一般会員との格差、意識の違いが現れており、公明党の政治活動と地域社会レベルでの創価学会活動の乖離が、創価学会員の公明党離れのような現象につながっているのではないかと指摘する［中野　二〇一〇］。

戸田は、都市下層の人々や学歴もない若者に「地涌の菩薩」となって仏国土を作る力があると確信させ、宿業の転換による功徳＝現世利益と広宣流布による日本の再興を呼びかけた。この意味で創価学会は民衆宗教だった。現在、その起点と民衆性の力量が看過されているのではないかと中野は現在の創価学会に批判的な視線を向ける。

中野から一世代下った新宗教研究者の塚田穂高は、創価学会の政治参加は伝統宗教や新宗教の多くが天皇制を護持する正統派ナショナリズムと一線を画している点を指摘する。塚田は日本において政治参画を目論む宗教運動を、①政治家や政党の支援・後援によって政治に関与する宗教と②幹部を議会に立候補させる政治進出型宗教に分類し、①の具体例として神社神道・解脱会・崇教真光他多数の宗教団体と、②の例として創価学会・浄霊医術普及会・オウム真理教・アイスター・幸福の科学について著書で解説した。②の中で成功したのは、公明党議員を国政と地方議会に送り込んだ創価学会だけである。塚田はさらに教団が持つナショナリズムの特性を日本文化の強調、天皇制への態度、人類観、経済優位、戦争観、西欧観、ユートピア志向という指標から分析し、創価学会の特徴を日蓮主義という点において日本文化を強調する他、ナショナリズムと結びつく特徴がないこともあげた［塚田二〇一五］。実際、創価学会は王仏冥合と国立戒壇の解釈変更後はユートピア的仏国土の建設から普遍主義的な福祉政策と平和主義を掲げるようになり、一九九〇年代からは文字通り日蓮正宗のくびきを離れ、ＳＧＩとして世界展開と遂げていくのである。この点は、伝統教団が神道や日本仏教、あるいは日本的特徴を備えた世界観や救済観を保持している現状と好対照である。

日本宗教が世界宗教の一端に食い込めた事例は、禅（ZEN）や世界救世教の浄霊（Yourei）、大正時代のスピリチュアリズムであった臼井霊気療法（逆輸入されてReiki）などの行法か神霊術、創価学会くらいなのである。唱題行と座談会コミュニティで世界各地へ進出し、実際に信者獲得に成功した創価学会の宗教的強みは、日本文化に強く埋め込まれた宗教性に固執しないところにあり、東アジアの宗教文化に見られる民俗宗教性や重層的信念体系とは異なる告白型教会（confessional church）に近い組織宗教と布教戦略である。この点を海外の創価学会研究から見ていこう。

海外の創価学会研究

国内の創価学会研究は文献中心か地域調査に基づいた創価学会像を描き出したが、一九九〇年代にイギリスとアメリカで行われた創価学会研究は、教団信者を対象にサンプリングを行い、データの統計的分析を中心とした包括的な社会調査が行われたという特色がある。それが可能であったのは、日本において創価学会がマスメディア、宗教界やアカデミズムと対峙する緊張関係があり、教団の理解と協力を得て教団側資料を用いることが難しかったのに対して、イギリスとアメリカでは創価学会側が研究者に協力的であった。その背景に英米の宗教社会学が伝統的キリスト教から批判される新宗教運動に対して価値中立的スタンスを維持し、教団側と良好な関係を結びながら調査するノウハウが蓄積されていたことがある。この点は、セクト（カルト）に批判的なフランスやドイツの大陸側の宗教社会学とは異なっていた。ちなみに創価学会は一九九〇年代のフランスにおいてセクトのカテゴリーに入れられ警戒されていた〔櫻井　二〇一四〕。

イギリスの創価学会研究は、国際宗教社会学会（International Society for the Sociology of Religion）でそれぞれ会長を務めたブライアン・ウィルソンとカレル・ドベラーレによって行われた。イギリスでは創価学会の会員名簿からサンプリングを行い、アンケート調査と会員へのインタビュー調査が実施され、調査経費は研究者側が用意した〔ウィルソン・ドベラーレ　一九九七〕。アメリカの創価学会研究は、北米の宗教社会学者で著名なフィリップ・ハモンドによって、創価学会のボストン二一世紀センターから助成を受けてアメリカ創価学会の教団誌購読者を対象にサンプリングを行い、郵送調査がなされた〔ハモンド・マハチェック　二〇〇〇〕。

イギリス、アメリカに共通する創価学会の活動や信者の構成、入信動機や経歴について要点をまとめると次のようになる。

①一九六〇年代に日本人中心だった教団は、一九七〇～八〇年代に教勢を拡張するなかで現地の人々が中心になり、使用言語が日本語から英語へ、座談会の形式も靴を履いて椅子式に、指導者も日本人からその国の信者へと現地化が行われた。

②信者の入信年齢は青年期（独身の男女）が多く、学歴も大卒の比率が国の平均より高く、専門職に従事しているものが多い。階層的には中間層で、家庭では伝統宗教の背景を持つものも多い。

③一九六〇～七〇年代では、他の新宗教同様、路傍や駅舎など人が集まるところであれば、どこでも布教し、その結果、多くの人々が興味から大量に入信したが、早々に関心を失って大量に離脱するパターンが見られた。この反省もあって、一九八〇年代には友人・知人を誘う元々の社会関係を生かすやり方に転換し、個々の信者に対して安定的な信仰強化がなされ、一定数の信者を確保するようになった。

④若者たちの入信動機は、貧病争といった相対的剥奪感よりも、伝統宗教に飽き足らずに新しい価値観を求めたり、自己の確立や信頼できる仲間を求めたりする志向性が顕著に見られた。西欧社会が近代化の局面からポストモダンの時代に移行し、衣食住や金銭的成功から精神的価値の充足に軸足を移した時代背景に対応していると見なせる。

⑤カウンターカルチャー的要素の強い仏教系やヨーガ系宗教運動の禁欲的・瞑想的修行よりも、普通の社会生活を送りながら朝晩の唱題や毎月の座談会による定期的集会による指導と交流を提供した創価学会の宗教実践に新味を感じた人たちがいた。伝統的キリスト教のように自己犠牲を強調するよりも自己の欲求や利益を肯定し、幸福追求を積極的に行う現世的価値観は東洋系宗教としては新しいものだった。一九六〇～七〇年代から続く人間性開発運動に近い受容とも言え、情報社会・消費社会において社会的上昇志向の強い人たちに適合的な価値観だった。

⑥創価学会はホスト社会の価値観や制度に抗うことなく、むしろ、文化交流事業などを展開しながらソフトにアプローチしていくので、新規信者にとって入信と信仰継続のハードルが低く、ま

た、社会的にも教団の存在と活動が許容されたことで教団の長期持続が可能になった。

一九六〇年代から八〇年代にかけての西欧における新宗教／カルト運動に共通する要素は、②と④である。青年たちは旧世代に対抗し、新しい文化や生活様式を生み出すはずだというのが当時の共通の認識だった。カウンターカルチャーの一つが新宗教であり、ハモンドはベラーと共に新宗教運動（new religious consciousness）にやや期待する展望を示していた［Bellah and Hammond 1976］。①と③は定着のために必要な要素である。二〇〇〇年代に入ってアメリカの創価学会を調査した秋庭裕・川端亮・稲場圭信の研究グループは、①の現地化と③のフェーズ2（停滞期）の克服の戦略について報告している。特に、信者と指導者の関係を縦線（直接の導き手と信者の師弟関係）から横線（班―支部―ブロック―本部）に転換したことが、移動社会のアメリカでは組織運営上効率的だった。また、メンタリング（教学や生活の指導者と新規信者、池田SGI会長と幹部・信者の師弟不二の強調）の導入によって信者の脱落率を下げる工夫になったとされる［秋庭　二〇一七。川端・稲場　二〇一八］。

⑤が創価学会のユニークな点であり、東洋系宗教らしい唱題（これも瞑想の一つであり、フロー体験を得られる）をしながら、キリスト教会のような会衆（congregation）による組織運営も導入しており、しかも、池田SGI会長による直轄で強固な組織宗教的要素も持ち合わせている。その一例がアメリカ創価学会発展の功労者であった初代理事長ジョージ・ウィリアムズこと貞永昌靖の排斥（池田体制よりも日蓮正宗側についたためとされる）である。

⑥は伍嘉誠（Ng Ka Shing）の香港における創価学会の研究にも通じる低姿勢の布教態度（low-profile policy）である。中国・香港共に宗教団体としての布教を前面に出さず、仏教文化を伝える文化財団として大学、仏教界、地域社会に働きかけている。そのため、大量の信者獲得には到らないが、英米圏同様に拠点を築き、当該社会から是認されている［Ng Ka Shing 2016, 2018］。

さて、海外の創価学会研究から、日本の創価学会にも共通する知見を見いだそうとする場合に注意しなければいけないことが二点ある。第一に、教団の発展時期であり、日本では高度経済成長期にそのまま重なっているのに対して、英米圏ではポスト工業化段階と時期がずれており、そのために信者の社会層や志向性が異なる。第二に、日本では政党を結成した〈宗教—政治〉組織であるのに対して、その他の地域では〈宗教—文化〉組織であり、当該社会との軋轢も異なれば、信者に対する組織的要求の度合いも異なる。日本の信者は保守でもなければ革新でもなく、創価学会＝公明党が主導する政治理念と政党戦略に従い、選挙ごとに相当の労力を提供しなければならない。その点、英米圏、香港・中国の信者たちは政治的立場を拘束されることがない。加えて、池田大作ＳＧＩ会長や信濃町本部との距離もあり、組織的求心力や同調圧力も異なるのである。

以上が海外における創価学会研究であるが、この章を終える前に、その他の創価学会研究に若干触れておこう。

その他の創価学会研究

創価学会の原動力には、他の新宗教には見られない原理主義と現世利益追求がミックスされた信念体系がある。原理主義的宗教運動は創始者や宗教的始原への原点回帰と現世拒否の傾向が強いが、創価学会の場合、日蓮主義という原点を護持し、現世の他宗や体制を批判するものの、現世内禁欲と社会変革を同時に起動させる信仰のメカニズムがある。

大西克明は近代の日蓮主義宗教運動に見られる他宗謗法意識―日蓮宗の身延派はもとより他の門流に激しく対抗意識を持ち、他の宗門を含めて批判し、自教団のみの正統性を強調する教学と宗教実践を「宗教的排他性」と概念化する。そして、この排他性が「謗法払い」という宗教実践―仏壇や神棚の破却および他宗門や民俗宗教の実践を拒否―をすることで現証という御利益を得られるとする布教方法や教化方法に着目した。本門佛立講（宗）と浄風会、および創価学会に「謗法払い」と「現証」の信念体系が共通に見られ、近代の都市中下層の人々を惹きつけていくが、創価学会は戸田城聖の掲げた国立戒壇論が政治運動に展開し、現世利益が信仰者個人の現証のみならず社会変革にも結びついたとする［大西 二〇〇九］。いずれにしても、〈他宗謗法―現証（現世利益）〉の信念体系が発展期の創価学会信者にとって寺檀仏教に宗論を挑み、慣習的宗教の実践者を引き剝がす折伏活動の原動力になったのである。

このような信念を日常的宗教実践において教化する仕組みが創価学会にもある。西山茂は教導システムと呼び、寺田喜朗は新宗教一般の特徴として、①布教者の実践（困っている人の発見と共感的接遇、体験談）、②布教者の主体化（布教の成功によって信仰の確信を深め、布教実績によって組織内昇進をなす）、③セルグループ・システム（直接指導と一体感を感じられる規模の少人数グループを増殖させることで集団教化）があるとする。その上で、創価学会には、①他宗謗法に挑む折伏のみならず、②座談会における激励とお世話があり、②の信仰形成プロセスには、批判を法難・三障四魔と受け止め自己改善をなす契機として信仰強化がなされるという［寺田　二〇一八］。

ここまでは他の新宗教でも似た信仰強化の仕組みがある。しかし、創価学会には世代別・職種別の同朋集団があり、互いの信仰強化はもとより、組織的指令を受け実践する機動組織としても機能する。世代別・男女別組織としては、①未来部…小学校・中学校・高等学校＋学生部…男性の大学生、②「青年部」…主に「男子部」と「女子部」…四〇歳代くらいまでの男性、未婚の女性・四〇歳くらいまでの女性、③「壮年部」と「婦人部」がある（ただし、「女子部」「婦人部」は二〇二一年より「女性部」に統合された）。信仰の世代間継承は未来部の課題であり、学生部と男子部・女子部は創価学会の青年組織として活動の前線に立ち、壮年部は職業人として政治経済活動や財務で貢献し、婦人部が全国・地方の選挙活動の推進役を担うのである。職種別組織については社長会や法曹関係者の会、芸術・芸能に関わる文化部他があるとされる。創価学会の強みは他の新宗教教団よりも、折伏されたばかりのものに加えて信仰二世、三世・四世にも同朋集団が用意され、信仰の維持・継承が組織的になされてきたことにある［猪瀬　二〇一一］。

その他、創価学会・公明党に関するジャーナリストや評論家の論考は数多いし［内藤　一九六九、

一九七八、一九八〇。乙骨 一九九九、二〇〇三、二〇〇四〕、創価学会批判を旨とする出版社もあれば〔柿田 二〇一八〕、創価学会という巨大なマーケットを意識した大新聞社もある〔田原 二〇一八。佐藤 二〇二〇〕。社会科学領域において創価学会についての言及もあるが〔玉野 二〇〇八。浅山 二〇一七〕、新宗教を専門的に研究した経歴があり、なおかつ創価学会の活動について意義ある先行研究をあげるのであれば、以上でほぼ十分な記述になるのではないかと考える。

三 創価学会研究に残された課題

創価学会研究は先行研究の蓄積が厚く、部分的な調査研究が進展したとしても現在の創価学会の全貌が明らかになるわけではない。①調査研究の量、②調査研究の質、③調査研究の社会的還元の三点において研究上の課題を述べて本章の叙述を終えたい。

現代の宗教学や宗教社会学に限定する限り、創価学会に関する研究は先行研究に比して極めて少ないと言わざるを得ない。新宗教研究や伝統宗教を含めての教団研究自体が低調であり、とりわけ創価学会の日本社会におけるプレゼンスを考えても不思議なくらい研究されない。その理由として、一九九五年のオウム真理教事件以降、新宗教研究の調査方法論や研究者の立ち位置に揺らぎが生じ、教団を訪問して信者に面接調査もしくは教団に委託して調査票調査を行うという調査の妥当性や調査が可能になった文脈（教団関係者との良好な関係の意味）に疑義がもたれたことがある。

教団の実像を知るのは教団幹部と模範的な信者だけなのか。組織内で非主流派になっているものやはじき出されたものが語る教団像をどう位置づけるのか。創価学会で言えば、池田大作SGI会長との軋轢で離脱した教団幹部は少なくなく、これらの人々が書いた手記の扱いが問題となる［藤原　一九八九。原島嵩　一九八〇、二〇〇二、二〇〇七。原島昭　二〇一四］。ただし、山崎正友元弁護士や矢野絢也元公明党委員長の手記などは訴訟を念頭に書かれた部分もあると思われる。

社会調査では、被調査者と調査者との関係において調査法が選択され、また分析の仕方や知見の出し方も決まってくる。教団調査の文脈依存性や研究者の政治的立場性が問われたときに、価値中立的な学問を標榜するのも難しく、フィールド型の新宗教研究は停滞してしまった［櫻井　二〇一四］。筆者も含めて本書で執筆する研究者は、創価学会との距離を保ちながら可能な範囲で文献資料や関係者からの情報を収集し、フィールド調査の欠落部分を補完しようと考えている。

最後に、調査研究をどのような形で社会的に還元しうるのかということも研究の意義として考えておかなければならない。この点は、「はじめに」でも述べたように創価学会＝公明党の日本社会における社会的影響力の大きさを適切に評価するための基礎的知識を提供することにつきる。現在の自公政権を考える際、公明党をいわゆる政治的政党として理解し、その役割を政治的に分析するだけでは、創価学会＝公明党の持続力を軽く見てしまう可能性がある［中野　二〇一六。薬師寺　二〇一六］。おそらく創価学会は伝統宗教と新宗教併せて最も耐久力のある教団であり、したがって公明党は国会・地方議会共に勢力を維持しながら流動化する日本政治において今後とも重要な役割を果たすことになる。創価学会＝公明党の多様な側面を理解していくことは日本社会の今後をうらなう意味でも意義ある試みになるのではないか。

文献

秋庭裕［二〇一七］『アメリカ創価学会〈SGU-USA〉の55年』、新曜社。

浅山太一［二〇一七］『内側から見る創価学会と公明党』、ディスカヴァー・トゥエンティワン。

石井研士［二〇〇五］『日本人の宗教意識・神観に関する世論調査２００３』、國學院大學21世紀ＣＯＥプログラム報告書。

猪瀬優理［二〇一一］『信仰はどのように継承されるか――創価学会にみる次世代育成』、北海道大学出版会。

ブライアン・ウィルソン・R、カレル・ドベラーレ［一九九七］『タイム トゥ チャント――イギリス創価学会の社会学的考察』（中野毅訳）、紀伊國屋書店。Wilson Bryan R. and Dobbelaere Karel. 1994. *A Time to Chant : The Soka Gakkai Buddhists in Britain*, Oxford Clarendon Press.

大西克明［二〇〇九］『本門佛立講と創価学会の社会学的研究――宗教的排他性と現世主義』、論創社。

小口偉一［一九五三］『日本宗教の社会的性格』、東京大学出版会。

乙骨正生［一九九九］『公明党＝創価学会の野望――「自・創」野合政権を撃つ』、かもがわ出版。

乙骨正生［二〇〇三］『公明党＝創価学会の真実――「自・創」野合政権を撃つ〈2〉』、かもがわ出版。

乙骨正生［二〇〇四］『公明党＝創価学会の深層――「自・創」野合政権を撃つ〈3〉』、かもがわ出版。

柿田睦夫［二〇一八］『創価学会の〝変貌〟』、新日本出版社。

川端亮・稲場圭信［二〇一八］『アメリカ創価学会における異心同体――二段階の現地化』、新曜社。

公明党［二〇二〇］公明党公式ホームページ https://www.komei.or.jp/（二〇二〇年一一月二日閲覧）。

佐木秋夫・小口偉一［一九五七］『創価学会――その思想と行動』、青木書店。

櫻井義秀編［二〇〇九］『カルトとスピリチュアリティ――現代日本における「救い」と「癒し」のゆくえ』、ミネルヴァ書房。

櫻井義秀［二〇一四］『カルト問題と公共性――裁判・メディア・宗教研究はどう論じたか』、北海道大学出版会。

櫻井義秀・川又俊則編［二〇一六］『人口減少社会と寺院――ソーシャル・キャピタルの視座から』、法藏館。

櫻井義秀［二〇一七］『人口減少時代の宗教文化論――宗教は人を幸せにするか』、北海道大学出版会。

櫻井義秀編［二〇二〇ａ］『アジアの公共宗教――ポスト社会主義国家の政教関係』、北海道大学出版会。

櫻井義秀編［二〇二〇ｂ］『中国・台湾・香港の現代宗教――政教関係と宗教政策』、明石書店。

櫻井義秀［二〇二二］『東アジア宗教のかたち――比較宗教社会学への招待』、法藏館。

佐藤優［二〇二〇］『池田大作研究――世界宗教への道を追う』、朝日新聞社出版。

塩原勉［一九七六］『組織と運動の理論――矛盾媒介過程の社会学』、新曜社。

鈴木広［一九七〇］『都市的世界』、誠信書房。

ロドニー・スターク［二〇一四］『キリスト教とローマ帝国――小さなメシア運動が帝国に広がった理由』（穐田信子訳）、新教出版社。Stark Rodney, 1997, *The Rise of Christianity. A Sociologist Reconsiders History or How the Obscure, Marginal Jesus Movement Became the Dominant Religious Force in the Western World in a Few Centuries*, Harper Collins, SanFrancisco.

高木宏夫［一九五八］『新興宗教――大衆を魅了するもの』、講談社。

高木宏夫［一九五九］『日本の新興宗教――大衆思想運動の歴史と論理』、岩波書店。

高木宏夫［一九五九］「選挙と組織活動――革新政党・創価学会・ナチスを比較しつつ」、『思想』七、一〇七三～一〇八六頁。

谷富夫［一九九四］『聖なるものの持続と変容――社会学的理解をめざして』、恒星社厚生閣。

玉野和志［二〇〇八］『創価学会の研究』、講談社。

田原総一朗［二〇一八］『創価学会』、毎日新聞社。

塚田穂高［二〇一五］『宗教と政治の転轍点――保守合同と政教一致の宗教社会学』、花伝社。

津山巌［一九六九］『第三の全学連――「新学同」という巨大な学生組織』、全貌社。

寺田喜朗［二〇一八］「戦後の新宗教と教導システム」『本化仏教研究所　所報』一―一、三一～六九頁。

統計数理研究所国民性調査員会［一九七三］『日本人の国民性』第Ⅴ次。

統計数理研究所国民性調査員会［一九七八］『日本人の国民性』第Ⅵ次。

統計数理研究所国民性調査員会［一九八三］『日本人の国民性』第Ⅶ次。

内藤国夫［一九六九］『公明党の素顔――この巨大な信者集団への疑問』、エール出版。

内藤国夫［一九七八］『創価学会の野望――宗教法人を逸脱した数々の策動』、日新報道。

内藤国夫［一九八〇］『崩壊する創価学会――「公明党の素顔」から11年』、エール出版。

中野潤［二〇一六］『創価学会・公明党の研究――自公連立政権の内在論理』、岩波書店。

中野毅［二〇〇四］『戦後日本の宗教と政治』、原書房。

中野毅［二〇一〇］「民衆宗教としての創価学会――社会層と国家との関係から」、『宗教と社会』一六、一一一～一四二頁。

西山茂［二〇一六］『近現代日本の法華運動』、春秋社。

フィリップ・ハモンド、デヴィッド・マハチェック［二〇〇〇］『アメリカの創価学会――適応と転換をめぐる社会学的考察』（栗原淑江訳）、紀伊國屋書店。Hammond, Phillip E. Machacek, David W. 1999, *Soka Gakkai in America : Accommodation of Conversion*, Oxford University Press.

堀一郎［一九六二］『日本宗教の社会的役割』、未来社、一四四～一五三頁。

堀幸雄［一九九九（一九七三）］『公明党論――その行動と体質』、南窓社（青木書店）。

原島嵩［一九八〇］『池田大作先生への手紙――私の自己批判をこめて』、晩聲社。

原島嵩［二〇〇二］『誰も書かなかった　池田大作――創価学会の真実』、日新報道。

原島嵩［二〇〇七］『絶望の淵より甦る――創価学会を脱会した歴史の生き証人　体験を通して真の信仰へ』、日新報道。

原島昭［二〇一四］『池田大作と原島家――池田大作を会長にした原島宏治とその家族』、人間の科学新社。

藤原弘達［一九六九］『創価学会を斬る』、日新報道。

藤原弘達［一九七一］『創価学会を斬る〈続〉』、日新報道。

藤原行正［一九八九］『池田大作の素顔』、講談社。

真鍋一史［二〇〇八］「日本的な『宗教意識』の構造――『価値観と宗教意識』に関する全国調査の結果の分析」、『関西学院大学社会学部紀要』一〇四、四五～七〇頁。

村上重良［一九六七］『創価学会＝公明党』、青木書店。

村上重良［一九八〇］『新宗教――その行動と思想』、評論社。

薬師寺克行［二〇一六］『公明党――創価学会と50年の軌跡』、中央公論新社。

山中弘編［二〇二〇］『現代宗教とスピリチュアル・マーケット』、弘文堂。
Bellah, Robert N. and Hammond Phillip E., [1976] 'Chapter 7: New Religious Consciousness and the Crisis in Modernity,' Edited by Charles Y. Glock and Robert N. Bellah, *The New Religious consciousness*, University of California Press.
Ng Ka Shing（伍嘉誠）[2016] 'Demographic Changes and Religion in Japan: A Case Study of Soka Gakkai in Hokkaido'. In Nagy, S. N, ed., *Japan's Demographic Revival*. Singapore : World Scientific Publishing Co., pp. 145–178.
Ng Ka Shing ［2018］"A New Home for New Immigrants ? A Case Study of the Role of Soka Gakkai in the Integration of Japanese and Mainland Chinese Immigrants in Hong Kong", *Religions*, Vol. 9 Issue : 11, pp. 1–19. 336（DOI : 10.3390/rel9110336）

Chapter 2 : The path to "victory" as Collective memory

第二章　集合的記憶としての「勝利」への道筋

櫻井義秀
Yoshihide Sakurai

一　はじめに

創価学会の政治志向性

創価学会は創設期からまもなく政治進出を図り、現在まで政治宗教団体（創価学会と公明党）の組織形態を維持している。他の伝統宗教や新宗教は、教団幹部や信者を政界に送り込んで宗教的理念の実現を図るよりも、自教団の理念に近い政党や政治家個人の支援や後援に回りながら政治参加を志向した［塚田　二〇一五］。それは聖と俗が本来的に相容れないというよりも、宗教活動の理念主義と政治活動の現実主義や権力志向との折り合いがつかないか、もしくは政治活動によって宗教団体の本質が損なわれるという認識に基づいていた。

ところが、創価学会の場合、戦後の創設期から現在に至るまで宗教活動と政治活動は理念的にも実践的にも統合されている。もちろん、三代会長時代の池田大作が言論出版妨害事件で高まる政治的圧力を回避するべく、一九七〇年に立正安国論に立脚した「王仏冥合論」を取り下げ、「国立戒壇」も一九七二年に建立した日蓮正宗大石寺の正本堂と解釈変更した以上、創価学会・公明党は政教分離の憲法に則っている。しかし、今日に到るまで公明党議員は創価学会から選出され、創価学会員の全面的支援によって選挙を戦っているのである。

他方で、霊友会や立正佼成会は法華経を所依の経典としながらも政治進出の志向性は持たず、何よりも日蓮正宗や創価学会を除く日蓮正宗の講集団に政治志向性がない。その意味で創価学会の政治志向性を宗教的に解釈しすぎることは、創価学会の教説を再論することに等しい。創価学会の政治志向性には、教団の特殊事情と時代背景を読み込んでいくべきである。この問題に入る前に、創価学会を同時代の新宗教運動と比較してみた際、浮かび上がってくる特異性をあらかじめ指摘しておきたい。

実践者の宗教

牧口常三郎、戸田城聖、池田大作まで三代続く会長は、それぞれに個性的だが、いわゆる新宗教の教団創始者や後継者に見られるような発心の宗教的体験や経験が語られることは少ない。日蓮正宗に出会うまでの求道期や諸教団への遍歴は、牧口に多少あるものの、戸田と池田にはない。戸田は牧口と、池田は戸田と師弟関係を結び入信しているのである。

牧口常三郎は人生地理学や価値論、創価教育学の創設者として語られるが、教育的関心に日蓮正宗的意味づけが加えられたのは人生の晩年である。一九三〇年に創価教育学会を創設して一九四四年に巣鴨拘置所で獄死するまでの一四年間で、日蓮正宗的教説を会員に説くようになったのは最晩年であった。教育関連の講演他、赤化青年の矯正教育にも関わるなど、自己意識としては日蓮正宗の教学をふまえた教育者であったのではないか［高橋　二〇一八］。戸田城聖も牧口常三郎との師弟関係が二〇歳の頃から続いてはいたが、戦前戦後ともに金融業から出版業まで多方面にわたる実業的活動が本業であり、創価学会の創設と宗教活動に専念したのはこれまた晩年と言わざるを得ない。つまり、創価学会の第二代会長に就任した一九五一年から亡くなる一九五八年までの十年弱である。実業家として人生を歩み宗教家として亡くなったと言える。

これに対して第三代会長の池田大作は一九六〇年に若干三三歳で第三代会長に就任してから一九七九年に会長を辞し、名誉会長・ＳＧＩ会長として創価学会を実質的に約六〇年間にわたって指導してきたという点において先の二人の会長とは大いに異なるライフコースを歩んできた。人生の大半が最高指導者であり、創価学会幹部から末端信者に到るまで永遠の師匠として尊崇の対象である。池田は戸田門下生として戸田が起こした事業で頭角を現し、戸田亡き後創価学会の財政と青年信者・幹部の人事を掌握することで三代会長に就任した。池田は戸田から宗教団体を基盤とする事業展開と組織における権力の保持、それと政治志向性を継承したのである。

この三人は教育、実業、宗教団体の指導者として有能であったからこそ、その時代に応じて信奉者集団を形成し育てあげることができたのだろう。さらに言えば、牧口が自身の教育論を展開し得たのは、戸田を含む牧口と日蓮正宗に対する信奉者集団（創価教育学会）があってこそのものだったし、戸田の事業的成功も戦前・戦後共にこの信奉者集団に対する貸付業を基盤としている。つまり、両者とも信者組織に支えられた教育、実業の成功者であった。池田もまた信者組織を基盤に政治進出を進めたのである。宗教を基盤として社会の各領域に活動を展開する可能性を示したことが創価学会の特徴と言える。逆に言えば、他の社会領域との接合部分が強すぎるために、宗教独自の特徴が教説や宗教行為そのものよりも社会活動―政治進出それ自体にある印象が強い。

創価学会を同時代の新宗教運動と比較すると、在家主義宗教運動とはいえ明らかに教説や宗教行事、祭典における宗教的独自性が不足している。青年部によるマスゲームなどは信者集団の結束力を高める祭典と言えよう。この点もまた西山茂が名付けた借傘型新宗教の特徴であり、日蓮正宗に教説の指導や儀礼の執行を全面的に依拠してきた結果とも言える。創価学会が日本最大の新宗教教団となり、日蓮正宗の法主と池田が宗教的正当性と権威を争い、一九九一年に日蓮正宗から破門という形で独立するに到ったことも、創価学会の宗教的独自性を示したものである。すなわち、宗教的教説―日蓮正宗の石山教学に対するこだわりがそれほどないとも解釈できるし、創価学会組織の絶対性が教学に優越しているとも言える。

権威・権力の集中制

結局のところ、創価学会の信者は日蓮正宗の信仰というよりも戸田と池田の実践的指導に従い、戦後の約六〇年にわたる政治宗教の組織活動に参加してきたのである。牧口門下生、戸田門下生、そして池田門下生が創価学会の主流派を構成し、しかも、戸田時代には牧口門下生は傍系となり、池田時代にも戸田門下生が傍系となる権威の集中制がしかれた。当然のことながら、傍系となったものは面白いはずもなく、日蓮正宗への教義的こだわりを見せる信者もまた離反していった。しかしながら、離脱者は少数に留まり、この縦の師弟関係と横の同世代における権力集中制は、新宗教教団に見られた分派活動を阻止することに寄与したのである。

現在の組織を支え続けている幹部や信者たちは、何を求めて創価学会の教えを広め、教勢を拡大し、創価学会―公明党の組織維持に貢献してきたのだろうか。創価学会の軌跡は傑出した戸田と池田の理念や組織戦略によって導かれたのは間違いないが、それに共鳴した人たちの理念や社会意識も創価学会の教説や組織的特徴に大いに関わっていたのではないか。

この点を探るために本章では、戸田城聖時代の創価学会に焦点を絞り、創価学会信者の社会意識について考察を深めたい。そのために、日本の戦後新宗教を読み解く理論的な補助線をいくつかひいておこうと思う。

二　創価学会における集合的記憶とユートピア

戦後世代の集合的記憶

従来、宗教は独自の教義や反世俗的性格を持つために政治と対峙もしくは抑圧されることがあったと言われる。しかし、新宗教が創設期において伝統宗教や体制側から抑圧されたとしても、抑圧が継続されていれば、教線の拡大や組織的成長は不可能である。体制の外側、すなわちディアスポラから世界宗教への道を辿ったチベット仏教のような事例を除けば、国内において成長した教団は体制側に抑圧をやめさせる戦略をとったのである。もしくは、教団の抵抗運動とは関係なく、体制自体が信教の自由を許容する政策変更を行ったかのいずれかである。

とはいえ、宗教は創設期における抑圧経験を神義論に用いることが多いために、存在の安定を脅かされない現在においても抑圧された集合的記憶を語り続けることが多い。このことは宗教集団に限らず、一般の社会集団においても同じである。

モーリス・アルバックスは、社会集団の一体性を確認するために感情を伴う集合的記憶の重要性を指摘している。この集合的記憶は歴史的記憶としばしば相互浸透的であり、時間と空間という磁場をプロットすることで常に想起され現在的なものとなる。先に述べた統制的な政教関係に経路づけられた教団が集合的記憶として保持している行動戦略とは、抑圧の回避につきる。そのためには、体制側と協力関係を保持するか、抑圧するには大きすぎる教団となるべく勢力を拡大するかである。本章では、創価学会の集合的記憶を呼び覚まし、抵抗運動として体制側に勝利したイベントとしての小樽問答と炭労との対決という一九五〇年代の後半の出来事を扱うことになるが、この事例分析に入る前に、さらに理論的な検討と創価学会の教団史について説明を加えておく必要がある。

ここで創価学会における集合的記憶についてあらかじめ結論的なことを述べておくならば、それは日本における戦後世代の記憶との対比において考察することが有益だろう。戦後日本の論壇をリードしたのは、リベラル派にせよマルクス主義者にせよ、抑圧された被害者の視点から戦前の国家体制や思想との断絶をはかったことではなかったか。実のところ、国家総動員体制に組み込まれた知識人・大学人・活動家が、自由に思想信条を表明し活動できなかったにせよ、みなが生命を脅かされるほどの抑圧を経験したわけではない。宗教団体も国家神道や天皇制に適合した皇道宗教となる道を選択したところがほとんどであり、指導者や信者の拘束と教団施設の破壊や私有地の収用まで経験したのは大本くらいである。にもかかわらず、教団として戦争や体制協力への自己批判が深化したのは、戦後の四半世紀を経てからである。それまでは、新政日本にふさわしい新生宗教であることを誇ったのである。そのためには、太平洋戦争の敗者は国家神道、冒険主義に陥った軍国主義、イエ・ムラ・クニの封建遺制と認識され、戦禍で生命と資産を失った無数の国民同様に被害者の意識を保持した。

焦土と化した日本において、都市住民、働き手を失った農村の人々、戦災孤児と引揚者の生活は惨めであり、精神的に敗者であることを拒絶したとしても、勝者でもなかった。その上、政府が下士官クラスの旧軍人や軍属に対して恩給を出し、戦後も資産を維持した特権階層との比較において、庶民は文字通り一文無しの敗者となったのである。

世の多くの人々の精神的な空白を埋めたのは、叢生した新宗教や会堂が信者で溢れたキリスト教会であった。人々は生き残ることを最大限ののぞみとし、生活の糧となるものと精神の活力を求めていた。創価学会が提供した「幸福になる」という理念と現証たる信仰の現世利益は、まさしく人々のニーズに合致するものだった。そして、創価学会の生き残り、成長するという行動戦略は、「勝利」という個人における幸福と国立戒壇を目指す政治進出へのスローガンとなったのである。勝利こそ、敗戦国日本に最も欠乏していた概念的文化資源であった。

創価学会の行動理念と戦略を考察するには、日蓮正宗の王仏冥合や国立戒壇といった宗教的理念のみならず、創設期の指導者や幹部、会員が保持していた集合的記憶に根ざした生存への欲求や歴史感覚に注目する必要がある。この議論はアルバックスの集合的記憶論に依拠するが、生き残り戦略だけでは創価学会の政治進出を説明することはできない。ここでマンハイムの社会意識論を援用しながら、創価学会信者の意識について仮説を述べておきたい。

ユートピアと宗教運動

カール・マンハイムによれば、体制側からすり込まれる社会構造を正当化する社会意識が全体的イデオロギーとしての虚偽意識である。敗戦の集合的記憶に根ざした生存を最優先する精神と生存を脅かす環境に適応するか、攻撃的に適応していく行動戦略がそれに相当する。創価学会同様に新宗教の多くは、日本の精神性と共同性を極致まで高めた国体イデオロギーの喪失を、世直しのユートピアニズムと共同体の再編で埋めていったものと思われる。

マンハイムによれば、ユートピアとは被支配集団のもつ現状を超える「虚偽意識」であり、これはカール・マルクス、ゲオルグ・ルカーチから受け継いだ宗教という意識形態に対する認識である［マンハイム　一九六八］。日本では戦後の知識人による天皇制・封建制批判や左派政治運動も敗者の抱いたユートピアと言わざるを得ず、戦後社会のイデオロギーは総動員体制が社会の各領域に浸透させた生き残り戦略と成長主義であった。このイデオロギーは経済成長主導の官僚システムや会社組織に顕著に現れたが、宗教組織においても抑圧への防御や生き残るためのシステムづくりとして制度化されていったものである。

創価学会は日蓮正宗の石山教学を戦後のイデオロギーに適合させ、なお積極的に政治進出を図ることで創価学会による仏国土のユートピアを構想したのである。支配に耐えるだけではなく、支配者を打ち負かす理念と組織力を持つことが、創価学会の創設期において目標とされた。戸田城聖による創価学会の組織化は、焦土からの復興を夢見る青年たちに理念と組織戦術を提供した。広宣流布の理念だけで教勢が拡大するわけではなく、具体的な布教の戦略、すなわち折伏の方法と組織が必要である。そして、自分たちが絶対に負けない側に立つ目標として立正安国と国立戒壇が掲げられ、政治宗教としての創価学会の原型が形成された。池田は戸田と青年たちが構想したユートピアを永遠のものとするために、日本の中に創価学会という巨大な政治宗教の世界を構築し、それを成長・維持させるために政権と交渉し、野合してきたのである。

創価学会の教勢拡大が一九七〇年代までに頭打ちになり、一九六九年の藤原弘達の言論出版妨害事件や一九七〇年の宮本顕治宅盗聴事件によって創価学会による出版界や政界への工作が暴露、批判された後、創価学会―公明党は、王仏冥合と国立戒壇の政治理念を下ろし、大石寺の正本堂建設をもって本門戒壇とした。創価学会は教勢拡大とそれを票田とする公明党による政治進出の限界に直面して保守・革新の両陣営の間で中道勢力として力を蓄える方針に転換した。そして、一九九三年に五五年体制が崩壊して政界再編の時代にキャスティング・ボートを握る戦術から、一九九九年以降の自公連立政権で政権与党として国政に参画することで、戸田・池田による創価学会の安泰と政治宗教としての夢を部分的に実現したのである。

本章の視点を端的にまとめれば、総力戦体制後の社会において宗教制度もまた発展経路が方向付けられてきたために、政治宗教という宗教類型は、日本の創価学会や日本の在家主義宗教運動だけに見られるものではなく、韓国や台湾、現代中国においても体制と密接な関係を結びながら成長してきた教団宗教がある。創価学会研究は従来の日本という限定された近代史や宗教史、戦後社会の中で分析されてきたが、東アジアという地域と歴史におくことで新しい展開を迎えることができるのではないだろうか［櫻井 二〇二〇a、二〇二〇b、二〇二二］。

さて、ここで再び創価学会の創設期に記述を戻そう。政治的抑圧を回避しつつ潰されないだけの社会的勢力となることを目指した宗教運動は、牧口常三郎と戸田城聖という二人の人物によって築かれた。この二人が抱いた戦前・戦中・戦後の夢とは何だったのだろうか。そこに創価学会員はどのようなユートピアを見たのだろうか。

三　創設期における創価学会の「夢」

牧口常三郎と教育

牧口常三郎は一八七一年（明治四）柏崎県刈羽郡荒浜村で貧しい船乗り夫婦の長男として生まれ、両親の離婚に伴い六歳で伯母の嫁ぎ先である牧口家の養子となる。養家は回漕業を営み、日蓮宗の檀家だった。小学校を主席で通した牧口は小樽の叔父に預けられ、給仕をしながら勉学を続けて札幌尋常師範に入学し、地理と教育の文検に合格して附属小学校の教師となった。牧口は結婚後も地理学者となることを夢見て学問を続け、三一歳で上京して札幌農学校出身で地理学者の志賀重昂の指導で大著『人生地理学』を刊行した。しかし、大学や高等学校に職を得ることがかなわず、出版社勤務などを経て三八歳で小学校の主席訓導に戻り、数校の校長などを歴任して六〇歳で退職するまで在野の地理学者として教員生活を続けたのである。

牧口は五七歳の時に商業高校の校長で日蓮正宗の信者であった三谷素啓と出会い、その折伏によって信者となる。そして、自己の教育理論に日蓮正宗の教学を接合することで自身のライフワークとなる『創価教育学大系』一二巻の刊行を目指して一九三〇年に創価教育学会を設立した。体系の刊行事業を支えたのが牧口に私淑していた戸田甚一（城聖）であり、四巻まで刊行した。この第二巻目に牧口の価値論が収録されている。初版には社会学者の田辺寿利、新渡戸稲造、柳田国男など蒼々たる知識人が序文をよせ、本書刊行にかけた牧口と戸田の意気込みがうかがえる。しかし、価値創造と法華経信仰との接合は必ずしも整合的ではなかった［松岡　二〇〇五］。

価値論の骨子は、およそ①人生の目的は幸福追求であり、②幸福とは美・利・善の価値の実現であり、③価値の相対性から小善よりは大善を目指すべきであることが道徳哲学的に説かれ、ここからは自身の信仰体験に基づき、④大善の何たるかは日蓮正宗の仏法に説かれており、⑤日蓮の教えに従えば功徳が得られ、国難や個人の苦難は全て謗法、仏罰である、というものである（『価値論』［牧口一九五三］）。このことを牧口は研修会や座談会で会員に説いた。太平洋戦争開始時には約一五〇〇名の会員がいたと言われる。

一九四二年、牧口と幹部は神宮大麻を焼き捨てたことにより、神社に対する不敬罪と治安維持法違反で逮捕された。一九四〇年に宗教団体法が施行され、宗教統制が強められていたなか、特高警察が学会を内偵していたのである。牧口は起訴されたものの裁判を受ける前に、一九四四年栄養不良のため七三歳で獄死した。牧口が教育者として抱いた夢は戸田城聖に引き継がれることになった［村上一九六七、一九八一］。

戸田城聖と事業

戸田甚一は一九〇〇年（明治三三）石川県江沼郡塩屋村に漁民の七男として生まれ、五歳の時に一家で北海道厚田郡厚田村に移住した。戸田は高等小学校卒業後に住みこみ奉公をはじめ、三年目で小学校準訓導の試験に合格して一八歳で夕張郡真谷地小学校の準教員になった。ここでも正訓導の試験に合格して三年間勤務した。試験合格の能力と経験は後年受験指導の予備校経営や参考書執筆、および創価学会の教学部任用試験制度の確立に役立った。戸田は二一歳で上京し、牧口が校長を務める小学校の臨時代用教員となった。戸田は教員をしながら開成中学の夜間部に入り、次いで中央大学の夜間部に進学したが、その間結婚し、生計のために学習塾を開き、「推理式指導算術」を百万部増刷するなどして事業的にも成功した。

戸田は二八歳で牧口に折伏されて日蓮正宗に入信したものの、信仰よりも事業に情熱を燃やし、学習塾に加えて出版業・印刷業と手を広げ、資金面で牧口を支えていた。特に、小学校教員から出資金を募って日本正学館を作り、日本商手という手形割引の会社を作るなど事業家として兜町入りも果たした。しかし、教員や学会員の一部から不満も出て警察が目を付け、先に述べた牧口以下幹部の一斉逮捕によって自身も逮捕され、一九四五年七月に拘置所から保釈された。約二年間の獄中生活で戸田は「獄中の悟達」と称される信仰体験をなし、牧口の志を継ぐ覚悟を固めたとされる。戸田は取調中に牧口の死去を知らされていた。

戦後焼け野原となった東京において戸田は元の仲間と創価学会を再建し、大衆雑誌の出版、大蔵商事や東京建設信用組合などの金融業を再びはじめ、学会員の青年たちの職場を作った。大蔵商事で貸付・取立に辣腕を振るっていたのが池田大作青年だった。しかし、これらの事業はリスクもあり、信用組合の破綻後に戸田は創価学会の理事長他一切の事業から手を引き、一九五一年、五二歳で宗教活動に専念する決意を固めた。この事業失敗が第二の宗教的体験を得た契機とされる。戸田は一九五二年に創価学会の二代会長に就任し、出版事業の経験を生かして会員に機関紙『聖教新聞』を頒布し、教化と布教に用いた。既に述べたように牧口門下生よりも自身が育てた青年幹部に指導者や後継者として重責を与え、教学部門を出版と試験制度から形作り、一九五五年には文化部から学会員を地方選挙、翌年には参議院選挙に出して議席を獲得した。この時の選挙対策のブロック作りが創価学会全体の体制となり、布教・選挙の両用可能な体制が創価学会の基本的な構造となった［村上　一九六五、一九六七］。

裏日本・北海道と青雲の志

牧口と戸田は、それぞれ教育者、実業家として前半生を生き、晩年の十数年間に宗教家としての自覚を深め、教団作りに力を注いだ。組織化の才能は戸田のものだったが、二人には当時の日本社会に多く見られたライフコース上の移動経歴が共通している。すなわち、東北や北陸から北海道を経て東京に到る地域移動と、庶民の師弟が苦学力行によって学問や事業で身を起こしてひとかどの人物になるという階層移動である。

日本海側は、近世まで北前船などの流通網や京都文化の蓄積などもあり、現在のような鄙びたところではなかった。ところが、明治以降、太平洋側に鉄道網が整備され、工業化・都市化が進むうちに、裏日本は後進地域として表日本に労働力を提供するところに変わったのである［古厩　一九九七］。二〇世紀を通じた日本人の移動過程において北海道は独特の位置を占め、明治から昭和初期にかけて拓殖開拓のフロンティアとして入植者を集め、漁場や炭鉱に労働者を入れ込み、函館・小樽のような商業都市を生み出した。人々は生活のために農夫や漁夫、炭鉱夫、都市の雑業層として働いていったが、その職種や地域で安住することをよしとせず、よりよい生活を目指して移動し続けたのである。したがって、北海道には本州の農村や町のような定住者意識が長らく育たず、ふるさと意識が芽生えてきたのは開墾による大規模農業や群来や豊富な海産物でわいた漁業、朝鮮半島他日本中から人を集めた炭鉱が斜陽になり、人々がそこに住み続ける理由を改めて探すようになってからである。このような移動者の群れで青年時代を過ごした牧口や戸田が、青雲の志を実現すべく東京に出たのはごく自然のなりゆきだった。

牧口には生来の勤勉さがあり、戸田には子どもたちや若者を惹きつける話術と懐の深さがあった。それにもかかわらず、牧口は学者の夢半ば、戸田もまた実業界で登りつめる前にはしごを外された。それが東京の現実だったが、二人は成功できない理由を日蓮正宗の謗法に求め、宗教実践によって現証（御利益）を得て成功する道を発見したのである。

この人生経験に基づく強烈な信仰の語りが、同じような境遇にある青年の情熱をかき立てた。戸田は事業の傍ら青年たちに法華経講義を行い、一九五一年には男子部が結成され、一九五三年頃に男子には戸田直々の教えを受ける水滸会、女子には華陽会という青年幹部の養成グループができた。一九五四年、戸田は男女青年部一万人を率いて大石寺登拝を行い、富士宮東高校校庭で大出陣式を行った。「国士訓」を与えられた青年たちは、戸田会長の直弟子たるを自覚し、東洋広宣流布のために戦い抜くことを誓い、分列行進した青年たちに戸田は白馬銀嶺号に跨がり閲兵した。戸田は見込みのありそうな青年を選抜者グループに入れ、次期指導者はここから出るとハッパをかけて実績を競わせ、一般の青年たちには大規模イベントに参加させることで一体感を味合わせる絶妙な人心収攬のすべをみせたのである［日隈 一九七一］。

一九五一年に創刊された機関紙『聖教新聞』には戸田が妙悟空の名で、自身が牧口時代から獄中で信仰の確信を得るまでの物語風自伝「人間革命」が連載された。これは後に池田大作が法悟空の名で執筆し、学会本部が制作する『人間革命』に継承され、創価学会の公式な教団史として創価学会員が参照すべきものとされることになった。ところで、「人間革命」の言葉は、東京大学総長を務めた南原繁の演述が元になっているとされ［南原 一九四八］、戸田も南原の「人間革命」を参照したと述べている。当時、産業革命や社会革命に対応させて「人間革命」の言葉に言及した知識人は多数いたと言われている［伊藤貴雄 二〇一四］。内村鑑三に師事した無教会派の南原繁や矢内原忠雄が、戦後日本の象徴的天皇制国家の精神的支柱にキリスト教をすえようとした発想と同様に［赤江 二〇一七］、戸田は日蓮正宗に基づいた人間革命を構想したのである。

しかしながら、精神革命を強調する言説は、戦後数年のうちにマルクス主義的な人間観・社会観に取って代わられ、左派政治・労働運動や左派的大学人・学生に支持された左派の思潮は労働運動や学生運動が退潮する一九七〇年代まで続くのである。その間、人格陶冶や人間関係の改善から社会の変革を構想する流れは、民族右派や新宗教に担われた。創価学会による人間革命と王仏冥合・国立戒壇の政治運動は、人間と社会を両にらみで進める先鋭的社会運動であったとも言えよう。そこに共鳴した青年たちは、左派政治運動にも保守政治運動にも居心地の悪さを感じていたのだと思われる。どちらも先鋭化すれば、社会主義や民族主義（日本主義）による思想改造に到る点において人間革命の要素を含んでいたが、社会の前衛や憂国の士たるには、直近の生活上の苦悩から解放され、精神的な問題に時間を費やすだけの恵まれた環境が必要だった。創価学会に加入した多くの青年たちにそれほどの余裕はなく、教勢を拡大した時期に加入した多くの庶民は謗法払いによる即座の功徳・現世利益を重視したのである。この点を創価学会躍進期の布教戦略を示す『折伏教典』から確認していこう。

折伏教典における生命論と現証

『折伏教典』は一九五一年、教学部編として刊行され、一九六九年まで改訂三九版を重ねる創価学会の教本だった［伊藤立秋　二〇〇四］。言論出版妨害事件が起きたのは絶版の翌年である。池田三代会長が創価学会と公明党の分離について言及せざるを得なくなったことで、王仏冥合の政教一致論他、戸田二代会長時代の教説が中心であった教本の使用をやめたものと考えられる。

ところで、会員世帯数は一九七〇年に公称七五〇万世帯に達したとされ、その後の五〇年間で現在の八二七万世帯まで一〇〇万世帯も増加しなかった。現在の創価学会は会員数で言えば飽和状態に入ってからずいぶん経つのだが、なぜ、一九八〇年代以降も教勢を拡大した新宗教があるなかで創価学会の成長が止まったのかは興味深い問題である。本章では残念ながらこの時代を扱わない。戸田時代から約一八年にわたって創価学会の教勢が飛躍的に拡大した時代の布教戦略に焦点を絞って、この時期に創価学会が主張していた教説と布教戦略を概観する。

改訂四版の『折伏教典』（総三八〇頁）は池田大作監修とあり、教説の総論と信仰指導の各論に分かれている［池田監修・教学部編　一九六四］。全体は四つのパートに分類可能である。内容を略述する。

①創価学会独自の仏教論の導入。総論には戸田の「生命論」が第一章に、牧口の「価値論」が最終の第一四章に配されており（三版までは「価値論」が第二章）、「人生の目的と幸福」が第三章である。生命論の骨子は、生命（法身）・心（報身）・肉体（応身）は永遠に変化しつつ実在し、人は死によって大宇宙の生命に溶け込み、業を感じつつ変化し、機縁によってまた生まれるというものである。成仏とは永遠の生命を獲得することであり、大御本尊を信じ題目を唱えることで御利益、あらゆる幸福を得る。この境涯に達することが人生の目的とされる。

少し解説を加えるなら、戸田の生命論には新宗教の生命主義と似通っている部分がある［対馬ほか　一九七九］。それらは大正期の生命主義に胚胎している可能性があるものの［鈴木　一九九九六]、要点は生命観そのものではなく、寺田善朗によれば、正しい教えによって人間本来のあり方に立ち返り、倫理的な生活実践によって功徳を得て幸福な生活を得るという生活の規律化にある[寺田　二〇一四]。戸田の生命論は、必ずしも牧口の美利善の価値論を前提としないために、価値論は二章においても一四章でもすわりがわるい。価値論の章では、美と利は個人の生命に関わり、善は個人の生命活動に対する社会的評価となるといった解説にとどまり、極悪の例として社会の上流で害毒を流す僧侶、神官が批判され、戦時中の滅私奉公などは空虚な善の例とされている。以上で六六頁相当になる。

②日蓮正宗の教説。これを解説するのが第二章「一念三千の法門」第四章「日蓮大聖人と末法の民衆」第六章「釈迦一大仏教と日蓮正宗」第九章「日蓮正宗の歴史」第一〇章「三大秘法の本尊」であり、全体で約五〇頁である。創価学会独自の実践宗学部分が、第一一章「宗教革命と日蓮正宗」、第一二章「折伏論」、第一三章「王仏冥合と第三文明」であり、約三〇頁である。実践的教説の骨子は、三大秘法（本門の本尊・戒壇・題目）の本尊に背くものに罰あり、折伏に大利益あり、王仏冥合は日蓮の遺命であり、万人が希求する理想の政治であり、ここに咲く文明こそ唯神論・唯物論を超えた第三文明になるとされる。

③他宗批判。残りの総論の章は、第五章「宗教批判の原理」から第七章「既成諸宗派と日蓮宗各派の批判」第八章「外道および民間信仰の実態」と約一二〇頁が他宗批判に充てられている。折伏の教典である以上、宗教対話的な摂受よりも論破して誤りを悟らせる折伏のために他宗の知識は

必要である。紋切り型の批判であっても慣習的に伝統宗教に所属していた人たちを折伏するには十分だったのだろう。

④教化・育成の実践論。各論とされ、第一章「信仰に無関心な者に」第二章「信仰に反対の者に」第三章「他の信仰に関心を持つ者に」第四章「求めている者に」第五章「入信した人のために」となっている。九五頁相当である。

実践信仰の内容は、直截的かつ他宗に対して排斥的である。

「真の宗教とは深い哲学を有し（理証）仏の教典にのっとり（文証）生活がハッキリと好転しなければならない（現証）ものであり、この基準ではかるときは、富士大石寺日蓮正宗以外は全部邪宗教であり、害毒を流すものであることが判明する」。（二八六頁）

「罰のないような教えでは、利益もあるわけがない。教えが高ければ高いほど、罰が大きく現れ、罰の大きいことによって、利益がいかに大きいかがわかるのである」。（二九六頁）

「大聖人は仏であらせられるのである。しかも、その位は釈迦等のとうていおよぶ分際ではない末法ご出現の御本仏であり、釈迦・天台・伝教等も願求していたことは経文に明らかである」。（三一六頁）

身延派と称される日蓮宗への攻撃も激烈である。

「事実調べてみると、真の仏法を知らずして大聖人に関係した小説などを書き、また像を刻んだり画を書いたりした者は、その直後において半身不随や、原因不明の病気になって、かならず、その最後は地獄の相を現じて、悲惨な死に方をしているのである」。（三一七頁）

「俗にいう日蓮宗を代々やっていると家族に不具者ができたり、知能の足りない子どもが生まれたり、はては発狂する者ができたりして、四代法華、五代法華と誇っている家ほど悲惨な生活をしているのである」。（三二一頁）

そして、謗法の報いとして罰があることも明確に記されている。

「正しい宗教は生活全般にわたって一分の例外もなく必然的となる超科学である」。（三二六頁）

「罰には総罰・別罰・冥罰・現罰の四種あり、正しい仏法にそむくことにより一国の謗法が深ければ、総罰として地震・大風・他国侵逼等の大難があり、この果報はとうぜんうけなければならず、また、個人にふりかかってくる金銭上の損害・病気・ケガ・一家不和等は、個人個人が受ける別罰であり、謗法の強い人は死ぬ場合すらあるのである。冥罰といってしらずしらず大変な損をする罰もある。さらに大きな罰は死後の苦しみで、現世の苦しみに幾層倍する大きなものであ

る」。（三四六～三四七頁）

結局のところ、戸田の生命論・幸福論の正しさは、牧口が説いた罰論による現証として実証される。健康や生活上の困難を抱えた者への処方箋としては、不幸の原因はすべて謗法にあり、日蓮正宗に帰依することで自身が生まれてきた目的と意義を知り、幸福への道筋を確実に歩めるのだという実践論にまとめられる。折伏の力点はここにある。

苦難の神義論と実践宗教

昭和二〇年代の日本は人々が生きのびるだけで精一杯の時代だった。東京をはじめ軍需工場のある都市は空襲で焼け野原となり、広島と長崎では原子爆弾でそれぞれ一四万人と七万人が亡くなった。戦地からの復員兵と外地の日本人居留民合わせて六〇〇万人からの人々が引揚げ、親戚や知人を頼りながら生きる術を模索していた。軍人向けの戦傷病者戦没者遺族等援護法が成立したのは一九五一年、一般居留民対象の「引揚者給付金等支給法」は一九五七年成立である。空襲などの民間被災者に対する「特定戦災障害者等に対する特別給付金の支給等に関する法律」は二〇一七年にようやく審議されたもののまだ成立していない。要するに、戦後の日本では多くの人々が自力で生き残ることが求められたのである。

日本の敗戦を総罰で納得できる人は少ないだろうが、国が頼りにならず自助と互助だけが頼りの時代に創価学会が提供した苦難の神義論を受け入れざるを得ない人々はそれなりにいたのではないか。生きのびる、幸せになるためには自分を変えるしか方法がないというのはある意味でその通りだった。

一九五一年の朝鮮戦争において日本は米軍の物資調達地域として特需の恩恵を受け、昭和三〇年代から日本経済が復興した。その過程において大量の地方の人々が東京・大阪他の都市圏へ進学や就職の機会を求めて移動し、少しでもよい生活を夢見て日常生活に奮闘した。戸田の生命論や幸福論は、そうした移動者の心をつかんだのである。

初期の創価学会は本部から全国各地へ折伏に出かけて拠点を作っていたが、一九五六年頃から組の座談会を活発化する。教団組織は本部―支部―班―組（ブロック）で構成され、末端の組が数組で班となり、数班が支部にという具合である。本部の教学部では教理の専門家が養成され、班・組の集会へ派遣された。組は一軒の家で座談会ができる程度の規模なので二〇名程度であり、それ以上になると細胞分裂をなして新たな組が作られたのである。

創価学会の強みはわかりやすい教えと教化・広宣流布に適した組織構成にある。その教線の拡大は伝統宗教や既存の社会組織と信者や選挙の票をめぐってぶつかることになる。以下では、日蓮宗と対決して法論で勝利したとされる小樽問答と、日本炭鉱労働者組合との対決にも勝利したと喧伝された夕張炭鉱の事例を見ていくことにしたい。

四　日蓮宗との戦い

小樽問答とは何か

一九五五年三月一一日、小樽市公会堂において創価学会側講師と日蓮宗小樽寺院側講師との間で宗義について討論会が行われた。当時渉外部長だった池田大作は、「雪の小樽における公開問答で大勝利を収めたことは、邪宗身延派の息の根を止めた大鉄槌であり、学会こそ宗教界の王者であることを広く天下に公表した快事であった」と『小樽問答誌』再版の序に記している。討論会の学会側質問者となっていた大石寺六十六世細井日達は、「当時、創価学会の青年たちが慎重に事を運んでいったのに、身延派の人々は学会を侮り、身延から所謂学者ふたりを簡単に連れてきて対論したのである。ついに学会の大勝利に帰し、身延派は完膚なきまでに破れたのである。今、この小樽問答誌を再版されることによって、謗法を固執する人々はおおいに啓蒙せられるであろう」と述べている〔創価学会教学部編　一九六二：一～三頁〕。

創価学会と日蓮正宗が法論の勝利を喧伝し、教勢拡大の突破口にしたのに対して、日蓮宗側は講師の一人であった長谷川義一が『小樽問答の眞相』を刊行し、『小樽問答誌』の一方的な記述に反駁した〔長谷川　一九五六〕。その内容は次項で述べることにするが、聴衆であった日蓮宗の僧侶は「『小樽問答』などと呼ばれているが、法論と言うには、ほど遠い内容で、数と言葉の暴力の騒会であった。創価学会の策謀にまんまと嵌まって、宣伝材料を提供したものだった。日蓮宗僧侶のお人良し（ママ）を、世間に晒し出す結果となった」と述懐する［小松　一九九六：二六一～二七一頁］。

現場の様子は北海タイムス記者が「ヤジでてんやわんや日蓮正宗の法論討論会」の見出しで「創價學會は青年信者を會場のあちこちに配置し、相手側の講師を野次り學會側には拍手を送ったので、日蓮宗側の老人信者たちは、こんな法論はない、歸りかけるのを創價學會側が遮るという殺氣に滿ちた一幕もあった」（『北海タイムス』一九五五年三月一三日付）と報じた。筆者が、小樽市にある日蓮宗妙龍寺所蔵の討論会実況録音をテキスト化した再現記録を読む限り、相当のヤジがあったことが確認される［伊藤立秋　二〇〇六］。

ここでは、ひとまず小松をはじめ日蓮宗側が嵌められたという認識を持つに到った小樽問答の発端をおさえておこう。

創価学会では、一九五四年八月に夏季折伏闘争の一環として柏原ヤス指導部長以下一五名の会員を派遣し、邪法が不幸の原因であるとしてとびこみで折伏を行い、一〇日間で六二世帯を入信させ、谷紀恵子を班長とする班が結成され、翌年三月には一三八世帯まで拡大していた［創価学会教学部編一九六二：七～八頁］。学会が日蓮宗妙龍寺檀徒の竹森重郎を折伏して御本尊を授けていたところ、本人が心変わりして妙龍寺に戻りたいと申し出たので、二月二五日に谷が再折伏に赴いた。そこで妙龍寺執事の鈴木景山と鉢合わせになり、宗義の問答のあげく、谷が自分ではわからないが（水谷日昇猊下と随行の大石寺僧侶が来るので待ってほしいといい、鈴木がその時に法論しようと応じた。

いったんは日蓮宗と日蓮正宗から代表を出して法論することが予定されたものの、日蓮正宗側が学会側に相談し、戸田が学会本部で対応することを決断して理事の石田次男と参謀の龍年光他青年部信者十数名を送り込んだ。三月一〇日に双方が法論運営について協議した際、日蓮宗側が日蓮正宗の僧侶が来ないことを理由に協議打ち切りを通告したが、日蓮正宗が学会に「創価学会教学部を日蓮正宗の正式なる代表と認める」認定書を持たせたために、最終的に一一日の実施に到ったものである〔石川　一九九六：二〇四～二六〇頁〕。

問答で何が討議されたのか

創価学会、日蓮宗双方から司会一名ずつ（池田大作渉外部長、松井義海宗議会議員）、発表者二名ずつ（小平芳平教学部長、辻武寿青年部長、室住一妙身延山短期大学身延高等学校教諭のち大学学頭、長谷川義一東京都妙顕寺住職、元立正大学教授）が登壇した。

松井は議事進行の概略を説明して日蓮宗側講師を紹介したが、池田は冒頭から「全国にわたる間違った邪教と言い切れる日蓮宗身延派の信者が何千何万と創価学会日蓮正宗の信者になったということは、実に日蓮正宗が正しいという証拠であります（拍手）……身延の本山そのものが、全体が、稲荷を拝み、蛇を拝み、あるいは小乗の丈六の釈迦を拝み、その雑乱ぶりたるや狂態の沙汰である感を覚えたのであります（拍手）」と「身延破折」の演説を行って場の雰囲気を学会側に引き寄せた〔伊藤立秋　二〇〇六：六三五～六三六頁〕。

最初に日蓮宗側から長谷川が、三月四日付読売新聞夕刊の「破滅の狂信」という記事をあげて折伏批判を行った。それに対して、学会側の辻が、身延山の本尊を問いただし、七面山大明神、七面山天女、稲荷、大黒、鬼子母神、竜神などの拝礼対象に疑義を呈し、本尊雑乱を非難した。続けて、日蓮宗から室住がたち、身延山にある功徳、荒行による信念強化と祈祷・祈願の功徳について述べたが、聴衆から野次り倒されてしまった。その後に学会の小平が六老僧中日興のみが日蓮の遺命を守って富士大石寺に正義を伝承していると述べた。

以上は十二分間の演説であり、補足演説がそれぞれの演者から追加された。長谷川は小平による閻浮提総与の板曼荼羅が本尊という文証がないといい、身延に示顕した本尊こそ正しいと述べた。これに小平が日蓮出生の本懐と日蓮の遺骨は大石寺にあると反論する。再登壇した室住は、衆生の心が題目と結びついたときに本尊が開顕すると述べたものの、再び野次り倒される。最後に、小平は身延の御本尊はわからないとしめた。

この後、一般聴衆側から出された質問に講師が答える時間が続くが、上述の議論の繰り返しであるので割愛する。最後に司会から一言とあり、日蓮宗側の松井は時間がない旨述べたところで石田次男が壇上に駆け上がり、「身延のご僧侶は、いかにも正しいことを言っておりますが、今の管長増田日遠、この人の背中一面に入れ墨を彫っている。あちこちの金を借り倒している。不渡り手形まで発行している……明治年間の、あの身延全山の消失は、無間地獄の大罰を受けた証拠でなくて何でありましょう……今日の会合の答弁できない現状は、身延が負けたことが明らかです。日蓮正宗側の大勝利であります。これで終わります」と不規則発言で総括し、日蓮宗側司会の挨拶のうちに場内騒然となって終了している。

この問答の最大の論点は、日蓮宗、日蓮正宗それぞれの本尊について日蓮の遺文や伝承物などから正当性を弁じられるかどうかにあったが、双方自説を展開するだけでかみ合わなかった。しかも、学会側が公会堂の廊下一面に三十数点の「聖教新聞身延謗法特集号と写真」を展示し、札幌・旭川・函館から信者を結集させ、公会堂の三分の二をうめてしまったのである。意気軒昂な学会側が日蓮宗側演者を野次り倒し、学会側演者に拍手で大応援をしたものだから、場外戦で勝負あった。

日蓮宗の対応

日蓮門下には、妙法蓮華経の二十八品全てを所依の経典とする一致派と、二十八品を迹門・本門に二分し本門が迹門に優れるという勝劣派に二分されるが、一致派の諸門流は一八七四年に日蓮宗となった。戦時体制の宗教統制下において、一九四一年、日蓮宗に勝劣二派が加わり日蓮宗と合同された。勝劣派は宗派合同の際、本門宗・顕本法華宗が日蓮宗に、法華宗・本門法華宗・本妙法華宗が法華宗に、日蓮宗不受不施派・日蓮宗不受不施講門派が本化正宗に合同され、日蓮正宗は独立を維持した。しかし、戦後合同の派はそれぞれの門流に分かれていった。日蓮門下の門流は宗学において正統性意識が強く、他流・他派と妥協しない傾向がある。いわゆる身延派と言われる一致派の日蓮宗は釈尊を本仏とするが、勝劣派のうち富士門流（日興門流）に連なる富士大石寺・下条妙蓮寺・保田妙本寺が日蓮を本仏とする［小松・花野　二〇一五］。

日蓮正宗とは富士大石寺を総本山とし、明治から戦後にかけて塔頭・末寺含めて百カ寺に満たない弱小門流である。それに対して身延派と称される日蓮宗は、総本山の身延山久遠寺、大本山の中山法華経寺・本門寺・妙顕寺・本圀寺、本山三九カ寺に旧顕本法華宗・旧本門宗を加えた寺院数五千を超える大教団である。小樽問答とは、教団規模だけで言えば、小動物が巨象に挑むような戦いであったが、巨象側の油断がうまくつかれたのである。

日蓮宗は小樽事件を奇貨として教学固めと創価学会対応に力を入れた。同年七月に宗務院から学会の『折伏教典』批判を中心とする『創価学会批判』を刊行し、二年後に『日蓮宗読本』を刊行することで三大秘法の本門の本尊・題目・戒壇を明確に示し、日本仏教の中に日蓮宗を位置づけ、日蓮宗内の門流と教学について解説した［立正大学日蓮教学研究所編　一九五七、一九六四］。一九六二年には現代宗教研究所という付置研究所を発足させ、宗門としての研修など組織的対応に着手した。一九七〇年の言論出版妨害事件でも創価学会批判の記事を日蓮宗新聞に掲載するなど、創価学会対応を継続した［西片　一九九六：二一七～二三九頁］。

伝統教団が在家主義宗教運動の挑戦を受けて教学の明確化と社会教化を意識することになった背景において、小樽事件は日蓮宗にとっても意義深い事件だったと言えよう。しかしながら、日蓮宗の教勢は日蓮の七百年御遠忌が盛大に催された一九八一年を頂点に徐々に落ち始め、その後地方寺院から檀家数を減らし、中小都市と郡部では住職後継者がいない寺院が二〇〇〇年代に激増している［灘上

ほか 二〇一六]。都市圏に多数の信者を有し、地方でも議会に会派を持つ創価学会が人口減少時代に適応していることは歴然としている。

しかし、創価学会の強さは都市型宗教という特徴だけにあるのではなく、信者層が人口のボリュームゾーンとして常に厚いということがあげられる。日蓮宗の檀家は、護持会費他葬儀や法事でも檀那寺に相応の布施を求められるため、地域社会において中上層に位置する。下層労働者が檀徒になるのは肩身が狭い。しかも、伝統教団は布教によって新たに檀徒・信徒を獲得することがないため、地域社会の経済不振や人口減少によって檀徒を減らす一方である。創価学会は信者が都市へ流出しても受け皿があり、包括宗教法人として信者を管理しているので減らすことはない。さらに、どの時代においても中下層の人々を熱烈に布教するので信者は常に供給される。小樽事件から半世紀を経て創価学会の信者数は日蓮宗の檀徒数を上回り、社会的勢力としてもかなりの差が開いてしまった。

この階層性の問題は、北海道の空知・夕張地域における炭鉱労働者における炭労と学会員との対立にも見ることができる。一九五七年六月、炭労組合員である創価学会会員の折伏や投票活動をめぐって炭労夕張支部は創価学会対策を強化し、創価学会側に「対決」を申し入れたとされる。この事件を次に見ていこう。

五　炭労との対決

北海道の炭鉱と労働者の生活

北海道の炭鉱は、一八九〇年から空知・夕張地域で採炭を開始した北海道炭礦汽船株式会社（北炭）に次いで、三井、三菱、住友他が進出し、三井は北炭を傘下に収めた。一九三〇年代には戦時的好況によって新鉱が開発され、年間約一五〇〇万トンまで産出量を伸ばした。戦後、エネルギー源は石炭しかなかったので、北海道は石炭増産要請を受けて一九五七年には一五八炭鉱まで拡大し、採炭方式の機械化によって約二二〇〇万トンまで産出量を伸ばした。炭鉱は全国から労働者を集め、夕張市は一九六〇年に最多人口約一一万人を数えた。空知・夕張地域の炭鉱地域は湧いたが、この時期がピークだった。産業界は石油にエネルギー転換して長期的な需要減少に陥り、一九八一年には北炭夕張新炭鉱ガス突出事故と一九八五年の三菱南大夕張炭鉱ガス爆発によって夕張の炭鉱は全て廃坑となった。

戦前の炭鉱は財閥系企業や独立系企業が日本人労働者や、戦時下では朝鮮人労働者を劣悪な状況で働かせてきたが、戦後、各地域の炭鉱で革新政党の支援を受けて組合が設立され、大幅な労働条件の改善が見られた。一九五〇年に成立した日本炭鉱労働組合（炭労）は、産業別中央労働組合として労働条件の改善や賃金上昇を求めて争議やストライキなどで戦果をあげ、同時に各地域の炭労支部が活動家を輩出し、組合を基盤にした政治進出を図って社会党の一翼を担った。炭労と炭労傘下にある各炭鉱の支部による労使交渉によって炭住や福利厚生施設は充実し、炭鉱の町は活況を呈したのである。最盛期における炭鉱マンの給与は当時の俸給生活者の数倍であり、会社が住宅、娯楽や医療施設から神社に至るまで備えていた。

戦後の北海道には樺太や千島からの引揚者が押し寄せ、大型漁船を駆使した遠洋漁業や海産物養殖漁業がいまだ始まっておらず、大規模畑作や酪農業が始まる以前の農村では労働力の吸収が難しい期間が続いた。傾斜生産方式による民間と国の投資が炭鉱に集中したので、当時の炭鉱は札幌よりも先に封切り映画が見られ、「三種の神器」と言われた白黒テレビ、冷蔵庫、洗濯機が道内で最も早く普及したのは炭鉱の家庭であったと回想される［北海道新聞社編　二〇〇三：一〇～四四頁。夕張炭鉱労働組合　一九七八］。

しかしながら、炭鉱労働者の給与や待遇、および家族の生活状況には大きな格差があった。最も単純には、上位層に管理職と技術職を構成する炭鉱職員がおり、大卒者や専門学校卒の学歴を有し、高級取りである。子世代は札幌他に進学・就職が多い。次に、本鑑と呼ばれる直接雇用の坑内・坑外の採炭労働者がいる。坑内労働者は、二〇種を超えて細分化された職種給や三交代制による深夜・休日・残業などの割り増し級他の手当給の加算があり、熟練の坑内採炭夫と非熟練の坑外雑役では二～三倍の収入差があった。親世代から炭鉱労働者であったものが少なくなく、つてをたどって入職し、事故と病気がなければ職位をあげて定年まで勤め上げることができた。この層は、落盤やガス事故でケガしたり、塵肺を患ったりと命を削り出しながら働いたのである。子世代は同じ地域や都市で安定した仕事に就いている。そして、この下に組夫と呼ばれる請負会社のもとで働く炭鉱夫層があり、雇用の調整弁としての役割を果たしていた。組夫は農家や自営業の子弟が多く、転職を繰り返しながら金になる職種として炭鉱に入り、待遇の良さや危なさを避けて炭鉱を渡り歩くものが少なくなかったとされる。この層は、本人に加えて家族も非熟練の仕事や雑役などして収入を合わせて生活がなりたつ水準で、子世代においても経済的苦境は続いた〔北海道總合開発委員会事務局編　一九五三：二四～四九頁。布施編　一九八二：一〇七～三四六頁〕。

炭鉱労働者における職種間の階層格差は労働運動にも影響し、炭労の運動家や熱心な組合員になるのは本鑑の労働者であり、職員は会社側につき、組夫は未組織労働者のままであり、炭労でも組合員の拡大と合同が常に懸案事項であった。そこで炭労は、会社が提供する厚生福利施設に対抗して、年度ごとの行動方針の情宣・活動家のオルグ・サークル運動などを通じて地域や日常生活に根ざしながらも、直接的な団体行動が可能な強力な組織作りをねらったのである。炭鉱労働者のメンタリティにささる運動形態に「うたごえ」があった。

北海道から生まれた歌に、「俺は炭鉱夫だ」がある。

「腕は筋金　ホイ／まなこは黒ダイヤ　ホイ／ほんにそうだそうだ　ホイ／俺は炭鉱夫だ／俺は労働者だ／ホーイホイホイホイ／それその腕つなご／みんなきてつなご（一番）」

「それにしても、労働運動の中でこれほどまでに頻繁に労働歌が歌われたのはなぜだろうか。その理由は、うたごえが団結心を強め闘争心をかき立てる力を備えていたからであろう。住友赤平の岩井勇は、『執行部の話を聞いても労働者の反応はあんまりよくないけれど、歌を歌えば一つになる』と述べる」〔水溜　二〇〇八：六一～一〇三頁〕。

以上、炭労の独壇場であった地域の炭鉱に現れたのが創価学会の折伏活動であった。炭労の地域活動家たちが、組合員としての自覚をうながそうとした本鑑になったばかりの労働者や未組織労働者ながらも取り込もうとしていた組夫たち、およびこの階層にあった労働者家族が次々と折伏によって学会員になったので、双方の活動が衝突したのである。

炭労の新興宗教対策

一九五七年は、創価学会が五〇万世帯を突破し、戸田会長の七五万世帯という悲願達成を目標に全国各地で折伏活動が展開された。同年一月一三日に池田室長が夕張地区の総決起大会に出席し、同地区は四五班二五〇〇世帯の会員で臨むことが確認され、班長・班担当者対象の指導会が開かれた。その後札幌でも女子二十部隊指導会が開かれた。五月一二日の第一回北海道総会には二万三〇〇〇人の会員を集め、そのうち夕張は二六七〇世帯と現況報告された〔聖教新聞社北海道総支局編　一九七四：七六～八一頁〕。

全国炭労は、同年五月一三〜一九日に開催された第一七回定期大会行動方針の中に「新興宗教団体への対策」として「階級団結を破壊するあらゆる宗教行動には組織をあげて闘う」の一項目を追加した。元々の行動方針案には新興宗教対策はなく、賃金上昇・職場環境改善・組織強化が主たる項目であったが（『炭労新聞』四月一九日付）、この追加項目は新聞報道によって知られることになった（『毎日新聞』五月一九日付夕刊）。ただし、炭労は反響のハレーションには神経を使ったようで、「信心する身になって生活に根ざした説得を」と題した記事を一組合員の投稿として執行部とは切り離して掲載している。新興宗教の否認が思想信条の自由や人権問題に関わる点を指摘し、炭労が組織を守るためだけに組合員信者に圧力をかけるのは問題が多いとしている（『炭労新聞』五月三一日付）。この記事の隣には「集めたお金で高利貸し——一日も早く無くしてください」と荒川区在住で元信者の高齢者の記事を掲載していた。

道炭労は同年六月一七日から一九日の第一〇回定期大会において下記の方針を固めた。

一、階級的団結を破壊するあらゆる宗教行動には組織を挙げて断固対決して闘う。
二、新興宗教信者の意識の改善のため「組合員の教育は組合が行う」の基本に立って教宣活動の強化を図り、創価学会などの本質、これらの宗教が労働者に害毒を流すものであることを組合員に徹底する。

三、新興宗教の信者にして、組合活動に不利益をもたらすものについて直ちに統制権を発動して組合からノケ者にするという態度は慎み団体行動に協力する様説得に努める。
四、このような信者が組合組織内に散在することは組合活動の弱さである事を自己批判し、組織として生活に悩む組合員の良き相談相手となり理解を深める必要がある。

具体的対応としては、中央と連携して対策委員会の設置と調査活動（支部からの実態報告や講師派遣。東大の小口偉一教授、北大の岩崎・河西助教授）を行うことが決められた。第一回情宣、文教合同部長会議（七月四日開催）では、①労働運動と宗教の学習活動、②レクリエーション活動による人間関係の強化、③福利厚生闘争、④生活実態の把握と借金対策、⑤家庭常会で苦悩や不満を取り上げる、⑥「今後の活動が進められる場合、既に信者になっている者が組合員から村八分的にされ常に冷たい目で見られ、気持ちがい縮するような形に追いこまれて、それが逆効果を生むようなことのないよう留意する必要がある」との対策を決めた（「平和炭鉱昭和三十一年度教宣部関係書類綴り」に平和炭鉱労組の一九五七年の定期大会資料があり、そこに『炭労北海道地方本部　第一〇回定期大会報告・議案資料』の抜粋が収録されていた）。

さらに、道炭労は、六月二七日に三カ月間のスケジュールとして①七月から九月までを第一次闘争期間とし、②七月中は学会の活動状況の把握につとめ、③道炭労本部に新興宗教対策本部を設置し、

④「八月は同学会信者撲滅期間として各支部を中心に活発な教宣活動を行い家族を含めて会衆のための話し合いをする」⑤九月に第二次闘争計画を作るとする案を各支部に流した（『読売新聞』六月二七日付夕刊）。この案は、前記の情宣、文教合同部長会議の内容とほぼ一致するが、④の新聞報道の文言や「炭労北海道創価学会締め出し」の見出しのインパクトは強烈だった。

第三者の介入として新聞が創価学会の台頭に過剰反応し、創価学会による既成勢力の切り崩しに危機感を煽った様子がうかがえる。読売新聞は「編集手帳」において「新興宗教はいまや日本の労働組合と対立する大きな勢力に発展したとみるべきだろう。組合運動の立場からいうと、この方が『独占資本家』の『弾圧』よりもずっと底気味の悪いものであるにちがいない」と述べた（六月二〇日付朝刊）。朝日新聞は「創価学会の細胞　炭労など食い荒らす　奇抜な説得方法で」と題する八段組の記事を掲載し、筑豊では創価学会婦人部が結成され、北海道では道内の信徒数は家族を含めると炭労の組合員約七万五〇〇〇人に匹敵し、夕張地区では一九五六年の参議院選挙において約三〇〇〇票の組織票が創価学会推薦候補に流れたことを報じた。さらに、警視庁や全国の地方警察にも会員が増加し、現職警官の中には秘密情報を学会本部に漏らしたり、無断で休み近県に折伏に行ったりする現職警官がいるとしている。日本共産党、右翼団体、およびキリスト教会も創価学会の動向に影響を受け、取締当局の注視で結んでいる（『朝日新聞』六月二六日付朝刊）。

このような状況において炭労夕張支部と創価学会との対決という事件が起きた。

炭労と創価学会の対決

「対決」の中身だが、創価学会の夕張支部は当時東京の文京支部が指導していたので、同年六月二七日に三戸部文京支部幹事が夕張炭労事務所に行って組合長と話し合い、学会員の組合員に対する布教活動をめぐって議論し、埒があかなかったので後日正式に場所を改めて論議したいとなった。ことの発端は平和炭鉱で組合幹部が学会員婦人たちに「夫たちが信仰をやめなければ組合を除名する」と発言したこととされる。これについて三戸部が組合に話し合いを申し込んだのである。

この経緯は創価学会会員の脱会を支持した寺院僧侶に対して班長が掛け合い、後日それぞれの所属団体同士で議論するという小樽問答と同じである。実際は、夕張炭労側で七月四日に夕張労働会館においてと、日時と場所を指定したものの、六月二九日に無期延期を創価学会側に申し入れたので、対決はなされなかった。その代わり、創価学会は、六月三十日には函館、七月一日に札幌市の中島スポーツセンターで創価学会札幌大会を開催し、翌日の二日に夕張に移動して本町駅前でデモ行進を行った後、夕張大会において勝利宣言を行ったのである［聖教新聞社北海道総支局編　一九七四：八五～九三頁］。

創価学会は小樽問答に続いて炭労との対決においても勝利したと喧伝し、北海道における創価学会の教勢を一気呵成に拡大しようとした。創価学会側では炭労の敵前逃亡や敗北を結論づけており、創価学会サイドの研究者や評論家は憲法で保障された信教の自由が問題化されることを炭労側が避けた［川崎　二〇二〇］、あるいはマルクス主義イデオロギーによる宗教弾圧とまでいう［佐藤　二〇二〇：

二四五〜三二八頁〕。その実態はどうだったのだろうか。

論点は次のようなものになろう。

①北海道炭労が各支部に命じた「学会締め出し」の指令に創価学会員の労働・生活において不利益を生じさせる事柄があったのかどうかである。学会員は組合が労働金庫に圧力をかけて貸し出しを制限したり、学会員子弟への差別があったりしたという。この証言は創価学会信者側から出されたものである。

②炭労による創価学会対策は信教の自由を侵害するものであったのかどうか。組合は組合員が創価学会信者となることは自由だが、組合員への布教活動を問題視した。また、組合が支持を決めた社会党候補への投票に学会員が従わず、学会独自の候補者に投票したことも問題視したのである。

この二点を検討するにあたって、従前は『人間革命』他の創価学会公定史から解説されたり、炭労や北海道炭労の大会決議文を憲法論的に検討されてきた。しかし、本章では今少し炭労側の資料にあたって実態を見ることにしたい。その前に場外戦の様相を呈した新聞報道を一瞥しておこう。

北海タイムスは、三笠北上の富樫鉱業が社是として学会信仰を掲げ、三〇名を超す全従業員が改宗した事例を紹介したうえで、学会本部の戸田会長に対するインタビュー記事を掲載した。戸田は、学会が組合活動の団結を阻害するという批判に対して「組合内がまとまって活動出来るかまとまりがないかはその組合の指導者の誠意と実力如何によるもので、本質的に何某組合員の信仰生活とは関係のないものだ」といい、他宗批判が信仰の自由と矛盾しないかとの問いには、「他宗教は否定する。今の宗教は全部インチキものだ。しかし、これは仏法の主張だ。炭労は世法、国法にいうことがあっても、仏法に対していうことはお門違いだ」と切り返した（『北海タイムス』六月二七日付朝刊）。

また、会堂での対決が持ち越された形で北海道新聞において本社座談会がもたれ、道炭労事務局次長の伊藤仁郎、同法規対策部長の藤井清三、創価学会道総支部長の能条康尊、文京支部幹事の三戸部菊太郎が討論した。炭労側は、主として①学会会員が組合推薦候補以外に投票することで守旧派勢力と結びついて、炭鉱の労働条件や生活向上に資する組合活動や労働者階級の運動を阻害するのではないか、②強引な折伏活動や神仏祭壇の破却など極端な学会の活動は信教の自由を侵害するのではないか、と批判した。これに対して、学会側は、①投票は自由だし、組合員の投票権を組合が奪うことは許されない、②宗教は信じるのも広めるのも自由であり、葬式仏教は時代錯誤であると反論した。最後は、一部末端信者の行き過ぎがあれば指導を徹底すると学会側が多少譲歩し、炭労に対して対決より話し合いだと締めくくったのである（『北海道新聞』七月四日付朝刊）。

炭労側の対応

炭労側は対決未了の事件以降も粛々と創価学会対策を進めた。夕張支部教宣部関係書綴の中に「かかる情勢の中で道炭労は冷静に彼らの動向を見つめてその挑発的行動や感情論に乗せられず、むしろ客観的にはその結集による反動を予想していた傾向にあったが、そのことがむしろ逆効果を生じ、問題の本質的解決にはならないと的確に判断していた。……創価学会その后の動向については各支部の教宣活動の成果もあって問題となった折伏行為の行き過ぎ無責任なる言行減少し、総体的には一応鳴りを潜めた感はあるが、反面内部的には体制を強化し聖教新聞や発行書籍をもって自我的宣伝と我々に対する攻撃を行っている」と情勢を分析している。そして、①新興宗教問題の基礎的調査活動の継続、②婦人他団体他の組織に対する働きかけ、③組織内部の活動として団結の強化と日常活動の重視を重点項目としている〔日本炭鉱労動組合平和支部『第一回平和炭鉱臨時大会議案書』一九五七年、頁数なし〕。

事態の沈静化については、翌年度の定期大会において、総括として組合の賃闘、選闘が学会の影響によって阻害されることはなく、むしろ組合活動の成果として学会側が伸び悩みの状態になっているとの指摘があった〔炭労北海道地方本部　一九五八。『第一一回定期大会　報告・議案資料』：七六〜七七頁〕。

また、情宣・学習活動の一環として空知郡三笠町幌内炭鉱労働組合で発行した機関誌『炭郷』を一瞥しておこう。

①「新興宗教について　その一　不安は解消されたか　みんなで眞險に考えよう」

新興宗教の力強い人間関係や助け合いを評価する一方で、「科学治療よりも信仰を厚くすることによって回復したりするという医学や科学を無視した導きには危険を伴うことが十分ある」と指摘し、「しかしこうした苦しい人生、もろもろの苦しみを通じて、信じられる宗教として入った過程の人々が多いため、正直でまじめな人が多く、重い病人がいるとか、今の生活条件を信じられぬ人々の結束であるだけに、その運営も慎重であらねばならないし更に第三者の意見を聞いたり、科学的な判断に基づく布教であらねばならない、と同時に他の宗教はすべて邪教であると断定することは宗教の自由から云って正論と云えるものではない。しかしそうした人々の環境をよく理解した上での温い説得が必要なことではなかろうか。（桜庭三男）」と結んでいる（『炭郷』一四六号、一九五七年八月一日付、幌内炭鉱労働組合）。

空知の活動家である諸橋龍泉は、事故とケガがつきものの炭鉱労働者には「不信心がケガのもと」「仏罰」という言い方に弱い心理的機制があることを指摘したうえで、「個々の組合員や家族の中には生活内面にいろいろな苦悶がある。しかもこれらは組織に持ち込んで解決をする性質でもなく、労組としても、そこまでは目が、手が行き届かなかった。例えば、宗教信仰上の問題、肉親知己間の感情や愛憎、社会的、個人的な精神的負債、人生への懐疑、何らの方策がなく譫妄状態である組合員や、家族の精神的な支えになるというには、労働組合は宗教団体の後塵を拝すという状態にすら至っていない」と問題を提起する（『炭労新聞』七月一二日付）。

② 「新興宗教について　その二　宗教はどうして生まれたか　人間の弱さの中から」

大本や、その影響を受けた生長の家、世界救世教、あるいは霊友会やひとのみち教団などの霊能による治癒の効能に疑問を呈した後、創価学会の歴史を牧口・戸田の時代まで略述する（桜庭三男）（『炭郷』一四七号、一九五七年九月一〇日付）。

③「創価学会とは　六十世帯獲得が目標　組織機構はピラミッド型」

「広宣流布を含め信者の活動は戦闘と叫ばれ、青年部は軍隊組織になっており、……これらの部隊の訓練ぶりは動作規律一切が上官と部下の如き絶対服従の形であり往年の軍隊を想起せしむるものが多い」。謗法払いとして他宗の本尊、守札、神札を焼き捨てる例や御受戒を日蓮正宗寺院で受ける例を紹介し、教学部と地方の指導者養成、登用試験の説明をしながら創価学会の組織力を解説する（『炭郷』一四八号、一九五七年一〇月一〇日付）。記事の最後に次号につづくとあったが、続報はないので情宣活動はここまでだったのだろう。

炭労の幹部や活動家たちは、炭鉱労働者が創価学会会員になる労働と生活の諸条件を理解したうえで、創価学会の組織的な働きかけが組合と同等かそれ以上の組織的動員力があることを認識しようとしていた。そのための基礎的な調査活動も炭鉱ごとの支部で行っていた。その集約結果について本章で紹介したい。この資料は管見では未公刊の貴重なものである。

炭労調査が明らかにする創価学会員の社会層

道炭労各支部の調査集計によれば（八四～八五頁の表を参照）、夕張・空知地域の一四支部の組合員一万九九八五四人中、創価学会員は三二八名、組合員の家族は二六四名、その他九八名である。家族には組合員の配偶者、両親、兄弟姉妹などが含まれる。その他は同居している親戚・知人であろう。一九五〇年代や六〇年代中頃までは炭住の狭い長屋に、成人していない兄弟姉妹や頼ってきた親戚、知り合いなども同居していることが少なくなかった。これらの同居者を含めて、組合員の総数に対する創価学会会員数は約三・五％であり、組合員で創価学会員に絞ると約一・七％に過ぎない。この数値を客観的に見るならば、新聞や炭労幹部、そして創価学会幹部が言うほど、炭労の支部に創価学会が食い込んでいるとはとうてい言えないだろう。新聞報道はセンセーショナルに「炭労　対　創価学会」の構図を構築しようとしたのではないか。そして、創価学会はその構図に乗って炭労と戦い、勝利宣言をなしたとも言えるのではないだろうか。

創価学会が主張した夕張の二五〇〇世帯の会員や、前年度の三〇〇〇票の組織票からして、夕張の組合員五六七九人に対して創価学会員一四二人は明らかに少なすぎる。選挙の組織票には、いわゆるフレンド票も含まれるので、創価学会員以外でも投票した可能性が高い。二五〇〇世帯の会員数は会員として登録した累積である可能性もあり、御受戒を済ませたものの信仰を確立できず退会した会員もいたのではないか。あるいは、夕張では組合員の家族・その他が計上されていないので、他の支部と比べて過少申告の可能性はある。しかし、仮に家族他が組合員と同数でも約五％である。組合員より家族の学会員が多い支部は、一四支部中、登川、美流渡、弥生、神威、赤間、三菱芦別、昭和の七支部であり、神威では組合員が一六名であるのに、家族が八五名となっている。その逆に組合員の方が家族他より多い地域もある。

支部ごとに組合員に占める学会員の割合も異なり、弥生が最も高く、家族他を含めると約一〇％をしめ、登川も約九・七％である。他方で、万字は組合員と家族以外で〇・四％、歌志内も家族だけで〇・四％、茂尻は組合員だけで〇・五％と少ない。この差異は、折伏活動の強弱によるものと思われ、登川、美流渡、弥生、三菱芦別などでは地域組織もできあがっていたようである。

こうした数値の濃淡を見ていくと、道炭労が行動指針として掲げ、創価学会対策に絞った調査活動において、炭鉱地域における調査に大きな漏れがあったとは考えられない。したがって、組合員における学会員の割合の少なさこそ、地域における創価学会の浸透の度合いと傾向を示す数値と見なければならない。

結論から言えば、炭労側の資料から読み取れることとして、①創価学会が食い込んだのは、主として炭労の組合員を構成する本鑑の炭鉱労働者というよりも、下請けとして出入りしている業者の組夫層に多かったのではないか。組夫層は労働条件において本鑑層のような安定的雇用に恵まれておらず、組合に守られてもいなかったので炭労への忠誠心や期待もなかった。炭鉱会社丸抱えの地域社会において職員や本鑑労働者と比べて疎外感を持つ者も多かったのではないか。②本鑑層であってもケガや病気で元のように働けなくなった者や、そのことを心配する家族が折伏されて学会員になる可能

歌志内	神　威	茂　尻	赤　間	三菱芦別	昭　和	幌　延	計
790	1581	1970	1018	1005	646	120	19854
	16	10	6	17	4	5	328
3	85		12	25	8	5	264
							98
3	101	10	18	42	12	10	690
0.40%	6.40%	0.50%	1.80%	4.20%	1.90%	8.30%	3.50%
		3	4	5			
	50代と同率	3	6	22			
	最も多い	3	8	13			
	30代と同率	1					
			中位3名　他は中以下				
			夕張から入っているらしい	札幌、旭川、函館支部等まちまちに所属している	浅野班　昭和担当		
結核、カリエス	借金、病気、負傷で折伏されたことによる	公、私傷病休業者	病弱と借金 おぼれ易い	病弱、不具、怪我が圧倒的	病気、不具	先ず縁者の折伏により鉱業副所長が入会し、その縁者関係にあるものが入会した	
集団で折伏強要			2、3人で強引にネバル	折伏の強要		縁故関係を利用して強要	
		別に変わったことはない	青年1名が積極的　原因は家庭内病人	神仏の焼却あり 狂信者男2　女7　座談会月1～5回 各会員朝夕の勤行 青年層は余り浸透していない		副所長は保安検査中神のお告げと称して保安をサボった　このためその坑道は廃坑になった	
特にない			炭労が対決などというセンセーショナルな新聞報道が渦巻いて不要な摩擦を起こした			組合無用論者が一時出たが今はいない	
啓宣活動　信者との話し合い	啓宣、学習活動		余り神経質になっていない 理解と説得に努めている	日常活動の中で生活困窮対策、家庭常会、啓宣、学習活動を行っている		家庭啓宣で団結を強調 副所長追放論まで盛り上がった	

表　道炭労各支部による創価学会員調査

項目	組合名	夕　張	登　川	美流渡	弥　生	万　字	三井美唄	奈井江
組合員数		5679	565	474	1303	550	3472	67
会員数	組合員	142	11	9	推定人数 50		52	
	家族		40	12	60		12	
	その他		5	10	20	2	61	
	計	142	55	31	130	2	125	
学会員の割合		2.50%	9.70%	6.50%	10.00%	0.40%	3.60%	1.20
会員の年代	20-29	30						
	30-39	34						
	40-49	38						
	50-	16						
会員の年代知的（社会的）水準				1名だけ中以上　その他は中以下	一般的に低い		一般に低い	
組織構成			沼ノ沢班、真谷地班、夕張高松班に組織されている　指導者は夕張支部長　三戸部菊太郎氏	班構成 班長1 組長5	新幌内の指導者によって動かされているらしい 仮班を作っている		創価学会旭川支部空知地区 北美唄班　6組 南美唄班　8組	
入会の動機		折伏強要　92 生活苦、家庭内不具廃疾者 おぼれ易い者 などがそれぞれ50名以上　その他	不具廃疾病弱 生活苦	病気＝家計の苦しみ 希望配置実現 折伏強要された 妻が会員で不和解消のため	折伏強要　家庭内不具者 家庭不和　組合活動不信 生活苦　その他人間関係 おぼれ易い	生活苦		病気、その他
会員獲得の手段		4～5人で波状的に折伏を強要	集団で長時間強要折伏	集団で3～4時間位折伏強要	3～5名位で折伏強要	美流渡方面から折伏に来る		円通寺の五百 漢持出事件があった（新聞 道済み）
会員の動向		狂信的なもの58名 折伏に狂奔している者47名 農村方面にも働きかけている 青年男女にとって会合の妙味あり 脱会者も増えている	日曜日に夕張方面から入山し交流を図っている 組合や会社幹部宅にもくる社会的理解を求めようとしていると解釈される	特別ない	折伏時間が永いので批判され午后9時迄としているようだ 今の転向はない	特にない		期手獲得も信 によると信じ いるようであ が、事件以来 とめて組合員 反感を買わぬ うにしている 転向者1　青 層には浸透し いない
組合活動に対する影響		闘わなくとも金はとれる、炭労は二年后につぶれ学会が救うなどと宣伝している	組合活動には協力すると云っている	選挙中の組合統制に対する批判が少し出された				特別の影響な
対策			現在の会員が増えることはないが早急に彼等を転向させることは至難である 日常活動に努力している	調査活動	会員と懇談、説得している	生活問題の解決に努力している		調査研究を重 啓宣中、

性は大いにあった。入会の動機を調査した項目では、数時間、数人による折伏強要に加えて本人のケガや病気、家族内不和や人間関係の悩みなどがあげられている。

炭鉱労働者の中下層部分に創価学会が浸透し始めたのは確かだが、この会員層が炭労支部に対して影響力を行使する可能性は低かった。赤間支部では、「炭労が対決などというセンセーショナルな新聞報道が渦巻いて不要な摩擦を起こした」と述べ、会員への対応にしても「余り神経質になっていない。理解と説得に努めている」と回答するに留まっている。組合に対する創価学会の影響については、幌延支部において副所長が入信したために組合と葛藤を生じたことが報告されたことが最も大きく、夕張において「闘わなくとも金はとれる、炭労は二年後につぶれ学会が救うなどと宣伝している」他、美流渡でも組合批判があったと報告されている程度である。

炭労の方針としては、学会員となった者の説得も創価学会対応に含まれていたが、登川では「現在の会員が増えることはないが早急に彼等を転向させることは至難である」と述べ、他支部においても啓宣活動や信者との話し合いを継続し、三菱芦別では「日常活動の中で生活困窮対策、家庭常会、啓宣、学習活動を行っている」と報告している［教宣部関係書類綴収録　一九五七］。一九五七年の夕張炭鉱労働組合において、創価学会対応は、係長級の炭労脱退やソ連炭労来夕も含めた数あるトピックの一つであり、賃上げや労働条件の改善、合理化への反対という長い闘争の歴史の一コマであった［夕張炭鉱労働組合　一九六六：三〇〜三三頁、一九七八：二五〇〜二五一頁］。

以上の実態調査から言えることは、創価学会の急成長や政治への影響力を懸念するところから、新聞や雑誌、あるいは一章に述べた左翼陣営の創価学会研究において言及された創価学会像は、等身大の創価学会からかけ離れたものであった可能性もある。当時の石炭採掘業は国内有数のエネルギー産業であり、その中核にいた炭鉱労働者を組合員として掌握し、動員できた炭労にとって、一九五六年の参議院選挙の結果を受けて創価学会の政治進出は社会党など革新勢力との関係で気になる存在であったにせよ、炭鉱地域において社会的に大きな勢力にはなりえていなかった。にもかかわらず、「炭労との戦いに勝利」したと創価学会が集会や機関紙で喧伝し、マスメディアも取り上げたことによって、小樽問答と同様に、創価学会のアピールに棹さす結果となった。

いずれにせよ、長期間のストライキで条件闘争を戦い、労働運動を牽引した炭労の最盛期が、まさに夕張支部が創価学会と対峙した時代だった。一九六〇年代に入ると政府は石炭から石油にエネルギー政策を転換し、石炭産業は衰退の一途をたどった。炭労組合の主たる闘争目標は閉山への反対となる。北炭夕張炭鉱は最新鋭のビルド鉱だったが、一九八一年にガス突出事故で九三名の死者を出し、一九八五年の三菱南大夕張炭鉱ガス爆発事故では死者六二人を出し、閉山した。二〇〇二年釧路の太平洋炭礦が採炭を終え、二〇〇四年に労働組合を解散すると、同年炭労は最後の加盟組合を失い、解散したのである。

六　結びとして

緒戦を突破し巨大教団へ

創価学会にとって小樽問答にせよ炭鉱との対決にしても、緒戦をものにしたことで大きな自信になったのではないか。大教団である日蓮宗に小門流であった日蓮正宗の一在家講集団が宗論を挑み、勝利を喧伝してさらなる信者獲得と組織拡大に成功したことで、創価学会は日蓮正宗との勢力関係においても存在感を増し、正本堂建設をもって本門戒壇とし、昭和五二年路線で宗門からの自立志向を明確にする流れを作ることが可能になった。日蓮宗は、この事件を奇貨として教学や教化体制を固めることで門流の寄り合い所帯的体質を改善したように見える。

それに対して、炭労や労働運動は勢いがあっただけに創価学会の折伏活動から学ぶところはなかったように思われる。むしろ、創価学会に対して警戒を緩めなかった日本共産党が、地方選挙や国政選挙において争う中で政治宗教の体質を一貫して問題視してきた。労働運動の中核を担ったナショナルセンターと社会党が、巨大製造業の基幹労働者を支持層としたのに対して、日本共産党は未組織労働者を含めた反体制派の結集点であったという意味で、創価学会＝公明党と現在に至るまで対抗関係にあったのである。

日本の高度経済成長は、新宗教運動にも労働運動にも動員できる人員と資金力の面で等しく恩恵を与えた。創価学会は一部の経営者に依頼していた財務と呼ばれる献金を全会員に求めるようになり、巨大な資金力を持つことになった。労働運動もまた賃上げ闘争を通じて組合費を集める好循環を得ることができた。しかし、一九八〇年代後半から東アジアにおける日本の一人勝ち的状況が終わり、経済や経営のグローバル化が進展する中で、日本の産業界ではエネルギー関連と大規模製造業の空洞化が進み、労働運動の中核を担う安定的な給与生活者が減り、新自由主義的な労使関係に適応する非組合的志向を持つ給与生活者と非正規（未組織）労働者が増加し、労働運動と革新政党が、社会勢力としても政治勢力としても急激に力を失ってきたのである。

こうした大きな社会変化があったにもかかわらず、創価学会＝公明党は、サバイバルに成功し、なお勢力を温存できている。その理由を簡単にまとめてみよう。

戦時下で牧口・戸田が収監され、創価教育学会が官憲により弾圧された経験から、創価学会は容易に潰されない組織作りと勢力拡大に努めた。参議院や地方議会への進出はその第一歩に過ぎなかったが、政治進出は創価学会にとって生き残り戦略以上の効果をもたらすことになった。ほとんどの伝統宗教や新宗教が、教団の活動領域を宗教領域か市民社会の活動に限定して信者からの会費・寄付金を用いてきたのに対して、創価学会は総体革命と称する社会全領域において活躍する人材を輩出することを目的とし、学会員幹部を地方議会と国会に配したのである。総花的活動は本来組織を消耗させ、会員の活力と資産をも費消するものである。しかしながら、創価学会は、数百万世帯の会員に聖教新聞を講読してもらい、日刊紙、教団広報紙、そして政党機関誌としても活用することで日本のマスメディアに影響力を行使し、豊富な資金力を持つに至った。しかも、宗教組織を政党の支持団体として施設や職員・信者を総動員することで組織的で効率的な選挙戦を継続してきたのである。

本章では、一九六〇年代から現在までの公明党に関する考察は行わないが、ほぼ隔年の国政選挙と地方選挙こそ教団の組織的凝集性を高め、信者に全面的な教団への献身と活動参加の機会を提供する手段となった。小樽問答や炭労との対決においても教団幹部が活躍したのみならず、集会への参加や街頭の行進などで学会員は大いに士気を高め、社会勢力として一目置かれる存在になったことを確認しただろう。創価学会員の夢は幸福になることだが、現世利益としての病気快癒や豊かさは、高度経済成長による日本全体の底上げまで待たねばならなかった。それまでは、社会的勢力としての示威行動と創価学会の世界自体を拡大することで、会員は将来の夢をつなぐことができたのではないか。

創価学会が謗法を咎める折伏活動や国立戒壇をめざしていたから、社会の体制と戦っていたようにもみえるが、組織の活力を維持するために戦ってきたとも言えるのである。しかしながら、創価学会会員は草創期の初代から二世信者、三世信者が半数を超えるにいたり、さすがに成長期の組織戦略を維持し続けることに無理が生じてきている。

永遠の勝利者になれるか

創価学会広報誌は青年信者を鼓舞し続け、ＳＧＩは世界宗教として展開しているように見える。月刊誌『大白蓮華』では、今もって北海道を三代城として、牧口・戸田揺籃の地、池田が弘教拡大と正義の人権闘争の歴史を刻んだ舞台としている。「師弟不二の共戦譜」という連載企画において「池田先生」による青年部総会、支部幹部会、地域の文化会館訪問などが語られ、北海道長と北海道婦人部長は、小樽問答や夕張炭労事件を黄金の共戦譜として生命に刻むことを誓い、企画全体は、「師弟共戦とは弟子が師に勝利を報告することだ」と結ばれている（聖教新聞社『大白蓮華』二〇二〇年九月号〈八五一号〉：八～四一頁）。

しかしながら、創価学会は常に勝利し続けられるのだろうか。二つの問題に直面しているように思われる。

一つは、ポジティブな面とネガティブな面が合わせ鏡となった公明党の政策である。創価学会＝公明党が一九九九年以降の自公連立政権（二〇〇九～一二年の民主党政権を除く）として体制側に参与することで、政治宗教としての基盤を盤石なものにし、マスメディアからも批判を受けにくい地位を確立することに成功したことは確かである。しかし、東アジアにおける日韓中の政治的緊張のなかで、公明党は二〇一六年に自衛隊法等を改正する平和安全法制成立に賛成し、創価学会信者から反発・批判を招いた。創価学会＝公明党が選挙戦で掲げる大義名分が、人権や平和から政権与党としての既権確保にずれてしまったことで一般会員と学会幹部との間に組織目標のギャップが拡大してきたのである。勝利感を味わうだけで満足できた創設期の会員と平和がデフォルトの現世代会員との意識差といってもよいかもしれない。

もう一つは、公明党が政権与党であるからこそ、自民党政権のナショナリズムに一定の歯止めをかけ［佐藤　二〇二〇］、庶民に財の再配分をなすことができるという対社会的アピールの妥当性が薄れてきたことがある。日本社会全体が少子高齢化・人口減少によって縮小化傾向にある現在、分配の政治をめざす革新政党や公明党の政策には都市中間層や若者世代から疑問符が突きつけられている。

経済成長の時代に公正な分配を求めて体制側に強く要求することは、理にかなった社会運動のあり方だった。しかし、約三〇年間の低成長の時代に家族・労働・地域社会のあり方が急速に変化し、経済成長期に確立した社会保障と配分の政治を維持することができなくなった。それにもかかわらず、増大する社会保障関連経費を増税で賄わない日本の財政は、累積債務は国内総生産の二倍を超し、政府予算を軍事費に注ぎ込んだ太平洋戦争末期に近い。この状況はハイパーインフレのリスクを高め、いずれにしても日本の未来世代に重い負担を強いることになる。消費税の税率引き上げや高齢者の医療費負担増への反対する公明党の政治が、現在世代の既得権確保にしかならないのではないかという懸念が拭えない［西條編　二〇一五］。

創価学会＝公明党が自教団のサバイバルや成長戦略を考える時期から脱却を迫られる時期が来ているのではないかと思われる。創価学会員の夢であった幸福になること、勝利することは、戦後日本人の願望そのものだったかもしれない。しかし、このような集合的記憶に働きかけ、体制側に分配の政治を交渉するという理念も戦略も時代にそぐわない。今後の趨勢を注視していきたい。

付記

本章の「五　炭労との対決」で使用した次の資料は、現在、筆者が携わる「道史編さん事業」の一環として実施した資料調査の過程で得た成果である。

・『第一回平和炭鉱臨時大会議案書』一九五七年　日本炭鉱労働組合平和支部
・『昭和三十一年度教宣部関係書綴』一九五六～五八年　日本炭鉱労働組合平和炭鉱労働組合
・『第一一回定期大会　報告・議案資料』一九五八年　日本炭鉱労働組合北海道地方本部
・幌内炭鉱労働組合機関紙『炭郷』一四六～一四八号　一九五七年

いずれも夕張市石炭博物館所蔵

文献

赤江達也［二〇一七］『矢内原忠雄』、岩波書店。

石川教張［一九九六］「小樽問答の概要と実態」、日蓮宗宗務所編『日蓮宗教の近現代』、日蓮宗宗務院、二〇四～二六〇頁。

伊藤貴雄［二〇一四］「第4回入学式講演「創造的生命の開花を」とその歴史的背景」、『創価教育』七、七二～七四頁。

伊藤立秋［二〇〇四］「研究資料『折伏教典』考証」、『現代宗教研究』三八、二五一～二七五頁。

伊藤立秋［二〇〇六］「創価学会と日蓮宗の『小樽問答』再現記録」、『現代宗教研究』四〇、六三〇～六七七頁。

カール・マンハイム［一九六八］『イデオロギーとユートピア』（鈴木二郎訳）、未来社。

川崎弘志［二〇二〇］「創価学会近代史の検証（その2）――昭和三十二年の「夕張炭労事件」につい

て」、『法華仏教研究』三〇、八〇～一八一頁。

小松智元［一九九六］「小樽問答私記」、日蓮宗現代宗教研究所編『日蓮宗教の近現代』、日蓮宗宗務院、二六一～二七一頁。

小松邦彰・花野充道編［二〇一五］『シリーズ日蓮3　日蓮教団の成立と展開』、春秋社。

西條辰義編［二〇一五］『フューチャー・デザイン――七世代先を見据えた社会』、勁草書房。

櫻井義秀編［二〇二〇ａ］『アジアの公共宗教――ポスト社会主義国家の政教関係』、北海道大学出版会。

櫻井義秀編［二〇二〇ｂ］『中国・台湾・香港の現代宗教――政教関係と宗教政策』、明石書店。

櫻井義秀［二〇二二］『東アジア宗教のかたち――比較宗教社会学への招待』法藏館。

佐藤優［二〇二〇］『池田大作研究――世界宗教への道を追う』、朝日新聞社。

鈴木貞美［一九九六］『「生命」で読む日本近代――大正生命主義の誕生と展開』、日本放送出版。

聖教新聞社北海道総支局編［一九七四］『北海道公布二十年史』、聖教新聞社。

創価学会教学部編［一九六二］『小樽問答誌――創価学会が日蓮宗身延派を粉砕　法論対決勝利の記録』、一九五五年初版、一九六二年増訂再版。

高橋篤史［二〇一八］『創価学会秘史』、講談社。

塚田穂高［二〇一五］『宗教と政治の転轍点――保守合同と政教一致の宗教社会学』、花伝社。

対馬路人・西山茂・島薗進・白水寛子［一九七九］「新宗教における生命主義的救済観」、『思想』六六五。

寺田喜朗［二〇一四］「新宗教における幸福観とその追求法――生命主義的救済観と教導システム」、『宗教研究』八八―二、三六九～三九六頁。

灘上智生・岩田親靜・池浦英晃・原一彰［二〇一六］「宗勢調査に見る現状と課題――日蓮宗」、櫻井義

秀・川又俊則編『人口減少社会と寺院――ソーシャル・キャピタルの視座から』、法藏館、一四九～一七九頁。

南原繁［一九四八］『人間革命』、東京大学新聞社出版部。一九四九年七月、東大協同組合出版部、一九五二年七月、東京大学出版会で刊行。

西片元證［一九九六］「創価学会への対応記事『日蓮宗新聞』をデータ分析する」、日蓮宗現代宗教研究所編『日蓮宗教の近現代』、日蓮宗宗務院、二一七～二三九頁。

長谷川義一［一九五六］『小樽問答の眞相』、非売品。

日隈威徳［一九七一］『戸田城聖――創価学会』、新人物往来社。

布施鉄治編［一九八二］『地域産業変動と階級・階層』、御茶の水書房。

古厩忠夫［一九九七］『裏日本――近代日本を問いなおす』、岩波新書。

北海道新聞社編［二〇〇三］『炭鉱――盛衰の記憶』、北海道新聞社。

北海道總合開発委員会事務局編［一九五三］「北海道における階層分化の形態と貧困の類型　炭鉱の部（歌志内町）」。

牧口常三郎、戸田城聖補訂［一九五三］『価値論』、創価学会。

松岡幹夫［二〇〇五］「牧口常三郎の社会思想――共生社会の理論と信仰」、『日蓮仏教の社会思想的研究』、東京大学出版会、二〇〇～二六八頁。

水溜真由美［二〇〇八］「一九五〇年代における炭鉱労働者のうたごえ運動」、『北海道大学文学研究科紀要』一二六、六一～一〇三頁。

村上重良［一九六五］「戸田城聖と折伏大行進」、『中央公論』八〇―四、四三六～四四二頁。

村上重良［一九六七］『創価学会＝公明党』、青木書店。

村上重良［一九八一］「牧口常三郎――弾圧に抗し信仰に殉じた生涯」、『現代の眼』二二―一、二九〇～二九五頁。

夕張炭鉱労働組合［一九六六］『労働組合史』、夕張炭鉱労働組合、非売品。

夕張炭鉱労働組合［一九七八］『解散記念誌――夕張の火は消えず』、夕張炭鉱労働組合、非売品。

立正大学日蓮教学研究所編［一九五七］『日蓮宗読本』、平楽寺書店。

立正大学日蓮教学研究所編［一九六四］『日蓮教団全史　上』、平楽寺書店。

第三章　創価学会の選挙活動と信仰

Chapter 3 : Soka Gakkai's Campaigning and Beliefs

猪瀬優理
Yuri Inose

一　宗教と政治活動

「宗教と政治」というとき、多くは「宗教団体」という集団・組織を単位として論じることとなる。しかし、実際に個別・具体的な「政治活動」を行うのは、「宗教団体」そのものではなく、そこに所属する一人ひとりの信者・構成員である。特に、本章が対象とする選挙における候補者支援活動は、一人ひとりの支援者が一人ひとりの有権者に対して行う行動である。

一般に、宗教団体に所属する信者は教団の意向に盲目的に従うものとしてイメージされている。しかし、実際には、一人ひとりの信者は、日々の宗教活動の中で常に何らかの形で自分自身と教団との関係性のあり方や距離を測りながら教団活動に参加している。具体的なそれぞれの場面においては、信者全員が教団の意向と一致した考えを持ち、行動をとるわけではない。時には、教団の意向とは反対の意見や行動をとる信者もあらわれる。

本章では、一人ひとりの学会員の「選挙活動と信仰」との意味づけ方はどのようなバリエーションがあり得るか検討する。おそらく、一人ひとりの学会員の意味づけ方は、教団が公式に認めている見解の内容とは少しずつ異なり、多様な位相を持っているはずである。

本章ではまず、宗教団体にとっての政治活動に関する先行研究の分類等を確認する。次に、本章の考察対象は創価学会であるため、「選挙活動と信仰」のかかわりについて論じるための準備として、前提となる創価学会の信仰と組織の特徴、および公明党成立の背景について説明する。また、創価学会における選挙活動の特徴についても簡単に確認する。そのうえで、一人ひとりの学会員が受けとめている「選挙活動と信仰との関わり」のバリエーションについて提示する。

資料としては、公明党議員のプロフィールを紹介する書籍の内容や公刊されている創価学会員・元創価学会員の手記、インターネット上のブログやSNSなどで、自身を創価学会員であると明記して「選挙」「公明党支援」についての創価学会員の立場からの受けとめ方を表明している文章を参考にする。

政治活動の二つの側面

「宗教団体」にとって政治活動とはどういった意味合いを持つものなのだろうか。

この位置づけについて、塚田は「宗教団体にとっての政治活動とは、宗教活動・救済活動であるということと、社会活動・社会参加の一側面であるということ」〔塚田　二〇一八：三七頁〕という二つの側面を持っていることを指摘する。

日本における宗教団体の政治活動というと、本章で取り上げる創価学会と公明党の関係がすぐ念頭に浮かぶ。塚田においても「その運動特性が比較的つかみやすく、戦後日本社会における政治活動への積極的かかわりという観点から」新宗教運動のケースを中心に議論している。

しかし、塚田でも指摘されているように、いわゆる伝統宗教も政治活動と無関係ではない。むしろ、かかわりを深く持っている部分もある。

例えば、「二〇一二年一二月に第二次安倍晋三内閣が成立して以来、政府と国会の両方において日本会議とともに神道政治連盟（神政連）の影響が大きいことが注目されている」〔島薗　二〇一七：三〇二頁〕。島薗によれば「神政連は神社本庁と密接に連携し、神聖な天皇を崇敬する体制を、また、世界に誇るべき日本の『国体』を復興させようとする政治的・宗教的運動の中から生まれてきたものの」〔島薗　二〇一七：三〇三頁〕である。

神政連の公式サイトによると、二〇二一年七月二一日現在、二九五名の衆参国会議員が神政連国会議員懇談会に参加している。各地方本部でも地方議員連盟が順次結成され、「世界に誇る日本の伝統や文化を後世に正しく伝えることを目的」に「日本らしさ、日本人らしさを回復し、私たちが生まれたこの国に自信と誇りを持つことができるよう、神道の精神に基づいて憲法改正などさまざまな運動に取り組んで」いる。神政連の目的と活動にも、塚田〔二〇一八〕が指摘する「宗教活動・救済活動」と「社会活動・社会参加」という二つの側面が見出せる。ただし、活動の中心は賛同する政治家や各神社の宮司等であり、各地域の氏子が一致団結して選挙支援活動等に従事するという体制ではないようである。この点は、一般に、伝統宗教である仏教の檀信徒や神社の氏子が布教活動を行うことがないことと関係しているかもしれない。

日本の伝統宗教の信者が活発な布教活動を行わない傾向がある一方で、日本の新宗教には「信者が積極的に布教をする」という特徴がある。宗教団体にとっての政治活動が、「宗教活動・救済活動」と「社会活動・社会参加」という二つの側面を持ちうるのは、教団の外にいる人びとには奇妙に思えるかもしれないが、新宗教の布教活動の背景にある論理を考えるとき、理解できるものになるかもしれない。新宗教の信者が熱心に布教活動に従事する背景には、二つの動機があるからである。

一つは、「自らの抱える問題状況から救われたい」という自分自身の「現世利益」を求める動機であり、もう一つは、「信仰を通して多くの他者を救いたい」という「利他主義に基づいた行動・利他的行為」を促す動機である。

自分自身が救われるためにも（ためには）、他者・自分を取り巻く社会（世界）が救われる必要がある。このような論理に基づいて「他者を救う」ことにつながる布教活動などの形で信仰を表現することになる。これによって、「教団とその信者にとって宗教活動・救済活動とは、自分ひとりや家族だけ、個人の心の問題だけにとどまるものではない。社会性を持った実践」〔塚田　二〇一八：三七頁〕となるのである。(1)選挙支援活動など政治活動も「他者を救うことができるより良い社会をつくることに向けた活動」として位置づけることが可能である。

政治活動の分類

塚田〔二〇一八〕は、戦後日本の宗教運動による国政選挙を中心とした政治活動を「政治関与」型と「政治進出」型に大きくタイプ分けしている。

「政治関与」型は、「既存の政党や政治家を当該運動全体で推薦・支持し、選挙でも組織的に支援して関わること」である。対して、「政治進出」型は、「当該運動が自前の政治団体を結成し、自運動の信徒会員を主に国政選挙の候補者として複数擁立して関わること」である。そして、「政治関与」型を「保守合同―政治関与」型と「自由・平和協調―政治関与」型の二つに分類し、「政治進出」型についてては、「いずれも独自の宗教的ナショナリズムやユートピア観の政治的実現を目標とするため」、「政教一致―政治進出」型の一類型のみとしている〔同上：三九頁〕。

つまり、全体としては、「保守合同―政治関与」型、「自由・平和協調―政治関与」型、「政教一致―政治進出」型の三類型に分類している。この分類において、創価学会は「政教一致―政治進出」型に分類される。(2)

戦後日本の新宗教が政治活動への関心を高めた要因を検討している中野も、宗教団体による政治への参加の方法を三つのタイプに分けている。

> 第一には、宗教者個人として単独でか、または既存の政党の候補者として政界に進出する方法、第二には、宗教団体が既存の政党またはその政党所属の候補者を支援して政界に影響力を持つ方法、第三には、宗教団体が独自の政党を設立して政界に影響力を行使する方法であった。
> ［中野　二〇〇三：一七二頁］

ただし、第一のタイプのうち「宗教者個人として単独で」という部分を宗教団体の政治参加に位置付けるには、もう少し条件が必要だと思われる。

二〇一九年七月二一日に実施された参議院選挙において、公明党代表・山口那津男が出馬する東京選挙区に沖縄県の創価学会員がれいわ新選組から対立候補として立候補した[3]。二〇一四年七月に安倍政権が行った、集団的自衛権の行使を認める閣議決定を公明党が容認したことに疑問を持って支持をやめたことが立候補のきっかけである（『朝日新聞』二〇一八年九月二五日付朝刊「辺野古争点、揺れる学会員「平和思想に反する」公明へ反旗も　沖縄知事選【西部】」）。この候補の政治進出は、創価学会・公明党への異議申し立ての表現として解釈することができる。

この事例は、宗教者個人としての宗教的信念に基づいて行われていても、教団の意思には反している政治進出がありうるということを示している。教団の意向・意思、そしてそこから生み出される信者たちへの指示・指導と、そこに所属する信者一人ひとりの信念や意思、そしてそこから選び取られる行動の在り方は明確に区別されなければならない。宗教者個人の政治進出を宗教団体の政治への参加方法の類型の一つを表す表現としては、「宗教団体の意向を受けて」という条件が必要だろう。

中野［二〇〇三］は、宗教団体が政治活動への関心を高める要件として、第一に、占領軍による日本の政治制度、社会制度の変革、すなわち「日本の社会システムの『世俗化』」、第二に、新宗教がこれまでの家族制度や地域共同体にかわって個人と国家の間をつなぐ「媒介機関」としての機能を期待され、その機能を持ちえた、という点を挙げている。

なかでも、政治参加に積極的であった教団には、国家からの抑圧や統制を自らの思想・理念の正しさの証明と捉える契機が存在しており、また、「現世内変革」への志向性を内包していると指摘する。そして、創価学会と戦前の大本が「これらのいくつかの諸要件を満たして、政治への強い関心を持ちつつ展開した典型的事例」であると評価している［中野　二〇〇三：一六二～一六三頁］。

このように先行研究においては、宗教団体の政治活動は、その信仰上の目的の実現のための「手段」としての意味があると解釈されてきた。そして、特に、創価学会・公明党は、強い政治への関心を持った宗教団体の事例として注目されてきた。宗教と政治とのかかわりは、主に宗教団体の組織の論理に基づいて論じられていたのである。これに対し、本章では、宗教団体ではなく、信者一人ひとりにとっての政治活動の意味を、主に候補者支援という選挙活動について限定して、検討してみたい。

二　創価学会と公明党の概要

創価学会の教えと組織

創価学会は、日蓮《にちれん》の仏法を信奉する団体である。それゆえ、教理の基盤は、『法華経《ほけきょう》』と日蓮の書簡・論文集『御書《ごしょ》』にある。同時に、創価学会独自の教学理論として、第一代会長牧口常三郎《まきぐちつねさぶろう》の「価値論」、第二代会長戸田城聖《とだじょうせい》の「生命論」があるほか、第三代会長池田大作《いけだだいさく》による『人間革命』『新・人間革命』などの著作や折々の「指導」や「メッセージ」も「教え」として重要な位置を占める。

「創価」とは価値創造を意味し、その価値の中心である「生命の尊厳」の確立に基づく「万人の幸福」と「世界平和の実現」が、創価学会の根本的な目標として位置付けられる。

「一人の人間における偉大な人間革命は、やがて一国の宿命の転換をも成し遂げ、さらに全人類の宿命の転換をも可能にする」との教えである〔池田　一九七一：七頁〕。

そして、このような「正しい教え」を伝える唯一の団体が創価学会であり、自分たちがその教えを広く伝える活動――広宣流布《こうせんるふ》をせねばならない、という信念がこの教団の行動原理の根本にある。

創価学会で提唱される「人間革命」とは、「真の幸福境涯《きょうがい》」「絶対的幸福」を築くことである。「絶対的幸福」とは「どんな苦悩や逆境に見舞われようとも、それを力強い生命力と豊かな知恵で乗り越え、『生きていること自体が楽しい』という境涯を築いていくこと」であり、「万人が目指すべき人生の根本的な目的は何より『絶対的幸福』の実現」にある〔池田ＳＧＩ会長指導選集編集委員会　二〇一五ａ：一二頁〕。

創価学会の会員に対して示されている「永遠の五指針」には、その信仰の特徴が集約されている。この「永遠の五指針」は、信心の方向性を指し示すために、戸田城聖第二代会長が一九五七年一二月に「永遠の三指針」として発表したものに加えて、その後二〇〇三年一二月、池田名誉会長が新たに二項目を付け加えたものである。

それは、（一）一家和楽の信心、（二）幸福をつかむ信心、（三）難を乗り越える信心、（四）健康長寿の信心、（五）絶対勝利の信心、である。

以上から、創価学会の信仰の特徴は、信仰を通した「幸福」と「勝利」を重視している点にあることを確認しておこう。

次に、「絶対的幸福」をつかむための確かな手段として、「教え」の中に位置づけられている創価学会の組織の特徴についても確認する。

現在の創価学会地域組織は、性別・年齢あるいは婚姻状態別の組織によって重層的に形成されている。二〇二一年五月から「婦人部」が「女性部」と改称し、同年一一月から「女子部」を「女性部」に統合する組織改編が行われたが、それまでは、四者《よんしゃ》とよばれる「壮年部」、「婦人部」、「男子部」、「女子部」という年齢あるいは婚姻状態別・性別組織が日常的な活動の基本であった。また、創価学会では、信者の子どもたちなど年若い会員に対しても実質的かつ定期的な活動の場が設けられている。学生は「学生部」、児童・生徒は「未来部」に所属している。学生部は、男子学生部と女子学生部に分かれる。また、未来部は、小学生が所属する少年少女部、中学生が所属する中等部、高校生が所属する高等部に分かれる。少年少女部は男女で分かれた活動はあまりないが、中等部になるとその活動は女性と男性とで分かれて活動するようになる。創価学会の会員が活動する基本の組織が、男女や婚姻状態などによって明確に区分されていることが確認できる。

ほかに、教育部、学術部、芸術部などの職業別組織、国際部など海外メンバーとの交流などにあたる組織、団地部・農村部・離島部など住んでいる地域の特殊性に応じた組織などがあり、多様な立場や能力を持つ会員へのきめ細かい対応・指導を可能にしている。

鈴木広は、創価学会の組織特徴として、(一) 実力本位、(二) 実践主義による理論と実践の統一と分業、局面に合わせて柔軟に対応する機構があるということ、(三) 小集団と巨大組織との運動における統一、(四) メンバー間における信念体系と理念体系の完全な統合・合意が目的以上に重要な位置を占めること、を指摘している〔鈴木　一九七〇：三一八〜三二三頁〕。

総合すると創価学会の組織は、目標達成に対して効率的に作られていることに特徴があるといえる。

公明党と創価学会とのかかわり

公明党の歴史を創価学会とのかかわりに着目して確認する（表1）。

創価学会が政界に進出して間もない、一九五七年の時点ですでに「夕張炭労事件」や池田大作を含む数十名の学会員が公職選挙法違反で逮捕される「大阪事件」が起こっている。政治進出の初期のころから、教団外の社会との軋轢が生じている。

なお、夕張炭鉱事件や大阪事件は、創価学会内部では、広宣流布の活動の中で起こる「権力の魔性との戦い」と位置付けられ、折に触れて確認される、信仰心を高めるためのエピソードとなっている。

一九六一年に結成された公明政治連盟（公政連）は、創価学会内部の組織であり、政党ではなかった。公政連の議員は無所属での出馬であり、創価学会内部にある文化局政治部の部員でもあった。また、戸田城聖が「衆議院には出馬しない」と表明したため、国政選挙は参議院にのみ出馬していた。

政治活動が本格化するにつれ、これらの制約を超えるため、公明党が結成されることとなった。『新・人間革命』第九巻によると、公政連の政党化は「創価学会としての〝政教分離《せいきょうぶんり》〟の宣言《せんげん》」であったとされている［池田　二〇〇四b：五一頁］。しかし、一九六四年に結成された公明党の結党宣言には、「王仏冥合・仏法民主主義を基本理念として」［公明党史編纂委員会　二〇一九：三七頁］など、宗教的用語が明確に用いられていた。また、結党大会では、第三代会長から贈られた祝電が最初に読

表1　公明党と創価学会の軌跡（「公明政治連盟（公政連）」から「公明党」欄に記載）

年	公明党の出来事	創価学会の出来事
1930年		創価教育学会創立（第1代会長牧口常三郎）
1943-45年		牧口死去、戸田出獄
1946年		創価学会に改称
1951年		『聖教新聞』創刊 戸田城聖　第2代会長就任
1952年		宗教法人格取得
1953年		学会本部が信濃町に移転
1954年		「文化部」設置　全国の幹部から54名
1955年		統一地方選挙に学会員候補を推薦 53名当選　地方議会への進出を果たす
1956年		参議院選に6名の候補を推薦　3名当選 国会への進出を果たす
1957年		夕張炭鉱事件、大阪事件 戸田「原水爆禁止宣言」を発表
1959年		統一地方選挙　274名当選 参議院選挙　6人全員当選
1960年		池田大作第3代会長就任
1961年	公明政治連盟を結成（地方議員と合同） 参議院9名、都道府県議会7名、市区議会268名	文化部が「文化局」に昇格。その下に「政治部」設置
1962年	公政連「基本要綱」と「基本政策」発表 「公明新聞」等創刊。参議院議員15名に	第1回公政連全国大会で池田会長が「大衆とともに」の指針を示す 東洋学術研究所（現・東洋哲学研究所）発足 会員世帯数300万に
1963年	「都議会公明会」結成 統一地方選　議員総数1,079人に	民主音楽協会（民音）発足

1964年	公明会館（現・本部）落成 公明党結成大会 結党宣言、綱領など発表	池田会長が「公明党」結成を提案
1968年	「日本安保体制の段階的解消の方度」発表、各地で「在日米軍基地総点検」	池田会長「日中国交正常化への提言」発表 創価学園開学
1969年	「日中国交正常化のための方途」発表	言論出版事件
1970年	党大会で新綱領を採択。創価学会との分離をより明確にした	池田会長、言論出版事件や党と学会の関係などについて講演 会員世帯数750万に
1971年	第1次訪中団出発、中国との間で共同声明を合意	創価大学開学
1972年	日中国交正常化が実現	正本堂建立（1998年に解体）
1973年	「中道革新連合政権構想」発表	
1974年	共産党と公開質問状のやり取り	創価学会と共産党が協定に署名 池田会長、中国・ソ連を初訪問
1975年	公明党は「創共協定」を否定	創価学会と共産党が協定を公表 創価学会インターナショナル(SGI)発足
1979年	民社党と「中道連合政権構想」で合意	北条浩第4代会長就任。池田大作名誉会長就任
1980年	「連合政権構想」採択(社会党と合意)	
1981年	党大会で日米安保条約容認。自衛隊合憲に政策を転換	秋谷栄之助第5代会長就任 国連広報局 NGO に
1983年		SGI、国連経済社会理事会 NGO に 池田大作に国連平和賞 東京富士美術館開館
1985年		創価女子短期大学開学
1989年	議員のリクルート事件関与による辞職、矢野委員長の金銭スキャンダルによる辞任	
1990年	「国際平和協力に関する合意覚書」に署名	
1991年		日蓮正宗から分離

1992年	（1991年湾岸戦争）PKO 協力法が成立	
1993年	細川内閣が発足し、公明党・国民会議から４閣僚	
1994年	政治改革関連法成立。衆院選が小選挙区比例代表並列制に 羽田内閣発足。公明党から６閣僚 分党方式（新進党に参加する「公明新党」、地方議員らによる「公明」を結成）で新進党に参加	「今後の政治に対する基本的見解」を公表
1995年	参議院選で新進党40名当選	「SGI 憲章」制定
1996年	小選挙区比例代表制での初の総選挙で、自民党の勝利。新進党は156議席	創価学会ホームページ「SOKAnet」開設 「戸田記念国際平和研究所」発足
1997年	新進党解党。「新党平和」「黎明クラブ」を結成	原水爆禁止宣言40周年を記念
1998年	新「公明党」結成	核兵器廃絶1,300万の署名を国連に提出
1999年	自民党と自由党との連立政権発足	「政教一致批判に関する見解」を公表
2000年	自由党が連立政権離脱。森内閣発足（坂口厚生労働相）	
2001年	小泉内閣発足。小泉首相靖国神社参拝 同時多発テロを受け「テロ対策特別措置法」成立	アメリカ創価大学開学
2003年	イラク戦争開始を受け「イラク特別措置法」成立	
2004年	有事法制関連７法成立 第二次小泉内閣（北側国土交通相）	
2005年	「郵政民営化法」成立	
2006年	第一次安倍内閣発足（冬柴国土交通相） 改正教育基本法、防衛「省」移行関連法が成立	本部幹部会等のインターネット中継が開始 原田稔第６代会長就任
2007年	国民投票法成立。福田内閣発足	

2008年	「新テロ対策特別措置法（補給支援特措法）」成立。麻生内閣発足	
2009年	総選挙で民主党に政権交代。公明党は比例区21名当選	
2010年	菅内閣発足。参院選で民主党が大敗「ねじれ国会」に	創価学会創立80周年
2011年	東日本大震災発生。野田内閣発足	
2012年	社会保障と税の一体改革で民主、自民、公明３党が合意し、「社会保障と税の一体改革関連法」成立 総選挙で自民党が圧勝し、政権交代。公明党は小選挙区９名、比例区22名当選 第２次安倍内閣発足。自民・公明の連立政権（太田国土交通相）	
2013年	「特定秘密保護法」成立 安倍首相靖国神社参拝	映像配信サービス「SOKA チャンネル VOD」が開始 「広宣流布大誓堂」が開館
2014年	集団的自衛権についての憲法解釈の見直しを閣議決定 公明党結党50周年	
2015年	集団的自衛権行使を可能にする安保法制関連法が成立	
2017年		「創価学会会憲」を制定
2018年		小説『新・人間革命』30巻完結
2019年	消費税率10%引き上げ。軽減税率導入	「創価学会　世界聖教会館」が開館

み上げられている［池田　二〇〇四b：三七五頁］。

結党時のスローガンは、「日本の柱　公明党」「大衆福祉の公明党」であった。公明党は、「福祉の党」「平和の党」という看板のほかに、「政界浄化の公明党」という看板も自負していた［公明党史編纂委員会　二〇一九：四一頁］。

しかし、一九六〇年代後半に創価学会批判を書いた書籍の出版・

販売を創価学会幹部や公明党幹部が差し止めた「言論出版妨害事件」が起こり、創価学会と公明党との関係性に社会からの批判の目が、より強く向けられるようになった。

これを機に、公明党においては「国立戒壇」「王仏冥合」「仏法民主主義」などの宗教的な理念は用いられなくなり、党の基本理念を「人間性尊重の中道主義」とし［公明党史編纂委員会　二〇一九：九四頁］、公明党議員は創価学会の幹部役職を兼務しないなど、両者の分離を徹底する更なる路線展開がはかられた。

一九七五年には、創価学会と共産党との間にいわゆる「創共協定」が公表された。公明党は結党以来、共産党とは批判・対立する関係であり、この協定は創価学会側の独自の判断で結ばれたものであったようである。この協定に対して、公明党は「共産党との共闘」を完全に否定した。創価学会がこれに反対しなかったため、この協定は間もなく空文化した［薬師寺　二〇一六：九五～九九頁］。

一九八九年の参議院選挙で自民党が大敗し、「ねじれ国会」となった結果、公明党は議会などで「キャスティング・ボート」を握るようになる。一九九三年の衆議院選挙では自民党が惨敗、戦後史上初の非自民連立政権が誕生し、公明党から三名が入閣して政権に参画した。

しかし、この連立政権は短命に終わり、一九九四年には、自民党、社会党、さきがけによる連立政権が誕生する。一九九四年末に、公明党は保守と革新の合同政権に対応して、新生党・日本新党・民主社会党など六つの政党が合併した「新進党」の結成に参画し、公明党自体は、新進党に参加する国会議員集団と、約三千名の地方議員集団「公明」とに分党した。

一九九五年の参議院選挙では新進党が圧勝し「創価学会の集票力の強さが改めて強く立証された」ものの［中野　二〇〇三：一七五～一七六頁］、一九九六年の衆議院選挙では自民党が復調、新進党は後退する。一九九七年に新進党が解体する結果となり、旧公明党系の国会議員は「新党平和」を結成して、「再び独自の政治集団を形成した。しかし、一部の議員は小沢一郎を党首とする『自由党』に移籍し、同じ信仰に立っても異なった政治的見解を持つことになった」［中野　二〇〇三：一七六頁］。

このような経緯を経て、一九九八年一一月には、新党平和と公明が合流し、「公明党」が復活する。

一九九九年には、自民党・自由党・公明党の三党による連立政権に参画することとなり、二〇〇九年の衆議院総選挙で一時、民主党政権となったが、二〇一二年の総選挙で民主党政権が敗れると、安倍晋三首相の下で再び自民党との連立政権に参加し、現在（二〇二一年）に至っている。

二〇一四年に公明党史編纂委員会によって発刊され、二〇一九年に増補版が出ている『大衆とともに――公明党五〇年の歩み』という記念誌では、グラビアの最初に「池田大作公明党創立者（創価学会会長＝当時）」というキャプションが付いた公政連の第一回全国大会（一九六二年）の写真が大きく掲載されている。このことから、公明党は、創価学会との強いつながりを公に表明している(4)。

一方で、公明党の記念誌を全体的にみると創価学会に関する記述を最低限に抑えていることもわかる。この記念誌において「創価学会」について言及される出来事は、「言論出版妨害事件」、「日中国交正常化」にほぼ限られており、ほかには新進党への参画に伴う自民党からの創価学会と公明党の関係が政教分離原則に反するとの批判についての記述で登場する程度である。

公明党は自民党との連立政権を維持するため、選挙体制だけでなく政策の上でも、多くの調整を行ってきている。自民党の政策や判断に従うためには、公明党により創価学会の理念に反する判断がなされることもあり、その対応に苦慮してきた。「教育基本法改正、特定秘密保護法、そして集団的自衛権行使を可能にする安全保障関連法などの問題では、自民党との協議の末、公明党が法案賛成の方針を打ち出すと、公明党議員は党員や創価学会員に対する説明に追われた」、その結果として「組織の統一力を誇る創価学会で、会員が公然と公明党を批判する事態」が起きているのである［薬師寺 二〇一六：二五九〜二六〇頁］。

新型コロナウイルスに関連した与党の政策に対しても、さまざまな点で真に国民の側に立った政策がとられているのかということが問われている中、公明党を支持する創価学会員にとっても、公明党を無批判に支援することを困難に感じる人も増えているのではないだろうか。公明党の歴史をたどれば、現在、創価学会員の一人ひとりにとって、選挙支援活動の意味が問われる状況にあるといえる。

創価学会における選挙活動

次に、創価学会における選挙活動のあり方について確認しておきたい。

四半世紀前に出版された書籍であるものの、北川は、実際に選挙活動を行っている学会員の経験や実感が生かされた内容となっており、「創価学会と選挙」に焦点を当てた記録として参考になる［北川　一九九五：二〇頁］。

北川［一九九五］の記述をもとに、創価学会における選挙活動の具体的な内容について、実際の活動に関わることを中心に簡潔にまとめると次のようになる。

第一に、創価学会における選挙活動は、学会員として行うべきとされている諸活動の一部として位置づけられ、無償で行われている。

学会員として行うべき活動とは、毎日の勤行・唱題、創価学会で開催される会合への参加、御書や『人間革命』などを学ぶ教学、他の人に創価学会の教えを伝え入会を促す布教活動、入会まではいかなくても『聖教新聞』購読を呼びかける新聞啓蒙、役職がある創価学会員の場合はその人が担当する地域在住会員への連絡活動、など多岐にわたる。選挙活動は、創価学会員以外の他者へ自身の信仰を明かす機会ともなるため、布教や新聞啓蒙活動に類似した活動として位置付けることができる。

第二に、すべての学会員が、組織が期待する通りの熱心かつ積極的な選挙活動をするわけではない。

北川［一九九五］によれば、「ひと声かけて『わかりました、今度も応援しましょう』という人がおよそ二割から三割弱、『自分は応援するが、他人への働きかけはしない』という人が三割から四割、残りの三割から四割が『関係ない』という人たち」［同上：五八頁］である。

また、学会組織の公式見解（後述）は、支援先は個々の学会員の自由であるとするが、選挙の結果で政局が大きく左右されるような場合、学会組織から支援先が明確に指示されることがある。北川［一九九五］によると、このような上から押し付けるような方法には反発が起こることがあり、担当する地域組織に上からの指示を通さなかった支部長のコメントなど、組織の指示に疑問を持ったり、面従腹背の姿勢を取ったりする学会員が一定数いることを示唆している［同上：六〇～六一頁］。

一九九五年に東京・大阪を中心に実施された別のアンケート調査の結果でも、同年実施された都知事選についての設問への回答から「組織の決定に疑問を抱く者が少なかった」ことが読み取れる［上遠・小此木　一九九五：一〇七頁］。創価学会員の全員が組織の決定や指示に対して無批判に従うわけではないということを、これらの記録から確認することができる。この点は、筆者がこれまで実際に出会った創価学会員の方々からうかがった選挙活動に対する意見の傾向とも一致する。

第三に、創価学会の選挙活動は、システム化されている。

創価学会が組織として推進する候補者の決定が水面下で行われ、投票日から逆算して三カ月前頃から〝選挙体制〟に入る。支援活動の柱として、「内部固め」と「外部への働きかけ」がある。「内部固め」は、創価学会の世帯数・会員数を各候補者に割り振り、会員を候補者に会わせ、支援の趣旨を徹底することである。「外部への働きかけ」は、選挙支援に賛同した学会員による非会員に対する支援の依頼である。

選挙活動を行う学会員は、会員への家庭訪問、非会員への支援の電話や手紙や直接訪問による呼びかけ、候補者と対面できる会合への連れ出しなどに奔走する［北川　一九九五：五四頁］。得票目標を立てているので、内部・外部とも何人と直接話ができて、何人から「支援する」との言質を取れたかが確認され、票読みに活用される［北川　一九九五：七四～八八頁］。戦略戦術の検討や、会合運営、遊説隊の手配、ポスター作成、チラシ配布などを担う学会員もおり、目標達成のために休みなく活動する会員も少なくない〔北川　一九九五：二二八頁〕。

北川〔一九九五〕は、創価学会の選挙活動が非常に合理的なシステムとして完成の域に達しているという見解を何度も示す一方で、「そのことと個々人の信仰の質が深まることとは必ずしも結びついてないが。それは、学会にとって選挙はあくまで、いろいろな意味においてかなりの無理を伴う活動分野」〔同上：二四三頁〕となっているからだ、という指摘もしている。

北川〔一九九五〕は、「会員個々にしても、心の底ではできれば選挙なんてない方がいいと思っている」「選挙の戦いというのは、学会中央がどう言おうが、やはり多くの会員に肉体的、精神的、時間的、経済的負担をかけてきたのである」〔同上：二四二～二四三頁〕と述べている。

これらの指摘は、筆者が実際に出会ってきた創価学会員からうかがった実感と照らし合わせても、的確なもののように思われる。

「合理的なシステム」といっても、「学会員一人ひとりの、信仰に裏打ちされた情熱、ひたむきさ」と「学会員一人ひとりの血みどろの活動の上に成り立っている」のであり、「号令一下で学会員が動いているわけではない」のである〔北川　一九九五：二四一～二四三頁〕。

「学会員が一律に組織側の論理に盲目的に従っているわけではない」という前提は非常に重要である。組織側はこれらの多様な反応を示す学会員に対して、組織の指示に従ってもらえるように工夫した「指示」を出していくことが必要となっているのである。

負担の多い選挙活動に気持ちよく従事してもらうためには、いくつかの条件が必要となる。「当選」という勝利の果実が実感できることも有意義だろう。それだけでなく、支援する対象となる公明党から出馬する候補者が信仰の「同志」といえる存在として認められるような人物足りうるか、また、当選後の政治家としての活動が汗をかいて当選に導いた創価学会員の尽力に報いるものとなっていると評価できるのか、という点も重要である。特に身近な地方議員に向ける観察の視線は鋭いものとなるだろう。

公明党議員の政治活動

ここでは出版された資料や公明党所属の地方議員の公式サイト等から引用した資料に基づいて公明党議員の政治活動の特徴について確認する。特に、公明党の公式サイトにおける広報の仕方を確認する。まず、二〇二一年（令和三）七月二一日時点で「政党」として公表されている九団体の公式サイト・ホームページに記載されている基本となる「項目」について一覧にしてみた（表2）。

公明党の公式サイトに、「実績」という項目が設置されている点が目を引く。この項目をクリックすると「実績／公明党が実現してきたこと」という専用ページが開く。このページには「分野別実績」として、「景気・経済」「医療」「子育て・教育」「高齢者・介護」「女性」「青年」「安全・安心」「平和・外交」の八分野に分けた実績が示されている（一つの「実績」が複数の分野に掲載されている場合もある）。他党の公式サイトでは「活動」「選挙」という言葉は用いられていても、「実績」という

表2　各政党の「グローバルナビ」（サイト上部）の項目一覧あるいは「メニュー」の主項目

政党名	公式サイト・ホームページのメイン項目（掲載順）
NHKと裁判してる党弁護士法72条違反で※	基本政策／選挙／議事録／入館申し込み方法／党規約
公明党	政策／実績／所属議員／選挙情報／ニュース／メディア出演／党概要
国民民主党	議員／党基本情報／ニュース／カレンダー／政策／選挙／支援
社会民主党（メニュー部分）	理念／お知らせ／声明・談話／選挙情報／広報／党員募集／お問い合わせ
自由民主党本部	ホーム／重点政策／議員／ニュース／入党／寄付
日本維新の会	日本維新の会について／政策／活動情報／役員・議員・支部員／JOIN 維新
日本共産党中央委員会	政策／議員／党紹介／ダウンロード／エントリー
立憲民主党（メニュー部分）	政策／議員情報／選挙情報／活動／立憲民主党について／参加する
れいわ新選組	Home／決意（綱領）・規約／政策／所属／候補者公募／活動レポート／ライブ中継・動画／字幕入り動画／寄附／街宣スケジュール／ポスター／チラシ／ボランティアグッズ／お問い合わせ／党本部へのアクセス

※いずれも2021年９月22日時点。日本共産党は「通常サイト」の情報を記載。
※2022年４月25日より「NHK 党」に改名。

語を用いている例は見当たらない。

この点からみても、公明党が党全体や個々の所属議員の「実績」を支援者に対して具体的に示す必要性を強く意識していることがわかる。

公明党の「所属議員」のページを開くと、「議員をさがす」として、「五〇音順」、「国会議員」「議会」「氏名」「都道府県」から各議員を検索する機能が設置されており、その下に「所属議員数」として「二九五三人（推薦：八人）」の文字と、国会議員の衆参・男女別の表（計五七人）、地方議員の「都道府県会」「政令市会」「特別区会」「一般市会」「町村会」別・男女別の表（計二八九六人〈推薦：八人〉）が掲載されている（二〇二一年九月三〇日現在）。

この検索機能を用いれば、身近な議員をすぐに見つけることができる。

試みに公明党議員のうち、筆者自身が創価学会員の方から支援の依頼を受けたことがある北海道十区選出衆議院議員・稲津久氏を公明党公式サイトの「所属議員」から選択すると「顔写真」と「名前（ふりがな）」「選挙区」「党役職」「生年月日（年齢）」「ホームページ」「略歴」が表にされたものが現れる。「ホームページ」の欄には、その議員が管理しているＷｅｂサイトや各種のＳＮＳ等のリンクが貼られており、クリックすればその内容を確認することができる。公明党公式サイトによると、稲津氏は「公式ホームページ」と「Twitter（ツイッター）」を管理していることがわかる。

稲津氏の「公式ホームページ」のリンクをクリックして、稲津氏の公式サイトに飛んでみよう。サイト上部のメイン項目一覧を見ると、「ホーム」「メッセージ」「いなつの政策」「いなつの実績」「いなつの活動」「プロフィール」という項目が並んでいる。ここでも「実績」が一項目として、成立していることが確認できる。

同様に筆者自身が支援の依頼を受けたことがある比例区・近畿ブロック選出衆議院議員・浮島智子氏のページを見てみると、「公式ホームページ」「Twitter（ツイッター）」「Facebook（フェイスブック）」を管理していることがわかる。同様にリンクから「公式ホームページ」に飛んでみよう。浮島氏のメイン項目は、「Home」「プロフィール」「浮島とも子ストーリー」「実績」「月刊メッセージ」「FACEBOOK」「つぶやき」である。浮島氏のサイトでも「実績」が一項目として設定されていることが確認できた。

参考までに、自由民主党の公式サイトを見てみると、こちらにも「議員」の欄があり、議員を検索することは可能である。しかし、掲載されているのは国会議員のみであり、地方議員は掲載されていない。立憲民主党の「議員情報」ページには「自治体議員」欄、国民民主党の「議員」ページには「地方自治体議員」欄があり、地方議員の検索も可能である。ただ、公明党のサイトに比べると地方議員検索をするには使いにくい。その点、日本共産党の「議員」検索の形式は、都道府県の指定もボタンで操作できるなど公明党の「所属議員」ページに類似した地方議員を検索しやすい構造となっている。

さて、先ほど確認した稲津氏と浮島氏は国会議員である。公明党において、地方議員にとっても「実績」を示すことが重要視されているかどうかを確認するため、今回は、一九九名の政令指定都市の市議会議員について公明党公式サイトにある「所属議員」検索で出てくる各議員の情報一覧に掲載されている「公式ホームページ」等の情報を確認した。一名のみ公明党公式サイト掲載「公式ホームページ」のリンクが切れており、議員名でWｅｂ検索して得られた「公式ホームページ」の情報を参照しているが、他の議員は公明党公式サイトのリンク先から得られた情報を整理したものである（表3）。

表3　政令指定都市議会　公明党議員の広報情報

性別	女性	男性	議員HPの実績欄	有	無	
	17%	83%		80%	20%	
公式HP	有	無	実績表記法	本人実績	公明党実績	空欄
	92%	8%	（148件）	83%	10%	7%
Twitter	有	無				
	65%	35%				
Facebook	有	無				
	74%	26%				
E-mail	有	無				
	75%	25%				

※「本人実績」「公明党実績」の双方があるHPもあるが、「本人実績」が掲載されていれば「本人実績」、「公明党実績」しかない場合に「公明党実績」とした。
※「実績」という名称の項目がない場合はカウントしていない。「議会質問」「地域サポート」という項目や「ブログ」あるいは別のSNSで実績報告をしている例が多く、全く「実績」報告が見られないのは3件（全員1期目）のみ（1.5%）。

表3には掲載していないが、一九九名の政令指定都市議会議員の期数は「一期」一九％、「二期」一六％、「三期」二三％、「四期」一四％、「五期」一六％、「六期」六％、「七期」五％、「八期」一％という構成であった。

表3に示した通り、ほぼ全員が何らかの形で自身の活動を報告する媒体を公明党公式サイトにリンクしている。公式サイトに飛ぶとおそらく紙に印刷して支援者に配布していると思われる議員個人の活動や地域住民に役立つ情報等を報告する『通信』のPDFを掲載している議員も少なくない（七一件、三五・七％）。

表記方法やサイト構成は市議会や個人による差はあるが、「実績」という語をサイトの項目に利用していなくても実質的に「実績」報告をしている議員がほとんどであり、今回、議員自身の公式サイトやSNSにおいて、議員本人や地域公明党市議団の「実績」について具体的に広報していることが確認できなかった議員は三名（一・五％）のみであった（いずれの議員も一期目）。各自のサイトを確認してみるとブログやSNSの更新が滞っている議員も散見されるが、そのような議員であっても、特に期数を重ねているベテラン議員は「市民相談〇〇件」など、現場で「地域の声」を聞いて対応する姿勢をアピールしていることが多い。

「地域実績」の具体的内容としては、見通しの悪い交差点にカーブミラーを設置、破損している道路の補修、崩れている空き家の対応、バス停へのベンチ設置などの地域環境整備の報告が多い。そのほか、医療や教育分野についての報告も少なくない。今後の課題検討のための視察や市議会における質問内容とその成果等について記載している例も多い。所属議会が配信している議会質問時の動画へのリンクを付けているところもある。独自に動画を作成して「実績」をアピールしている議員も複数みられた。

他の政党からの選出議員たちも自身の公式サイトやSNSを用いて自身の活動報告を行っているが、公明党の場合はその報告のために「実績」という語を用いている点が特徴的である。

三　選挙活動と信仰のとらえ方

創価学会の公式見解

創価学会広報室によれば、創価学会の公明党支援の信仰上の位置づけに関する公式見解は、創価学会広報室が毎年発行している『活動報告 SOKA GAKKAI Annual report』の末尾に掲載された「各種見解」および『新・人間革命』第九巻の記述にある。「各種見解」とは、公明党が新進党に合流するという局面であった一九九四年に出された「今後の政治に対する基本的見解」〔創価学会広報室　二〇二〇：七五〜七六頁〕と、連立政権参加に即して一九九九年に出された「政教一致批判に関する見解」〔創価学会広報室　二〇二〇：七六頁〕である。

ここでは、主に一九九九年の見解（以下、「見解」）から、選挙活動に関する内容を含んだ部分を中心に、その含意を確認する。

第一に、創価学会が政治・社会に関わる理由を述べている。

「見解」によれば、「『立正安国』の理念に基づくものであり、信仰が単に個人の内面の変革にとどまらず、具体的行動を通じて社会の繁栄に貢献していくのが、仏法本来の在り方」であるからである。

戸田の指導をもとに「権力の魔性、政治・政治家の腐敗、堕落を厳しく監視」するため、「政治の浄化、社会発展のために積極的に政治に関わっていく」こと、また「民衆の土壌から優れた政治家の排出に貢献」することが目指されている。

なお、『新・人間革命』第九巻では、創価学会が政治活動に着手した理由について、「自分《じぶん》たちが政《せい》界《かい》に進んだのは、政治《せいじ》を監視《かんし》し、民衆《みんしゅう》の手に政治《せいじ》を取《と》り戻《もど》すためであるが、さらにいえば、王仏冥合《おうぶつみょうごう》の実現《じつげん》のためである」〔池田　二〇〇四b：五三〜五四頁〕と説明されている。

第二に、公明党を誕生させた理由が述べられている。

「見解」によれば、「日本国内の政治については、『生命の尊厳』『人間性の尊重』『世界の恒久平和』という普遍的理念を、民衆の側に立ち、現実社会の上に実現するため」である。

そのために、民衆を幸福にする使命をもった宗教団体である創価学会が「献身的にその支援を行い、庶民を基盤とした政治の潮流を作りあげてきた」と選挙活動に対する自負を述べている。

第三に、公明党の政界での役割について述べられている。

「左右のイデオロギーの不毛な対立の狭間で、置き去りにされていた庶民の声を代弁し、『平和』・『人権』・『福祉』という新しい政治の流れを定着させるために大きな役割を果たしてきた」のが公明党である。それゆえに、創価学会が「支持団体として公明党を継続的に支援してきた」のである。

第四に、今後の政治とのかかわりに関する基本的態度について確認している。

「これまでの公明党一党支持を見直し、今後の選挙においては、候補者個々の政治姿勢、政策、人格、見識等をより重視し、人物本位で対応することを基本」とすることが明確に宣言されている。

政党支持についても「これまでのように常に特定の政党を支持する立場はとらず、フリーハンドで臨み、選挙ごとにその都度、態度を決めていくこと」を確認している。

創価学会が、候補者・政党を評価する際には、「『生命の尊厳』等の普遍的な理念を大前提として、『人権と信教の自由』『平和と国際貢献』『文化と福祉』『庶民感覚と清潔な政治』等の視点を含め総合的に判断する」としている。「人権と信教の自由」「平和と国際貢献」「文化と福祉」「庶民感覚と清潔な政治」は、すべて公明党が公にしている政治姿勢を示すキーワードである。

また、具体的な支援先の決定は、選挙の度毎に中央会議、各地域の「社会協議会」において検討することが明記されており、組織としての支援先の決定の方法が記されている。一方で、「学会員個人の政党支持は自由であること」、についても明記されている。また、学会の幹部が選挙に関して不正行為に関わった場合、役職解任や会員除名などを含む厳正な処分を行うことも記されている。

第五に、「政教分離」に対する考え方について述べている。

この点について「見解」では、日本国憲法は「宗教団体が政治活動や選挙支援をすることを禁じたものではない」としつつ、次のように述べている。

一、戦時中の宗教弾圧を経験した創価学会は、この「信教の自由」を基本的人権の中でもその根本の意義を有するものとして最大限に尊重し、「政教分離」の原則を順守してきた。私どもは、国から特権を受けたり、国家権力等による保護を求めるものではない。すなわち、国家権力が宗教を支配してもならないし、宗教が国家権力を支配してもならない、との考え方を堅持してきた。今後もこの考え方は変わらない。

以上の五点をまとめると、創価学会員、一人ひとりの選挙活動と信仰の関係に関する「公式見解」は、創価学会の選挙活動の背景には、「立正安国」や「生命の尊厳」等の理念という信仰に基づいて、より良い社会・世界を作っていくという「宗教的目標」があり、その「手段」として、政治活動へ効果的に参入するために、公明党を設立し、支援しているというものである。公明党の候補者を政界に送り出すための選挙における支援活動は「手段的目標」であると言える。

創価学会の「公式見解」は、「宗教的目標」と「手段的目標」が一致しており、信者「個人」は創価学会「組織」の意向に従うことで、目標が実現されるという前提があるように思われる。

ただし、今後は、創価学会員であれば公明党を支持するという一律の対応をとるのではなく、「候補者個々の政治姿勢、政策、人格、見識等をより重視し、人物本位で対応することを基本」「選挙ごとにその都度、態度を決めていく」とも述べている。しかし、その「決定」は、「学会員個人の政党支持は自由」としつつも、基本的には学会組織内の「社会協議会」において行われると想定されており、信者一人ひとりが決定できる余地はあまり多くないようにも読める。一方で、創価学会の「宗教的目標」を「きちんと維持できている政党・候補者を支持する」としているため、学会員それぞれが時々に「今回、公明党・候補者は適切な政治姿勢を維持しているかどうか」を評価することが可能になってもいる。「創価学会員が公明党を支持するか否か」の判断に関して解釈の余地のある公式見解といえる。

研究者の理解

ここでは、公明党と創価学会の関係について、宗教学者や政治学者、あるいはジャーナリストらが与えている評価・解釈について、簡単にまとめておく（表4）。

表４　研究者が解釈する「創価学会が政治進出した理由」

研究者名	出版年 該当頁	創価学会が政治進出した理由、その効果、変化
村上重良	1969年 30～34頁	1）活動家たちの内面を指導層が直接に把握し、『地涌の菩薩』としての使命感を奮い起こさせる効果 2）宗教上の絶対の権威を政治指導に貫徹させる効果 3）政治上の理念を掲げても、その実態を曖昧にし、抽象的なものに解消することができる効果 4）政治上の対決点を二義的なものに位置付けることを可能にする効果
西山　茂	2016年（初出1975） 224、254頁	「立正安国」運動としての「最終目標」である「国立戒壇の建立」のための「手段的目標」として政治進出をとらえる。ただし、言論出版妨害事件以降は、表向きは政治進出（手段的目標）の「最終目標」は「大衆福祉」のためと「脱宗教化」された。
中野　毅	2003年 177、188頁	・「宗教的」「信仰にもとづく」ものである。 ・宗教活動の自由を保障するシステムを国家機構の中に確立しようとする意図。 ・国家権力や警察などの不当な干渉や介入その他から、創価学会それ自体を守るため。
	2014年 306頁	・「国立戒壇、本門戒壇」建立の実現のため。 ・創価学会の目標の正当性と実現可能性を会員に選挙での勝利として示す。
塚田穂高	2015年 135、157～158頁	・戸田城聖と創価学会の基本的世界観には、日蓮正宗教学と正法意識に基づいた独自のナショナリズムとユートピア観があり、その政教一致的な理想実現のために独自の政治進出が取られた。 ・公明党結成以降、国立戒壇論は後景化し、言論出版妨害事件以降は、王仏冥合も撤回された。
薬師寺克行	2016年	①「広宣流布」「王仏冥合」の実現と「国立戒壇」の建立という宗教的目的を達成する。 ②権力による弾圧という経験を踏まえ、権力から身を

	49頁	守り組織を維持する。 ③選挙運動という組織的活動によって、創価学会組織を維持・発展させる。
中野　潤	2016年 33〜34頁	・「国立戒壇の建立」や「政界浄化」といった理念的なものより、都会に出てきて苦しい生活を余儀なくされている学会員たちの要望に沿った「大衆福祉の実現」という現世利益こそが、政界進出の一つの動機。 ・選挙は組織を引き締め、拡大していくためのツールとしての側面も。 ・池田時代に「選挙に勝つことが信心の証」との論理が徹底された。

以上から、各研究者で論点の比重は異なるが、創価学会における選挙活動は、「国立戒壇の建立」「広宣流布」といった宗教上・理念上の目標を達成するための手段としての「大衆福祉の実現」に向けたものであるとともに、「権力から創価学会組織を守る」「組織引き締めの機会を得る」といった複数の組織運営上の「手段的目標」を満たすことを可能とする活動とみなされてきたといえる。また、公明党の政治活動が一定の規模、安定性を保つに至り、内外の状況の変化に応じて「宗教的目標」の表現の仕方にも変化が生じていることを研究者たちは確認してきている。

公明党議員の見解

ここでは、創価学会員でもある公明党議員にとっての信仰と政治について、大下英治［二〇一四］で描かれている信仰に関わるライフストーリーを参考にする。

一九六五年の参議院議員初当選以来、要職を歴任した黒柳明は、一九五四年、二三歳の時に母親から折伏され入信後、創価学会の会員向け機関誌『大白蓮華』編集員、創価学会の海外局局長、創価学会系の雑誌『潮《うしお》』編集長を経て、公明党結党を機に政治家となる。大下は、その時の様子を次のように描いている。

「黒柳は、それまで政治家になるなどとは夢にも考えていなかった。が、池田会長に直々に言われたからには、自分の中にある政治家としての資質のようなものを見ぬいておっしゃっているのだろうと思い、すぐに引き受けた。／『はい、やります』」。〔大下　二〇一四：四二〜四三頁〕

「夢にも考えていなかった」ことを、池田や学会組織への信頼・信仰をもとに「はい、やります」と「すぐに引き受けた」というストーリーは、公明党議員のモデルとなるものである。

前公明党代表、元国土交通大臣の太田《おおた》昭宏《あきひろ》については、子どものころから政治家への志向性が高い人物として描かれているが、ほかの大久保《おおくぼ》直彦《なおひこ》、市川雄一《いちかわゆういち》、坂口力《さかぐちちから》、東　順治《ひがしじゅんじ》、井上義久《いのうえよしひさ》、高木《たかぎ》陽介《ようすけ》、斎藤鉄夫《さいとうてつお》、山口《やまぐち》那津男《なつお》、松《まつ》あきら、漆原良夫《うるしはらよしお》などの公明党議員については、いずれも黒柳と同様に自ら政治家を目指してきたというより、それぞれの職業（記者、医師、弁護士、外交官、研究者、教員、国家公務員等）を全うするなかで、池田会長（当時）や公明党役員から政治家になることを打診されている。すでに別の職業についている人にとって政治家への転身は非常にハードルが高いことであり、当然ながら「すぐに引き受けた」人ばかりではないが、おおむねその人自身の人生理念・信仰を

表５　参議院議員・候補者時代に発刊された書籍の概要

議員氏名	石川ひろたか	かわの義博	高瀬ひろみ	三浦のぶひろ	里見りゅうじ	高橋みつお	安江のぶお	しもの六太
出生年	1973年	1977年	1981年	1975年	1967年	1977年	1987年	1964年
前　職	外務省	丸紅	外務省	防衛大教員	厚労省	外務省	弁護士	教員
選挙年	2010/7	2013/7	2016/7	2016/7	2018/7	2019/7	2019/7	2019/7
発刊年	2010/3	2013/4	2016/2	2016/1	2018/1	2018/10	2018/10	2018/10
選挙区	大阪	比例	福岡	神奈川	愛知	兵庫	愛知	福岡
創価学会	×	×	×	×	×	×	×	×
創価学園・大学	○創価大	×慶応義塾大	○創価大	×千葉工大	○東京大	○大阪外語大	○創価大	×島根大
創立者	○	×	○	×	○	○	×	×
公明党	×	○党役職	○党役職	○	×	○党役職	○党役職	○党役職
対談相手	林家まる子	大屋裕二	佐藤優・高橋泉	五百旗頭真	舛添要一・愛知県知事など	兵庫県知事・ナイツ	水谷修・国崎信江	水谷修

遂行・貫徹するための「挑戦」として政治家の道を歩むというストーリーとして描かれている。

次に、選挙前に、その候補者の人となりを創価学会内外の支援者に伝えるための資料として作成されている候補者へのインタビュー等を掲載した書籍をいくつか集め、特に、その候補者と創価学会との関わりに関する部分について抽出し、その内容を検討した（表５）。

これらの書籍の構成はどの候補者でもだいたい共通しており、その候補者の立候補に至るまでの「生い立ち」と、創価学会員と思われる著名人や候補者の得意分野・専門分野とかかわりが深いと思われる有識者との「対談」[5]によって候補者の人となりと、その政策への理解を促す内容となっている。

いずれの書籍においても「創価学会における信仰」と「立候補」を直接的に結びつける言葉はな

い。

ただし、京都大学に合格するも創価大学に進学（石川）、中学時代に富士鼓笛隊（創価学会未来部）で活躍（高瀬）、創価学園や創価大学時代の思い出（創価学園出身者に共通している）、父親が神崎元代表の後援会長だったこと（かわの）、また、政治への「挑戦」について「使命」という言葉を使う（高瀬、里見）など、理解できる人には、これらの候補者が創価学会に対する篤い信仰を持っている、と推測できる記述となっている場合が多い。

特に表5における唯一の女性候補である高瀬の書籍の文章の中には、政治への「挑戦」を「恩返し」として示すなど信仰心の篤さが直接的に伝わるように工夫された記述を他の候補者よりも受け取ることができる点が印象深かった。（高瀬は二〇二二年七月をもって議員を引退している。）

このような書籍の記述から、創価学会員ではない人には学会員であることが明確に伝わらない一方で、創価学会員にはその人の信仰の篤さが伝わるように作成されていることが確認できる。

次に、元議員・元学会員の手記を確認する。

ここで参照する「創価学会・公明党を糾すOB有志の会」［一九九七］の執筆者の大半は、「若くして創価学会に入会し、池田大作氏を心より信じて、公明党議員となった人たち」である。しかし、「昭和末期から平成初期のころ、創価・公明組織の逆鱗に触れる激しい〝池田大作批判〟を展開し、平成二年における池田氏の総講頭資格の喪失、それに続く池田氏と創価学会員の除名処分を契機として、創価学会・公明党から離脱」、そのうちの多くは「御宗門に帰依し」ているといった、経歴を持っている事例が多い〔創価学会・公明党を利すOB有志の会一九九七：三〜四頁〕。出版時点ですでに故人となっている人を含めて二三名の手記が、北は北海道から南は鹿児島まで、元地方議員を中心に全国から寄せられている。巻末には「法華講有縁の元OB議員及び現職議員名簿（平成二四年九月一日現在）」として、七一名の氏名等が記載されている。

個別の手記を読むと、理不尽に公認候補のリストから外されたなど、公明党や創価学会の組織対応の非情さに疑問を感じたことが、離党・脱会のきっかけとなっている場合が多い。その際に、組織からの誹謗中傷にさらされるなどの被害を受けたと訴えている元議員も少なくない。手記を寄せている元議員の中には、公明党からの公認を受けられなかった際に、無所属でも独自に立候補に踏み切ったという元議員も少なくなく、そのような場合、創価学会組織から「恩知らず」「裏切り者」とみなされて、さまざまな攻撃をより強く受けている傾向が読み取れる。

手記の執筆者たちが公明党の議員になったきっかけが、創価学会の組織からの「突然の出馬要請」であることは、大下〔二〇一四〕に登場する議員や表5に取り上げた議員たちと同様である。前職との兼ね合いなどから一旦は断った経験を持つ人も少なくないが、「王仏冥合の戦いだ」「使命がある」「御本尊の眼鏡に叶った」「池田会長の御命令」と宗教上の言葉で強く説得され、受けるに至っている。

例えば、「借金をして念願の洋菓子店を開店したばかり、これから店の経営を軌道に乗せなければならない」というタイミングで、一方的に長崎の創価学会最高幹部から「来年の市議会選挙に君を候補として推薦することに決定した。腹を決めてほしい」と通達された経験を持つ元長崎市議がいる。当然ながら、家族には出馬を反対された。本人も辛い決断ではあったが、幹部から再三に決断を促され「私の使命であり、広布のお役に立つならば」という思いで出馬することとなった。しかし、この元議員は、議員活動をするなか、公明党の汚職を目の当たりにするなどして公明党や創価学会への疑念を持つようになったという。そのため、「君は日頃から党の方針に従わないし、学会の組織からも批判の声が上がっている」等の学会幹部からの一方的な伝達で、次期市議会選挙への公明党からの推薦を行わないことや公認取り消しが伝えられている。そのため「人権無視の公明党には未練はない。私の将来は自分で決めよう」と決意、紆余曲折で無所属での立候補（結果は落選）となったが、選挙戦の際は、学会や党からの執拗な嫌がらせを受けたと報告している［創価学会・公明党を利すOB有志の会　一九九七：一八四〜一八七頁］。

創価学会を脱会した元公明党議員の複数の手記からは、立候補者の決定も党からの公認の取り消しも、候補者本人の意思よりも創価学会・公明党組織の決定が重要であり、その決定に従順に従う人が求められていることが読み取れる。参照したのは公明党や創価学会を批判している元議員の手記なので、その語りには創価学会・公明党に対して批判的なバイアスがかかっている可能性が高いが、創価学会・公明党側の組織の論理を推測する資料にはなるだろう。

学会員である公明党議員は、「信仰の表明」、「組織への恩返し」ができる活動として政治活動が捉えられ、出馬要請にこたえるというケースが多い。しかし、元議員の手記にみられるように、組織が信じられなくなれば、創価学会・公明党の指示に従うことは困難となる。そして、その指示に従うことができなくなった議員は、創価学会・公明党の側からは「信仰の喪失」「組織への裏切り」という評価を受けることになるのである。

創価学会員の見解

ここでは、元創価学会あるいは現役創価学会によって公明党と創価学会の関係について書かれた書籍の内容を確認し、創価学会員が「選挙活動と信仰」についてどのような受け止め方をしているのか、簡単な見取り図を読み取ることにしたい。

取り上げる書籍は、元創価学会本部職員が「実名告発」として著した野口裕介・滝川清志・小平秀一［二〇一六］、創価学会員の立場から創価学会と公明党の関係について論じた浅山太一［二〇一七］、現役の創価学会員が現在の創価学会の組織運営のずさんさを憂えて、末端の活動の仕方も含めた組織運営の方法を合理化・効率化する大改革を行うべきだ、と主張している「創価学会の明日を考える有志の会」［二〇二〇］である。

浅山［二〇一七：五五〜八四頁］は、「一枚岩に思われがちな創価学会という組織にあって、公明党支援という多大な労力をささげる活動については実は様々な見解が併存している」ことを確認し、「なぜ多様な見解が並列したままになっているか、多様な見解がありつつもここまで大規模な支援活動を長期にわたって継続できるのはなぜか、その構造と機能を分析」するため、創価学会関連の出版社が発行しているマンガなどの資料を分析している。

その結果、創価学会の公式メディアでは公明党支援を信仰活動として描くことについて極めて慎重な配慮がなされ、明確に「公明党の支援活動を宗教的に意義付ける言葉」は出さないものの、それを読み取る「読解のコード」を会員が既に学んでいることによって、「教義上の言葉で公明党を正当化することなく選挙活動を信仰的に動機づける」ことを可能とする効果をもたらしており、そのメッセージを「読み取ったことによる不利益はメッセージを送信した組織本体ではなく解釈して受信した会員個人に帰責することが可能となる」と解説している。

浅山［二〇一七］は、このような方法が「『会員個人の政党支援は自由であるというのが公式見解なのだから、私たちは公明党を応援する必要はない』と断言してしまう会員や、『池田先生が公明党を支持しているのは実際明白なのだから、公明党を批判する会員は池田先生の弟子ではない』という発言を公の場でしてしまう会員などが一定数排出されることを許容する」［同上：八五―八六頁］仕組みを作っていると指摘する。浅山は、実際には創価学会組織の方では「正解」を会員が導き出すことを期待していることから、このような創価学会員の間で大きな「解釈の幅」が出来てしまうことを「問題点」としてみているようである。

しかし、第三者から見ると、テキストの解釈の内容自体はそれぞれの学会員において多様であってよく、「解釈の幅があること」自体は「問題」とはならない。相反する解釈が出て来て、時には異なる意見を持つ者同士が対立するという事態が起きること自体は、それが健全な集団・組織であれば、組織の改善や多様性を確保することにつながるため、本来は望ましいことである。そのような多様な意見が出て、それらが組織運営者によって受け止められたうえで、互いの意見を尊重し合ったり、議論の上で双方納得して妥協できる点で合意を得たり、という調整が可能な場が用意されていることが期待される。

しかしながら、実際のところ、「同志」として「同一の理念・信仰」を持つという前提のある集団・組織においては、実質的には「解釈の幅」は非常に狭い範囲でしか認められておらず、組織が認める「解釈の幅」を超える内容を持った自身の解釈を公にした結果、その場の情勢によって、所属する組織から排除されたり、構成員から激しく非難されたりする、というリスクが生じてしまう。この点が浅山［二〇一七］が「解釈の幅が生じること」を「問題」とみなす部分の核心である。

そのため、現実的には大半の信者は、自由に解釈して自身の見解を率直に述べるという姿勢を示すよりは、その場の優勢な方向性、組織からの暗黙の指示を読み取りながら、それに合わせて自身の本当の見解は述べないようにしている可能性は高い。けれども、それは建前であり、本音の部分は異なるところにあるという場合は大いにありうるのである。

浅山［二〇一七］は、現役創価学会員ではあるが、宗教を研究する者としての視点をもって書かれた書籍であるため、創価学会と公明党の関係、選挙活動と信仰の対応についても多面的に論じる姿勢がある。これに対して、創価学会をよりよくしたい現役創価学会員の立場から書かれた「創価学会の明日を考える有志の会」［二〇二〇］は、「私たちが信仰している創価学会は、人類にとって重要な使命を持った団体」〔一〇頁〕であるとし、公明党支援についても、「支持率低迷の原因は、多くの国民に素晴らしい公明党の実績を知らせなかったからか、それとも知らせたけれども届かなかったか、理解されなかったのかということになる」〔一七〇頁〕として、公明党と創価学会の責任者は外部のコンサルティング会社に相談して、確実に支持率が上昇する戦略を構築すべきだと訴えている。このような主張からは、公明党と創価学会を一体のものとしてとらえ、創価学会員であれば公明党を支持するというゆるぎなき信念が見える。もっとも、同書でも「公明党の対応・態度で大変に疑問に思うことがある」として、二〇一七年の国連・核兵器禁止条約の採択に際して、日本が棄権したことに対し、歴代会長が核兵器廃絶を訴えてきたのにもかかわらず、公明党がなにも意思を示していないことを指摘し〔一七五～一八二頁〕、東日本大震災時の原発処理の問題ありとみている「政府の対応」に賛成している公明党を「何故公明党はこんなにも、だらしない政党に成り下がってしまったのでしょうか」〔一八四頁〕と批判しており、自民党と連立政権を組むことにより、無批判に支持することが困難になっている状況がうかがえる。

元学会職員でありながら幹部批判をして組織から排除された野口・滝川・小平〔二〇一六〕も、巻末のインタビューで「創価学会員であれば公明党に投票する」ということは、学会員にとって常識となっているのかと問われて、滝川が、「学会員が選挙に熱心なのは、信仰している日蓮大聖人の仏法にある原理に基づいており、「人類の幸福を目指すことを創価学会では社会的使命の一つである」と述べ、「公明党は師匠池田先生が作られた政党です。ゆえに、多くの会員は公明党の議員は師匠の精神に基づいて、『大衆とともに語り、大衆とともに戦い、大衆の中に死んでいく』との精神で政界で活躍してくれると固く信じています」〔野口・滝川・小平　二〇一六：二四五頁〕と答えている。もっとも、「現在は、公明党が安保法制を容認し、池田先生の『絶対平和』『非暴力』の思想と明らかに真逆の方向に進んでいるため、公明党を支援することにちゅうちょする学会員は増えている」〔二四六頁〕と推測している。また、「立党精神に生きようとする同志が自分たちの代表として政界に出てくれているとの気持ちがあるため、学会員は全面的に公明議員を信じている実態がある」〔二四八頁〕とも述べている。

以上の三つの書籍から創価学会員の「選挙活動と信仰」の対応は、基本的に「創価学会」と「公明党」を一体として考える傾向が強いが、そこに解釈の幅が存在することがわかる。

「創価学会員の選挙活動と信仰」のバリエーション

ここでは、これまでの記述で検討してきたこと、また、インターネット上で自らを創価学会員と公表して創価学会における選挙活動や公明党への自身の見解を表明しているブログ等の記事内容を資料にして、創価学会員の「選挙活動と信仰」との関係にどのようなバリエーションがみられるかを検討する。

「創価学会における選挙活動」の信仰上の位置づけについては、先行研究で研究者たちが指摘する通り、「国立戒壇の建立」「広宣流布」といった宗教的目標と、「大衆福祉の実現」「権力から創価学会

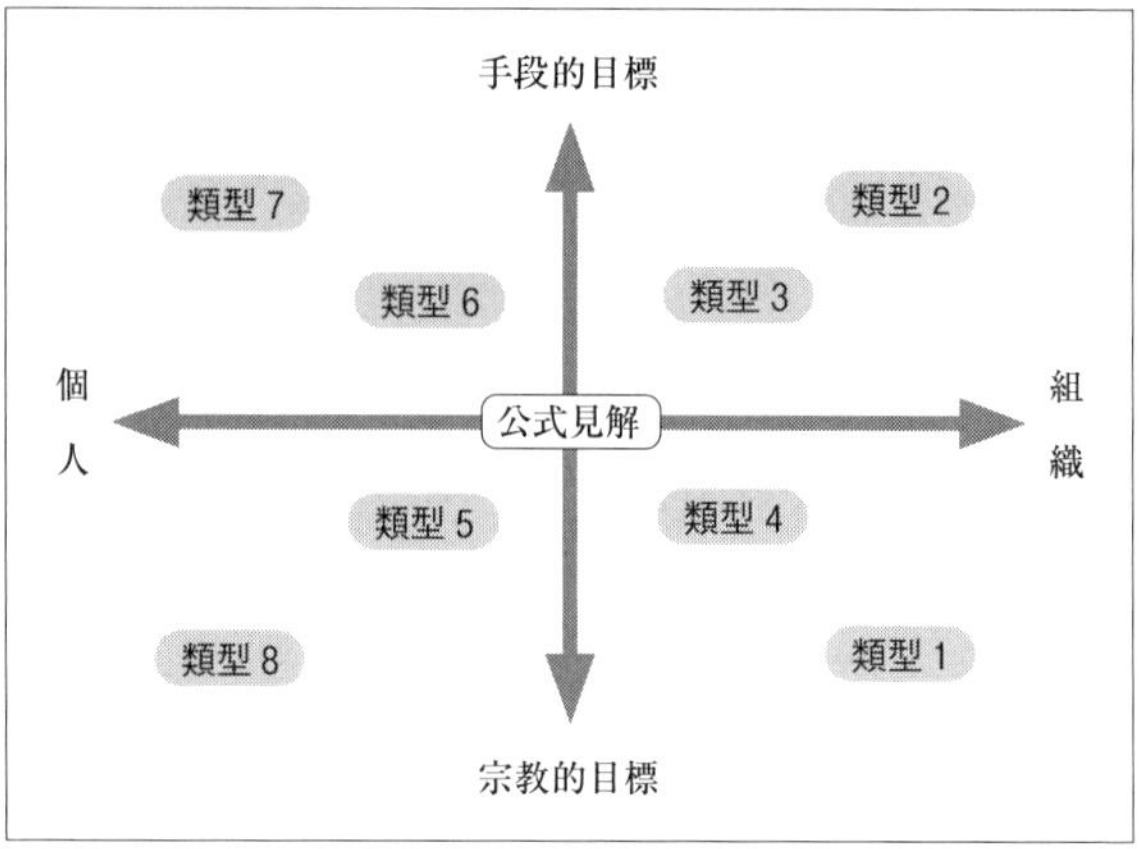

図1　「創価学会員の組織的選挙活動と信仰」解釈のバリエーション

類型1：選挙活動とは、信仰証明の場　／　類型2：選挙活動とは、組織への恩返し　／　類型3：選挙活動とは、同志を応援すること　／　類型4：選挙活動とは、功徳を得るための機会　／　類型5：選挙活動とは、弟子としての使命を果たす場　／　類型6：選挙活動とは、自分自身の成長を促す機会　／　類型7：選挙活動とは、実利のある活動　／　類型8：選挙活動とは、個人の判断で行うもの

組織を守る」「組織引き締めの機会を得る」といった手段的目標という複数の側面に分けることができ、具体的な選挙活動もこの二つの面からとらえることができる。

公明党議員となる学会員たちは、議員となることを「使命」と捉えるなど、「宗教的目標」のもとで理解・納得して政治活動に参画し、「手段的目標」である政策を実現させて「実績」として示している。一人ひとりの学会員も、先に見たように、公明党の支持が「宗教的目標」の実現に合わないと感じれば「手段的目標」である候補者の当選を目指す意義を感じないという場合がある。

このあたりの正否の判断は、学会員個人の判断にゆだねられている部分があり、「組織の意向」に従うか、「個人の信念」に従うかは創価学会員一人ひとりに問われる局面が増えている状況にあるともいえる。

そこで、個々の創価学会員の選挙活動と信仰の意味づけのバリエーションを考えるために、今回は、「宗教的目標」と「手段的目標」のどちらを重視するかという軸と、「組織の意向」と「個人の信念（あるいは利益）」のどちらを重視するかという軸の二つの軸を立てた。そして、八つのバリエーションを想定し、試みに以下のように位置づけてみた（図1）。

創価学会の公式見解は、基本的には、宗教的目標と手段的目標が一致しており、個人は組織の意向に従うことを前提としているが学会員個人の政党支持は自由ともしているため、この図の原点に位置する。ただし、公式見解自体、解釈の幅を許容する要素があることは再度確認しておきたい。

類型1は、最も強く信仰と組織的な選挙活動を結びつけている状態であり、類型8は、逆に組織的な選挙活動と信仰を完全に切り離している状態と想定している。類型2から類型7はその間に位置する信仰やそれ以外の要素のどこを重視しているかといった点で分類している。

もちろん、これらの類型が含意する方向性は排他的なものではなく、互いに重なり合う面もある。また、一人の人の解釈が変化する場合もあるだろう。以降、それぞれの類型の含意について、具体的な事例を紹介しながら確認していきたい。

◇類型1　選挙活動とは、信仰証明の場

「宗教的目標」と「組織の意向」を強く重視する類型である。

「公明党を支援するか否か」「公明党支援の選挙活動を引き受けるか否か」の判断が、「同じ信仰を持つ仲間として認められるか否か」「この信仰を持っている者としての立場を明確に表明できるか否か」のリトマス試験紙、踏み絵のようなもの、信仰証明の場となっているという解釈である。

浅山［二〇一七］は、公明党支援が再び公式にも「信心の闘い」となったため、「公明党支援に賛同できない学会員が今後よりいっそう活動に参加しづらい」状態になり、親以上の世代から信仰を継承してきた二世以降の信者にとっては、選挙権を持つ年齢になった時に「公明党を支援できる本当の学会員になりたいか、それとも公明党を支援できない偽物の（またはアンチ）学会員になりたいか」選択を迫られるようになったと指摘している［浅山　二〇一七：二五九〜二六二頁］(6)。

◇類型2　選挙活動とは、組織への恩返し

「手段的目標」と「組織の意向」を強く重視するという類型である。

この類型における「手段的目標」とは、「組織のために益になることをする」という意味である。

例えば、母親が熱心な創価学会員だったものの三〇歳代前後になるまで入会してこなかったが、仕事や病気で苦労しているさなか尊敬できる創価学会員に出会ったことをきっかけに入会した、けいすけ［二〇一八］は、息子がお世話になった方へのお礼の電話の際に母が発した言葉のイメージとして「わたしも折伏、選挙戦と戦っていきます!!　それが皆様に対する恩返しだと思っています!!!」という言葉を書いている。

「恩返し」という言葉は、創価学会員が推薦されて公明党議員として立候補する際の理由としても用いられていた。一般の創価学会員であっても、組織の意向に添わない行動をした場合は、「裏切者」や「恩知らず」という言葉がかけられる理由にもなることが推測され、仲間でい続けるために、「組織のために」選挙活動を行うことにつながる。

◇類型3　選挙活動とは、同志を応援すること

「手段的目標」と「組織の意向」を中程度に重視する類型である。

類型2でも確認したように、宗教組織においては「仲間」「同志」「コミュニティ」の感覚を持つことは重要な参画動機となる。選挙活動も同様であり、創価学会員でもあることが多い公明党議員を「同志」として応援するのは当然である、という解釈である。

公明党が分党して、国政の部分では新進党に参画していた時代に書かれた北川では、つぎのようなことが指摘されている。

　学会員が選挙で公明（党）あるいは新進党の候補を支援するのはいったい何が根拠となっているのかということになる。従来は公明（党）一本ヤリだったから、同じ信仰を保っている「同志」を支援するという、非常にわかりやすい根拠があった。では、今後はどうなるのかというと、彼らにもそれは分からないという。［北川　一九九五：一六頁］

「彼ら」というのは、北川と共にこの本を書いた創価学会員のグループ「五月会」のメンバーである。ここからは、創価学会員が公明党議員を支援する理由として「同じ信仰を持つ同志を応援する」ということが強い根拠になっていることが読み取れる。

なお、公明党議員の選出方法は、「なりたい人より、なってほしい人」というのが基本理念である。創価学会組織から、人物的に創価学会員が「同志」として支援したくなるような人が選ばれることになっている。

一九九五年の東京都知事選の際に、創価学会の組織が学会員に対して青島幸男候補の対立候補であった、石原信雄候補への投票を指示したということが知られている。この事例においては、石原候補が創価学会と全く関係の無い候補であったのに対して、もう一人の対立候補である岩國哲人候補の妻が創価学会員、つまり「同志」であったため、「岩國候補に入れた（い）」といった意向を持つ学会員もいたという〔村山・原田　一九九五：七三頁〕。政治的な理由だけで、創価学会とは無関係な候補を組織の都合で「押しつけて」来るようなありかたに反発を持つ学会員の論理もこの「同志を応援する」という解釈によるものと考えられる〔北川　一九九五：六〇～六二頁〕。

村山・原田〔一九九五：七三頁〕は、「選挙に執念を燃やすのは、学会員である仲間が立候補するからですよ。別に公明党だから応援するわけではない。どの政党だっていい。仲間だから、よーしとヤル気になる（四〇代の支部長）」という声を聞き取っている。

◇類型4　選挙活動とは、功徳を得るための機会

「宗教的目標」と「組織の意向」を中程度に重視する類型である。「功徳が得られる」という考え方には、「宗教的目標」のなかにも個人の現世利益の獲得という「手段的目標」が見えており、「組織の意向」に従いつつも「個人の信念（利益）」を求める解釈である。

浅山は、二〇一五年の安保国会から二〇一六年七月の参院選にかけてSNS上で活発に発言していた創価学会員の投稿から読みとれる心情を次のようにまとめている。

「公明党支援」はそのまま「広宣流布」であり、広宣流布のための活動であるから、そこには当然「功徳」がある。つまり結局選挙戦とは信心の戦いであって、その時々の時局や政策内容や支援する議員の資質などは「はっきり言ってどうでもいい」。［浅山　二〇一七：五四頁］

雅彦［二〇一七］も、「バリ活の頃『選挙活動は功徳が現れやすい。』と、よく指導されたものだ。特に婦人部の方々はそう信じ込んでいる人が多い。『自分の功徳の為に選挙活動をやっている』という人が大半であろう」という表現で、この考え方が創価学会員の中に少なくないことを示唆している。

なお「バリ活」とは、「バリバリの活動家」の略であり、創価学会員としての活動に多くの時間と労力を注ぎ込んでいる人のことを表す言葉である。勤行・唱題は欠かさず、会合にもしっかり参加

し、布教活動、選挙活動にも積極的にかかわる、組織の中で役職を持った活動家のことである。

◇類型5　選挙活動とは、弟子としての使命を果たす場

「宗教的目標」と「個人の信念」を中程度に重視する類型である。

選挙活動を「弟子としての使命を果たす場」として捉える点で「宗教的目標」を重視する程度がある程度強いといえるが、「弟子」としての自覚は「組織の意向」よりも「個人の信念」を重視している姿勢ともつながると考えて、ここに位置づけた。

『実名告発　創価学会』では、安保法制反対の姿勢を明確に打ち出す理由として、「一番大切な事は師匠が健在であれ、病気であれ、『弟子が師匠の精神を守り抜くために闘う!』という一点」というようなことを繰り返し述べ［野口ほか　二〇一六：四六頁］、創価学会組織の意向に反することであっても、強く自身の主張を訴えることができる根拠として「師匠の弟子」であることが用いられている。

一方で、浅山は、二〇一五年の安保国会から二〇一六年七月の参院選にかけてSNS上で活発に発言していた創価学会員の投稿から読みとれる心情を次のように述べている。

公明党支援をできるメンバーこそが、広布の永遠の指導者である池田大作第三代会長の弟子であって、新聞などの世評に影響されて支援活動のできなくなったメンバーは「魔に負けた」ので

あり、本当の意味での「弟子ではない」。〔浅山　二〇一七：五四頁〕

このような考え方で「弟子」の立場を理解する場合は、「個人の信念」より「組織の意向」が重視される類型に近づいていくことになる。

◇類型6　選挙活動とは、自分自身の成長を促す機会

「手段的目標」と「個人の信念」を中程度に重視する類型である。

創価学会員にとって布教活動は重要ではあるが、実践するにはハードルが高い信仰活動である。選挙活動も一種の布教活動といえるため、そのような活動に従事することは信仰上の試練を経験することになる。そのため、選挙活動を通して「自身が成長できる」という解釈が可能になる。

創価学会員であった人が組織に推薦されて公明党議員に転身する際に、「挑戦」や「使命」という言葉を使うことはすでに確認した通りである。これも、「選挙」を「成長の機会」ととらえる考え方の文脈にある。

創価学会員ではない友人に自らを創価学会員であると明かして支援を呼びかける支援活動は、「そりゃあ勇気がいる」（二〇代後半の男子部員）〔村山・原田　一九九五：六九頁〕行為であるわけだが、選挙活動が信仰活動の一環だと受け入れていれば、「選挙はしんどさ半分。イベント気分が半分。若い学会員には、しんどいと感じる人が増えている。でも、一票を取るのは新聞を一部啓もうするのと同じ。とくに地方選挙となると、一票の重みが大きいため、信心を鍛えられる醍醐味がある」(二〇代の男子部員)という捉え方にもつながる。

◇類型7　選挙活動とは、実利のある活動

「手段的目標」と「個人の信念」を強く重視する類型である。

公明党議員の活動の項目で確認したように、公明党議員は地域住民の声を聞き取り、身近な道路の補修などの細かい点においても「実績」を出すような活動を実施している。地方議員を支援し、当選させるということは、そのような「地域サポート」を提供してくれる存在を生み出すことになる。この点を重視し、実際にその益を受けた場合、実質的な利益を支援者にもたらす活動だと解釈することが可能になる。「個人の信念」に反していても参加することがあるので、この類型の場合は特に「個人の利益」という表現の方が適切かもしれない(もっとも、利益を優先する考え方も一つの信念である)。両親が熱心な創価学会員だが、選挙活動をするのは母親のみであるとする匿名[二〇一八]の書き込みは次のように書いている。

ちなみにこのところの公明党については学会員の間で非常に批判されている。いい加減自民から離れろというのが末端の学会員の思いのようだ。実際投票の呼びかけも拒否されることが増えてきているらしい。

母も公明党には批判的だ。だが選挙活動には参加している。

理由は地方選挙。すぐに意見を通せる地方議員というのは本当に頼りになる。近所への街灯設置から、堤防などの公共事業、その他地元の情報入手など意見を通す窓口が無いことは大きな不利益になる。生活に直結しているだけに選挙活動への協力は仕方ないといったところだろう。

このような考え方も、創価学会員が、特に地方選挙において、公明党が推薦する候補者を支援する理由を構成する部分である。それだけに、公明党議員は、支持者である創価学会員に対して目に見えて「実利」を返していると認識してもらえるように「実績」を示す必要に迫られているのである。

◇類型8　選挙活動とは、個人の判断で行うもの

「宗教的目標」と「個人の信念」を強く重視する類型である。

選挙活動を信仰の一環と解釈する創価学会員は多いが、全員がそのような解釈を採用しているわけではない。選挙活動を信仰を証明する活動と認めない、学会員も存在する。

類型4の「選挙活動は功徳」という考え方を持つ学会員がいるという例で引用した元学会員の雅彦［二〇一七］は、自分自身の考えとしては、「そんな風潮に対して昔から違和感を覚えていた。私の意見は『選挙活動はあくまでも政治活動であり、信仰とは一線を画したものであるべきだ』と思っていた」と述べている。

筆者が現役の学会員にインタビュー調査をしている際にも、人数は一〇〇人に一人か二人程度と非常に少ないものの、選挙における支援活動について、「信仰とは別のものであると考えている」「自分自身は、公明党だからということだけで投票はしない。政策を検討して支持できるかどうかで投票を決めている」と、選挙活動と信仰を明確に切り離して捉えていると話す人が複数いた。

この類型のような解釈をする人は、仮に公明党や候補者の政策が「宗教的信念」からみて理にかなっていると考えれば、公明党を支持する場合もあるし、他者に支援を要請する場合もあり得るということだが、その支援理由は「創価学会の組織の意向に沿って行動する」というところにはないのである。

四　まとめ

本章では、創価学会の選挙活動の信仰上の位置づけについて、①創価学会の組織、②公明党議員、③創価学会会員のそれぞれの見解を関連書籍等から読み取り、確認してきた。

そのバリエーションは、図1に示したとおりである。

実際に多くの創価学会員に対する調査票調査、聞き取り調査、参与観察調査を実施・分析したうえで作成した図ではないため、網羅的に創価学会員がとり得る解釈、意味づけがとらえきれているとは限らない。「宗教的目標／手段的目標」、「組織の意向／個人の信念」という軸よりも、もっと適切な分析軸がある可能性もある。とりあえず、本稿では、これまでの創価学会における選挙活動に関する議論から導き出せる論点を利用して、このような図式で、ありうるバリエーションの可能性を示したに過ぎない。

とはいえ、宗教団体に所属する信者は教団の意向に盲目的に従っているわけではなく、教団組織も多様な反応を示す可能性のある信者たちに対して、如何にしたら組織運営側が思うとおりの行動をしてくれるのか、試行錯誤しながら対応している（時には、「反乱分子」とみなした信者の組織からの排除という方法がとられる）。この対応の在り方、方向性について考察するための一つの論点は示せたのではないだろうか。

対する一人ひとりの信者も、日々の宗教活動の中で常に何らかの形で自分自身と教団との関係性や距離を測りながら教団活動に参加している。具体的なそれぞれの場面においては、信者全員が教団の意向と自分自身の信ずるところ、大切にすることをすり合わせながら、自らの行動を選んでいる。このことをより具体的にイメージするための参考点も示せたのではないか。

本書第一章で示した「創価学会のレジリエンス」の第四の要因では、創価学会が政治に参画することで信者を含む社会層に福祉や社会保障の資源を届けることに成功している点、第五の要因としては、「宗教集団としての心理的・社会的結束力を確認する」手段として「選挙戦を活用」している点を挙げているが、信者側の受け止めの内実は多様であるといえる。ただし、このような多様性を含みこめる点も組織としての「レジリエンス」の要因ともなっているだろう。

一方で、近年の自民党との連立政権下の公明党の対応は、一部の創価学会員にとっては、ますます許容できない範囲となっており、公然と反対を表明する人も現れている。創価学会組織は公明党支持を継続しており、公然と反対する人を積極的に取り込む姿勢でもないようである。しかし、信仰上の活動として選挙活動に意義を持たせる以上、教団が説明責任を免れることはあってはならないのではないだろうか。教団側の信者への誠実な対応が望まれる。

注

（1）塚田［二〇一八］は、このような社会改良の指向性自体は、戦後の神社界、仏教界、キリスト教会においても同様にみられると指摘している。
（2）しかし、本来この型は独自路線を歩みやすく連携などには向かないため、他党との連立を長期に渡って実現している創価学会・公明党は特殊な例であるとも評価している［塚田　二〇一八］。
（3）れいわ新選組から二〇二〇年七月に離党し、二〇二一年一月に創価学会から除名されている。
（4）創価学園や創価大学などの創価学会系教育機関では、「宗教教育はしていない」というが、「創立者教育」は積極的になされている。創立者とは池田大作である。「池田大作公明党創立者」という捉え方は、この手法と同様と考えられる。
（5）そのうち、「夜回り先生」で知られる水谷修は、安江［二〇一八］と、しもの［二〇一八］の対談相手の一人となっており、「あなたたちほど強い党は、他にはないんです」［安江　二〇一八：一〇六］など、「公明党」への強い信頼と期待が水谷の言葉として述べられている。
（6）浅山［二〇一七］がこの後に指摘している通りに、二世以降の信者は、その家庭の状況によっても異なる。親や祖父母世代の信仰に影響を受けた育ちを持つ人びとは、さまざまな苦悩を伴う経験をしていることが多いが、この問題に関する研究はあまり多くない。猪瀬［二〇〇二、二〇一一］は多少なりともその問題をとりあげたものではあるが、今後もこの研究課題を継続する必要性は認識している。

文献

浅山太一［二〇一七］『内側から見る創価学会と公明党』、ディスカヴァー・トゥエンティワン。

池田大作［一九七八］『人間革命　第九巻』、聖教新聞社。

池田大作［二〇〇四ａ］『新・人間革命　第五巻』、聖教ワイド文庫。

池田大作［二〇〇四ｂ］『新・人間革命　第九巻』、聖教ワイド文庫。

池田ＳＧＩ会長指導選集編集委員会［二〇一五ａ］『池田ＳＧＩ会長指導選集　幸福と平和を創る智慧――第一部（上）』、聖教新聞社。

猪瀬優理［二〇〇二］「脱会プロセスとその後――ものみの塔聖書冊子協会の脱会者を事例に」、『宗教と社会』八、一九～三七頁。

猪瀬優理［二〇一一］『信仰はどのように継承されるか――創価学会にみる次世代育成』、北海道大学出版会。

石川ひろたか［二〇一〇］『未来への羅針盤』、鳳書院。

上遠野充・小此木律子［一九九五］「本邦初！　三〇〇人アンケート調査　学会員のホンネを聞いてみました」、『別冊宝島』二二五、一〇一～一一二頁。

大下英治［二〇一四］『公明党の深層』、イースト新書。

かわの義博［二〇一三］『おむすび魂』、鳳書院。

北川紘洋と五月会［一九九五］『誰も知らない　創価学会の選挙――となりの学会員の汗と涙の物語』、はまの出版。

公明党史編纂委員会［二〇一九］『増補版　大衆とともに――公明党五〇年の歩み』、ＫＯＭＥＩ。

里見りゅうじ［二〇一六］『愛知の未来をつくる――すべては「ひとり」のために』、潮出版社。

島薗進［二〇一七］「神道政治連盟の目指すものとその歴史――戦後の国体論的な神道の流れ」、塚田穂高編『徹底検証日本の右傾化』、筑摩書房。

しもの六太［二〇一八］『国は人がつくる　人は教育がつくる　君のために走り続けたい！』、鳳書院。

鈴木広［一九七〇］『都市的世界』、誠信書房。

聖教新聞社編集局［二〇一六］『新会員の友のために　創価学会入門』、聖教新聞社。

創価学会広報室［二〇二〇］『二〇一九年活動報告 SOKA GAKKAI Annual report』、創価学会広報室。

創価学会・公明党を糾すＯＢ有志の会編［一九九七］『創価公明党との決別――ＯＢ議員の赤裸々な体験集』、人間の科学社。

創価学会の明日を考える有志の会［二〇二〇］『創価学会よ、大改革を断行せよ！』、Parade Books。

高瀬ひろみ［二〇一六『SMILE スマイル――未来へ、福岡から。』、鳳書院。

高橋みつお［二〇一八］『世界を駆けた確かなチカラ（即戦力）。』、潮出版社。

塚田穂高［二〇一八］「第一章　宗教が政治に関わるということ」、西村明編『いま宗教に向きあう2　隠される宗教、顕れる宗教　国内編Ⅱ』、岩波書店、三一～四八頁。

中野毅［二〇〇三］『戦後日本の宗教と政治』、大明堂。

中野毅［二〇一四］「戦後日本と創価学会運動――社会層と政治進出との関連で」西山茂編『近現代の法華運動と在家集団』、春秋社、二九一―三二一頁。

中野潤［二〇一六］『創価学会・公明党の研究――自公連立政権の内在論理』、岩波書店。

西山茂［二〇一六］『近現代日本の法華運動』、春秋社。

野口裕介・滝川清志・小平秀一［二〇一六］『実名告発　創価学会』、金曜日。

三浦のぶひろ［二〇一六］『未来をつくる、新しい風。』、潮出版社。

村上重良［一九六九］『日本の政党Ⅲ　公明党』、新日本新書。

村山和雄・原田信一［一九九五］「学会と政治――これが学会選挙の舞台裏だ！」、『別冊　宝島　となりの創価学会　内側から見た「学会員という幸せ」』、六八～七四頁。

薬師寺克行［二〇一六］『公明党――創価学会と50年の軌跡』、中央公論新社。

安江のぶお［二〇一八］『三一歳。明日への挑戦。』、潮出版社。

URL

けいすけ［二〇一八］「お母ちゃんと中野さんがお話しする（入会後一部：第一三話）」、『うっかり創価学会はじめました』https：//start-soka.com/2018/03/10/started-13/（二〇二一年九月三〇日最終アクセス）。

公明党［二〇二一］「所属議員」https：//www.komei.or.jp/member/（二〇二一年九月三〇日最終アクセス）。

佐津川剛［二〇二〇］「創価学会を除名された元幹部たちが実名告発…「幹部が官僚化・権威化」「池田氏の精神ない」」、『Business Journal』https：//biz-journal.jp/2020/03/post_144189_4.html（二〇二一年九月三〇日最終アクセス）。

神道政治連盟 https：//sinseiren.org/index.html（二〇二一年九月三〇日最終アクセス）。

総務省［二〇二一］「政党一覧（9団体）」https://www.soumu.go.jp/main_content/000717993.pdf（二〇二一年九月三〇日最終アクセス）。

雅彦［二〇一七］「創価学会員の選挙活動」、『創価学会と日蓮仏法と活動』http://soukaism10.blog.jp/archives/17650852.html（二〇二一年九月三〇日最終アクセス）。

匿名［二〇一八］「創価学会員の選挙活動」、『はてな匿名ダイアリー』https://anond.hatelabo.jp/20181003132753（二〇二一年九月三〇日最終アクセス）。

第四章　「破られた契約」――路線変更とその現在

Chapter 4 : "The Broken covenant"— Changing Lines and Its Present

栗津賢太
Kenta Awazu

一　はじめに――二〇一五年九月一七日国会前

契約は、結ばれると殆んど同時に破り捨てられてしまった。アメリカ人は長い間、この事実から目を外らし、契約が破棄されているということを何とか否定して来た。しかし、今日では、この契約破棄は、誰の目にも明らかな事実である。〔ロバート・ベラー『破られた契約』：二五〇頁〕

二〇一五年九月一七日、「戦争させない・9条壊すな！　総がかり行動実行委員会」が主催する国会議事堂前のデモの先頭に設置された挨拶台の上で創価学会員である天野達志が憤りを込めて次のように語った。

私はね、今日、申し上げたい！　私の両親は創価学会員です。その流れもありまして、私は生まれた時から創価学会員でした。こんなことをね、みなさんの前で、『私は創価学会員です』なんて、言うことありませんよ、普通は。なんでこういうことを言わなくちゃいけなくなったんですか！

私はね、公明党を応援していました。公明党というのはね、本来、平和の党で、人間の命を守る、戦争は絶対反対だって、そういう仏法の根幹の命をもって、公明党が誕生したんじゃありませんか！　しかし、今の公明党はなんなんだ！

私たち学会員は、騙されたんだ！

おかしいじゃないか、こんな法案。戦争法案じゃないか！　なんで私たち学会員が、こんな戦争法案を進める公明党を応援しなくちゃいけないんだ！　ふざけんな！[1]

「私たち学会員は騙されたんだ！」。彼はなぜそのようなことを叫んだのだろうか？　本章はそれに答えるための試論である。

二　創価学会の政治進出と組織構造

戦後の創価学会はその運動の初期から、革新陣営によって広く知られるとともに脅威の目で見られていた。

創価学会の参議院選挙・地方選挙での驚異的進出は、革新陣営に衝撃を与えた。労働組合の活動家は、「組合の活動家の動きにくらべて、新興宗教の信者の熱心さは驚くほかない。毎日やってきて、三時間でも四時間でもくり返しくり返し説得を続けている。あれだけの熱心さがわれわれの仲間にあれば、もう少し組合もしっかりするのだが」と嘆声を発している。同じく大衆が活動していながら、このような差がどうしてあらわれたのであろうか。ここにこそわれわれが深く考えねばならない問題がある。〔高木　一九五九：ii頁〕

昭和二十七年に会員は一万世帯に増加し、また青年部の部隊、参謀室、教学部の機構がつくられた。二十九年富士の裾野で、戸田は白馬にまたがって青年部隊一万三千名の閲兵をおこなった。三十年には北海道小樽において、身延山派と宗論対決をおこなったが、これを創価学会では「小樽問答」とよんでいる。このときの強引な押しと、宣伝による見せかけの勝利が大衆の心をとらえ、創価学会の「正しさ」を大衆に納得させる結果となったので、このときからいわゆる集団折伏が全国で展開されるにいたった。また、この年から選挙にも進出しはじめ、都会議員一名、区会議員三十三名、全国の市会議員十九名が当選した。［高木　一九五九：七三頁］

当初、創価学会はタテ線といわれる人間のつながりを組織構造の基本としていた。それは折伏した者（親）と折伏された者（子）の関係性によって活動を促していく組織構造であった。この親子関係の組織は、いわば点と点をつなぐ線的な組織構成である。一方、ヨコ線といわれる地区単位で把握されるブロック制の組織は面の組織といえるだろう。これは行政単位としての自治体上の地域と重なっているため、選挙支援において重要な基盤となる。世帯として信者数を把握することもこうした地区制と整合性がある。J・W・ホワイト（Jomes W.White）によるレポートにあるようにこれは選挙支援活動において非常に重要である［ホワイト　一九七一］(2)。

このタテ線からヨコ線への以降は少なくとも一九五六年（昭和三一）の段階ではすでに実施されていた。

集団折伏に代って、三十一年から強化されはじめたのは組の座談会である。組は一番末端のいわば細胞組織で、十五名ないし二十名を限度として細胞分裂を行い、つぎつぎと増えてゆく。ここで活動家が養成される。数組でブロックをつくり、数ブロックが班、数班が支部、支部が本部に直属するかたちで教団組織が形成されている。このほかに、教理についての専門家を養成する目的で教学部がつくられ、教学部の部員は必要に応じて班・組の集会へ出かけて理論的な指導をすることになっている。このような組織はほぼ昭和三十一年に完成され、この組織の威力にもとづく折伏の成果は、昭和三十四年の参議院選挙では六名の議員を、地方議会へは七百名の議員を当選させ、会員数は実質的に五十万人といわれるほどに飛躍した。［高木　一九五九：七四〜七五頁］

森岡清美によれば導き系組織からブロック制度への移行は立正佼成会にもみられるものであり［森岡　一九八九］、これは累積的ではなく革新的（innovative）な、突然変異的な転換だと考えられている［猪瀬　二〇一五。大西　二〇一二。寺田・塚田　二〇〇七］。ともあれ、高木の創価学会評価は次のように進む。

しかるに、昭和三十年の地方選挙および参議院選挙では、創価学会が大衆への大きな影響力をもつことを実証し、昭和三十四年の参議院選挙では、共産党の全国得票数五十五万票に対し創価学会は二百五十万票を獲得した。すなわち新興宗教は、組織力と行動力とにおいて革新陣営を凌駕するものであることが、人びとの前に明らかになった。そこで人びとは、一体なにが新興宗教をこれほど強力ならしめたかについて強い関心をよせている。［高木　一九五九：六〇頁］

昭和三十四年の地方選挙および参議院選挙において、創価学会は大きな勝利をしめた。また、他の新興宗教も表面にあらわれていないけれども、保守陣営の勝利のために大きな役割を演じた。選挙後は自民党はもとより社会党の政治家たちも、新興宗教の組織力を利用しようと積極的に働きかけている。この意味で新興宗教の反動的役割は今後もますます大きくなるとみなければならない。〔高木　一九五九：二〇三頁〕

ここでいう一九五九年（昭和三四）六月二日に行われた参議院（東京都選出）議員選挙開票結果では、当選したのは次の四人である。(3) 創価学会系無所属の柏原ヤスが市川房江を大きく引き離してトップ当選している。自民も社会も共産もその得票に遠く及ばなかったことがわかる。ちなみに市川（一八九三〜一九八一）は、戦前から日本の婦人参政権運動（婦人運動）を主導してきたことで知られる教育者・政治家である。

（1）	柏原ヤス（女）	四二歳	無所属	東京都得票数	四七万一四七二票
（2）	市川房枝（女）	六五歳	無所属	東京都得票数	二九万二九二七票
（3）	鮎川金次郎（男）	三〇歳	自由民主党	東京都得票数	二五万六六〇二票
（4）	黒川武雄（男）	六六歳	自由民主党	東京都得票数	二五万四五〇二票

鶴見俊輔は創価学会の活動の特質や民衆動員の方法について次のように評している。

創価学会は、戦前日本の軍隊、在郷軍人会、青年団、少年団、さらにそれらを最終的に一本に編みあげた大政翼賛運動の思想から多くのものをゆずり受けた。その共同体信仰。行動力。論争形式。それらは、敗戦直後、誰もゆずり受けて住もうとしない廃屋として、誰も利用しようとはしないがしかし依然として存在する国民的慣性としてそこにあった。その国民的遺産をそっくりそのまま、創価学会がゆずり受けたのである。［鶴見ほか　一九六三］

鶴見の議論は、人的・社会的・文化的なあらゆる資源を合理的かつ均一的に配置・運用する総力戦によって社会システムの近代化が推し進められたとする後年の山之内やコシュマンらの議論［山之内ほか　一九九五］とも一致するが、鶴見によれば、創価学会においてはその目的・中身が異なっているという。

しかし、それら旧日本とおなじ慣性の用途は変えられた。たとえば、天皇家だけでなく……新興宗教……旧仏教……諸芸術流派にまで残っている世襲制度に、一顧だに与えず、これを越えたことである。牧口会長から戸田会長へ、さらにまた池田会長へのバトンわたしは、運動を進める実力に応じておこなわれた……このことなどは戦後日本の民主主義の思想に忠実なものといえよう。……軍事的国家への途を歩む方向のかわりに、平和憲法の擁護を目標としていることも、戦前との明白なちがいである。〔鶴見ほか　一九六三〕

創価学会が、戦前・戦中的な民衆動員の方法を使い、教勢の拡大と選挙運動において大きな成功を収めた宗教運動であったことに留意しておく必要があるだろう。(4)

三　教団ライフサイクル／コース論

創価学会に関する組織形態論的な機能分析はすでにこれまでの研究において一定の蓄積があると考えられる。また、教義体系の変遷などの分析もあり、それらはひとつの教団としての創価学会を特徴づけるという意味では有効である。つまりこれまでの研究では、組織の機能分析や教義の変遷、その論理構造を明らかにしてきたといえるであろう。

猪瀬優理は、森岡清美や西山茂、三木英らの議論を批判的に検討し、有効な分析的な視点を提供している。とりわけ累積的な進歩発展では説明のつかない革新の存在、教団の展開と歴史的・社会的な出来事との相互作用、自己決定能力の指摘である。この観点から創価学会の展開を考えてみよう。

これまでの宗教集団の類型論と教団ライフサイクル論が発展段階を持っているという前提を組み

合わせることによって、いくつかの教団の「生得的条件」を持つ教団が、教団内外に生じる歴史的・社会的な出来事にいかに対応してきたか、しうるかという問題を教団の主体的な自己決定能力と外部環境との相互作用との観点から、包括的に論じることを可能にする視点が教団ライフコース論である。[5]［猪瀬　二〇一五：二九頁］

こうした、外的な要因として数えられてきたものに「言論出版妨害事件」がある。[6]この「歴史的・社会的な出来事」に対応した路線変更を明らかにしたものと考えられているのは、一九七〇年（昭和四五）五月三日に日大講堂で行われた第三三回本部総会における池田会長（当時）の講演である。メディアも招待したこの総会において、言論出版妨害事件について行き過ぎがあったことを社会と一般の学会員に対し謝罪し、合わせて、いわゆる政教分離についても説明し、政治進出は大衆の福祉のためであること、国立戒壇の表現を廃止し、将来ともに使わないこと、公明党も創価学会も日蓮正宗の国教化を目指すものではなく、国立とは民衆立の意であること、また将来においても国立を目指すものではなく、国会の議決にも依らないこと、信教の自由を擁護すること等が宣言された。

長時間に及ぶこの講演において、池田は自らの主張を展開していく。創価学会の世界観において、この出来事がいかなる意味があると捉えられていたのかを理解するには、むしろこちらの方が重要である。この総会は会長就任一〇周年にあたるものであり、会員七五〇万世帯が達成されていること。法体の広宣流布は完成期、総仕上げの時期に入ったのであり、もはや教勢拡張に終始する時ではなく、ひとりひとりの社会での成長が、最も望まれる時運となってきたと述べる。

こうして、本尊流布を主とした法体の広宣流布に対し、化義の広宣流布の時代に入ったことが宣言された。それは社会に文化の源としての妙法が具現することである。政治がすべてではなく、七五〇万世帯の人々が社会で価値を生んでいくこと、広宣流布は妙法の大地に展開する大文化運動である。それゆえ私たち創価学会員たちは「社会から遊離してはいけない。一切の人々を抱擁し、一切の人々と協調する」存在であらねばならないし「社会に信頼され、親しまれる学会をモットー」としなければならない。

こうした方針を、言論出版妨害事件で風当たりが強くなったことからくる変更であり、単なる世間向けのプロパガンダであるとする評価がこれまでは研究者の間でも一般的であった。しかし、これは組織の維持・運営、活性化に必要な活動を生み出す基本的な方針となっていく。その延長線上に多くの反戦平和活動、教育文化活動が活発に展開された。民音や富士美術館、東洋哲学研究所が開設され、また教育機関（創価中学校、創価高校、創価大学）が文部省に認められ、開学した(7)。

このことは、これまでの分析にみられるように貧・病・争の悩みを持つ都市下層民が自らの成功と幸福の実現を願って入信したこととは矛盾していない。それらの活動に、池田は宗教的かつ文明論的な意味と使命感を与えたのである。

こうした innovation はいつ頃から始まったのかは難しい問題であるが、言論出版妨害事件以前から、少なくとも池田会長体制以降には、こうした革新は進められていた。

一九五八年（昭和三三）五月三日第一八回春季総会における会長講演では「釈尊の予言は虚妄ではない、日蓮の出現、戸田、創価学会の出現がそれを証明している」と述べている。そして戸田になって、「創価学会は七年毎に大きい歩みをしてゆく、七つの鐘を打て」と指導する。

一九三〇年（昭和五） 創価教育学会創立（牧口著『創価教育学体系』第一巻発刊）
　第一の鐘
一九三七年（昭和一二） 創価教育学会結成 支那事変
　第二の鐘
一九四四年（昭和一九） 牧口会長獄死
　第三の鐘
一九五一年（昭和二六） 戸田会長就任
　第四の鐘
一九五八年（昭和三三） 戸田会長逝去（四月二日）
　第五の鐘
一九六五年（昭和四〇）
　第六の鐘
一九七二年（昭和四七）

第七の鐘
一九七九年（昭和五四）

一九六四年（昭和三九）五月三日に行われた第二七回本部総会では、「次の七年を王仏冥合の総仕上げの時期」と位置づけ公明政治連盟を一歩前進させて政党にし、衆議院に進出することが宣言された。創価学会内に設置された文化局政治部を廃止、公明党を立党し衆議院に出馬することは、まさしく「王仏冥合の完成」のためであると考えられていたのである。

公明党は右にも左にもよらない中道を目指すものであり大衆福祉を「骨髄」とするものとしている。創価学会は支持団体であり、「信心はあくまでも信心、政策はあくまでも政策」とし、会員の公明党支持の自由を担保し、「政策に異論を唱える人も抱擁する」ことが重要だと訴え、「夢にみた良い社会を建設」するという希望を呈示している。そして七年毎に創価学会は発展し、広宣流布が達成されているとして昭和四六年に第六の鐘を完成させることが目標であると述べている。

一九六八年（昭和四三）九月八日に行われた第一一回学生部総会の講演は、日中国交正常化の主張が有名であるが、この日は「世界の民衆は生存の権利を持っており、核兵器を使用した者はサタンであり、悪魔である」とする戸田城聖の「原水爆禁止宣言」（一九五七年九月八日）につながるものであった。講演では、ナチス・ドイツを批判し、フランスの学生運動を紹介し、チェコの軍事介入事件、ベトナム戦争を批判しソ連・アメリカの大国主義を批判・否定し、小国の犠牲によってはならないと主張している。そして、混乱する世界にあって王仏冥合が必要であることを主張している。公明党の掲げる中道主義や、創価学会の掲げる第三文明や世界民族主義が世界平和実現のために希求されていること等が主張されている。

四　創価学会におけるユートピア／千年王国

戦後の新宗教教団におけるナショナリズムを横断的に比較研究するための分析概念として、塚田穂高は「ユートピア観」という重要な視座を導入している。また塚田は、創価学会については次のように結論づけている。

戸田城聖と創価学会の基本的世界観には、日蓮正宗教学と正法意識に基づいた独自のナショナリズムとユートピア観があり、その政教一致的な理想実現のために独自の政治進出の道が取られた。〔塚田　二〇一五：一三五頁〕

「民族救済」「国立戒壇」「広宣流布」、そして創価学会と公明の「永遠の一体不二」。これらの基点としての理念はどこかに行ってしまったのか。それとも、姿形を変えて底流を流れ続けているのか。宗教運動—政治運動は、ひとたび強い理念と決断のもとに動き始め（しかもある程度の

「成功」を収め）ると、立ち止まることは容易ではない。創価学会と公明党のこれからは、本書の問題関心のこれからを、示唆しているにちがいない。［塚田　二〇一五：一五九頁］

塚田はこのように指摘し、ユートピア観念が表舞台から姿を消したと考えているが、「これらの基点としての理念はどこかに行ってしまったのか。それとも、姿形を変えて底流を流れ続けているのか」という反語的な表現からは、むしろ「政教分離」以降も創価学会において保持されたユートピア観に関心を示している。この点は重要である。そしてユートピアという概念よりも、フェスティンガー（Leon Festinger）のいう千年王国運動（Millenarianism）の概念で捉える方が創価学会の世界観をうまく対象化できるだろう。つまり分析の視角として着目すべきは創価学会の千年王国運動的性格である。[8]

創価学会には千年王国運動的な性質がある。立正安国論が一種の予言書であったように、日蓮の仏教を引き継いだ創価学会にはこうした予言的要素は色濃く刻印されている。戸田が折伏大行進という大規模で集団的な折伏活動を推進して教勢を伸ばし、王仏冥合、国家（国立）戒壇を唱え政界に進出したのも、敗戦、民主化、信教の自由の保障という戦後世界において広宣流布が実現するという確信のもとに行われた。「広宣流布の機が熟した」のである。[9]しかも、理想郷の実現は、はるかな遠い未来ではなく、ごく間近に迫っていること。そしてそれを実現することが創価学会の使命であるという認識があった。創価学会は仏意仏勅の団体、地湧の菩薩という言葉にはそうした含意があるのである。

立正安国論をはじめ、日蓮の著作が末法思想に基づいた一種の予言書でもあることもその「生得的な条件」であったであろう。また、富士門流が日蓮系教派の中でもとりわけ排他主義的で唯一の真理を持つ教派であるという認識であったことも、そうした生得的条件であったであろう。それゆえ、多くの人々を動員することができたのである。わずか七年で、三〇〇〇人程度の会員を七五万世帯にまで拡大できたのである。

このような千年王国主義的な性質においては、政治革命でさえ、総体革命の内の一分野に過ぎないと位置づけられることになる。戸田の提示した預言者的な性格、千年王国主義的な性質は池田時代になり、より一層具体化されていく。それが「七つの鐘」という指針であったのである。これらの基底には千年王国的な意識があったと考えられる。

そしてフェスティンガーが指摘するように、予言は繰り延べられる。

一九七七年（昭和五二）五月四日の会長就任一七周年記念勤行会では、西暦二〇〇〇年、創立七〇周年を目標に万年に渡る広宣流布が主張される。王仏冥合の実現、広宣流布の達成、七つの鐘、希望の二一世紀……。かくして、各地で大規模な青年文化祭、平和文化祭が行われ、学会歌や出版物等、創価学会のサブカルチャーは二一世紀を目指して高らかに世界平和や青春を歌った。報告者もそうであるが、天野や浅山太一もこの一九六〇年代終わりから一九七〇年代以降に強調されてきた路線の中で育った世代である。

二〇〇一年（平成一三）一一月一五日に開催された第五一回本部幹部会では次のように語られた。

「広宣流布は『末法万年』の長期戦であるゆえに、五〇年、一〇〇年単位で展望しながら、『今』を勝っていくことが正しい軌道だからである。私は万年を見つめて、着々と手を打っている」／「はるかな未来のためにも、二〇〇一年からの最初の七年間が大事である。／どうか、「七つの鐘」とともに、自分自身の目標、わが使命の地域の目標を大きく掲げながら、大いなる境涯を開き、大いなる福徳を積み、大いなる歴史を残していただきたい」。

五　二つの創価学会——新たな路線の模索

もちろん、これらの新しい路線が制度化される過程は別にある。高橋篤史が近年指摘しているように、反戦・平和主義者としての牧口の殉教神話と創価学会創立記念日の強調、師弟不二の強調である[(10)]。

その一方、創価学会は政党組織として独立した公明党の支持基盤となった。ただし、浅山によれば、公明党支援は『聖教新聞』紙上からも姿を消し、「隠語化」されていったという［浅山　二〇一七］。確かに表向きには姿を消したが、その支援には一層の人的資源が導入されていった。同時に、公明党支援の理由や教学的な位置づけは『立正安国論講義』という形となっていった［池田　一九六六］。公明党の立ち位置は中道保守というものであったが、社会状況が反映されているものであり[(11)]、当初は安保体制の段階的な解消も掲げられていた。

アメリカ大使館や中央情報局（CIA）は日本の政治状況に関心を抱いており、これには副会長レベルが対応していた。機密解除されたアメリカの公文書やウィキリークスによって流出した文書によると、アメリカ側の関心は公明党、ひいては支持団体の創価学会が過度の平和主義となり日米安全保障体制にとっての脅威とならないかというものであった。[12] 創価学会側は、一貫してそれが杞憂であることをアメリカ側へ告げている。ただ、これらはあくまでも水面下で行われていたことであり最近まで知られることはなかったし、公式に創価学会が認めたこともない。

こうして、戦前の「赤化教員の転向」の機関として、あるいは戦後の「反共の砦」としての創価学会と、反戦・平和主義の創価学会という二つの像が存在する。また、こうした「二つの創価学会」の存在は、様々な形で指摘されてきた。

かくして、「創価学会は二つあるんです。一つは不透明な信濃町、もう一つはわれわれの現場」とある学会員が溜め息まじりにもらすこととなり、「秘密もなく自由な雰囲気の末端」と世間の「学会イメージ」とは隔たってしまうことになる。（中略）なぜ、学会の現場と社会のイメージとの間には大きな隔たりが生まれたのだろうか。それを探っていくと、東京・信濃町にある創価学会本部（以下、信濃町本部）と末端組織の隔たりに突き当たる。それは、学会そのものを生業としている人たち、つまり職業革命家ならぬ宗教でメシを食う職業宗教家と、ほかに職を持ちながら地域で地道に学会の活動をしている人たちとの隔離、と言い換えてもいい。［米本 一九九五：

四七〜四八頁〕

公明党の母体となり、また現在でも支持母体としての創価学会の政治活動は、新たな分断を創価学会内部にもたらしてもいる。公明党が野党であった時代は反権力の外面を保つことができ、個々の政策やスキャンダルについては政権批判もし、福祉政策の推進によって創価学会員以外からも一定の支持を得ることもできた。それは公明党の主張と創価学会員による支持の理由とが一致していた幸福な時代であったのだろう。

近年、島薗進はこうした公明党と創価学会とがたどってきた政治的な位置について、その六〇年ほどの歴史的な変遷を次のように記述している。

もともと公明党は保守と革新の二大勢力が張りあう「五五年体制」、また世界的には自由主義と社会主義の冷戦構造の下で、「仏法中道論」や「第三文明」を掲げ、中道路線をとっていた。（中略）ところが、その後、公明党の立場は大きく変わる。そのもとをたどると、言論出版妨害事件以降、しばしば公明党と創価学会は政教一致の点において攻撃され、池田名誉会長は証人喚問を求められそうになった。公明党と創価学会は、そのことで諸政党に批判されたが、とりわけ自民党による批判が脅威となった。非自民の立場に立つ限り、自民党からこの側面で大きな打撃を受ける可能性があった。折しも一九九六年から衆議院選挙が小選挙区制となると、自民党が公明党に接近し、公明党は自民党と組むことのメリットを選ぶようになり、一九九九年以来、自公連立政権の与党の立場を目指すようになった。

しかし、自民党の右傾化が進み、平和主義や中道主義との齟齬が目立つようになると、公明党の独自色を出すことが容易でなくなってくる。自衛隊の海外派兵や集団的自衛権の否定など、池田名誉会長の発言してきたことに反するような政策にも従うようになると、創価学会員の中には自公連立を支持できないと考える人が増えてくるようになる。創価学会の中には衆議院選挙からの撤退を求める声もある。

また、選挙活動がそのまま信仰活動となり、公明党から多くの当選者を出すことが、教団組織の主要な活動となるような傾向への批判も高まっている。元来は「立正安国」を動機とするものだったとしても、実際には教団の組織維持を動機とする特殊な信仰活動のために、日本の政治が動かされることになる。熱心な信徒が得票数を増やすために時に高齢者や病人までも選挙に駆り出したり、選挙での投票の依頼のためにふだんからさまざまな活動が行われる傾向も目立ち、集団の構成員の数に相応しない大きな政治的影響力を行使していることへの批判が絶えない。その批判をかわすために与党である自民党に与することは、ますます集団利益のために政治が利用されるとの懸念を増幅する結果を招いている。〔島薗 二〇二〇：五五～五七頁〕

近年レヴィ・マクローリン（Levi McLaughlin）は『創価学会の人間革命』において、創価学会は、単なる仏教運動ではなく「日蓮仏教の在家運動」と「欧米から輸入した近代的ヒューマニズム」という二つの文化的な遺産の複合体であると指摘している［McLaughlin 2020］。[13] そして、創価学会は「模倣国家（Mimetic Nation）」であり、そこでは近代の膨張主義的な帝国主義的原理と人文主義的なヒューマニズムという二つの原理が混交しているという。このような「模倣国家」として創価学会を考えると、こうした二面性についてよりよく理解できるかもしれない。

かつて武田清子は近代天皇制国家を「二頭立ての馬車」と表現した［武田　一九八六］。それは五箇条の御誓文にみられる「開明的な原理」と、それを天地神明に誓うという「専制的な原理」が明治期に形成された近代日本国家には存在しているという指摘である。これはおそらく創価学会にもあてはまるであろう。

革新であった予言の繰り延べも、もはや多くの会員たちを鼓舞させる力を失っている。それに代わる明確なビジョンを現在の創価学会は呈示できていない。その理念の提示はあくまでも池田名誉会長の個人的なカリスマによって提示され維持されていたため、池田が表舞台に姿を現さなくなったことで停滞してしまった。創価学会が外資系コンサルタント会社に将来の運営方針の策定を依頼したというスキャンダルも、こうした状況下では真実味を帯びている。

また、日本の人口構成体全体に押し寄せる少子高齢化の波から創価学会も逃れることはできないであろう。そうした会員の減少は末端での組織維持の疲弊化となってすでに表れている。それでも公明党が政権与党となったためにほとんど全ての選挙と国会運営において、創価学会は保守政治を補完し続けている。安保法制、共謀罪の強行採決、沖縄地方選・県知事選、県民投票において、基本的に国家が進める強硬路線を支持し続けている。新自由主義の政策を推し進め、福祉予算を大幅に削減する政策に加担し続けている。社会階層からみても、そのように捉える創価学会員は少なくないはずであるが、それでも一般会員の平和意識や階層的利益とは矛盾する支援活動を推し進める以外になくなっている[14]。こうしたズレの存在については公明党自身も認めつつある[15]。二〇一七年の公明党の衆議院比例区得票数は六九七万と大きく減少したのはこのことを物語っているのではないだろうか。さらに二〇一九年の参議院比例区得票数は六五三万、二〇二二年は六一八万とこの傾向は続いている。

半世紀以上前に村上重良が指摘した創価学会と公明党の矛盾は、時を経るごとに、母体の教団の宗教性を内側から侵食しているかのようである。

　公明党の結成以後、政治では妥協するが宗教では妥協しない、という政治進出の大原則が、徐々に揺ぎはじめていることは否定できない。それは、政治進出の教義的根拠を、なしくずしに修正することによって、創価学会と公明党の一体性を維持しようとする、矛盾回避の試みといえよう。しかし公明党自体を支配しはじめた政治の論理は、この教義的根拠の自己分解を際限なく要求しつづけるのみでなく、さらには宗教の枠そのものからの事実上の離脱を指向せざるをえないことになろう。〔村上　一九六七：二三〇頁〕

創価学会執行部は二〇一七年一一月一八日から「創価学会会憲」を施行した。その前文では、第二代会長の言葉として、創価学会という団体自体がひとつの仏であり、「創価学会仏（Soka Gakkai Buddha）」であることが宣言されている。

日蓮大聖人の曠大なる慈悲を体し、末法の娑婆世界において大法を弘通しているのは創価学会しかない。ゆえに戸田先生は、未来の経典に「創価学会仏」と記されるであろうと断言されたのである。[16]

あるいは創価学会は新しい組織絶対主義を生み出そうとしているのかもしれない。たとえそれがいびつな形であるにせよ。浅山の分析はそのことをうかがわせる。

創価学会の意思はすなわち仏の意思であり（創価学会仏）、学会員は存在するだけで周囲を平和にすることができるわけで（存在論的平和主義）、公明党は池田先生によってつくられた日蓮仏法をもとにした政党であるのだから（宗教政党への回帰）、たとえ軍事介入政策を容認したとしてもそれは苦悩の末の判断であるから武力行使ではなく（知恵の原理）、そうした同志を信用できないメンバーは本当の味方ではなく（仏法優先原理）、もし現在の組織の決定と過去の三代会長の著作の内容が異なるのであれば真実の弟子が時代に合わせて文章自体を変更できる（弟子の聖筆論）。

〔浅山　二〇一七：二四六頁〕

専制的原理とヒューマニズムのふたつの原理、そのヒューマニズムの原理は多数の人々を勇気づけ、エンパワーメントするような原理であった。その原理によって産み出された天野氏のような人々によって、現在、創価学会は批判されているのである。

六　おわりに

二〇一九年七月二一日に統一地方選、参議院選が実施されたが[17]、創価学会では、その支援のための準備運動を先だってすすめていた。投票日の半年以上前の段階である一月一八日付の『聖教新聞』紙上では、原田稔会長が次のような指導を会員へ向けて行っている。

学会が支援する公明党も、4月に実施される統一地方選に向けて、順次、予定候補を公認。学会としても、党からの支持依頼を受けて、各社会協議会において協議し、支持を決定しているところであります。／大衆の声を政治のど真ん中に反映させつつ、連立政権にあって政治の安定を担う公明党への期待は、ますます高まっております。／作家で元外務省主任分析官の佐藤優氏は、次のように語っています。／「人間主義の価値観に基づいた政策を創造し、表現できる政党は、日本で公明党だけです。公明党の皆さんには今年、単なる勝利ではなく、大勝利を勝ち取ってもらいたい」と。／55年前に立党の基本理念として掲げた、「大衆福祉の公明党」へと前進するのが統一地方選、「日本の柱」公明党へと前進するのが参院選であります。私どもも、まずは4月の統一地方選に向け、全力で支援していきたい（拍手）。［『聖教新聞』二〇一九年一月一八日付］

ここでは学会内部の「社会協議会」において公明党への選挙支援を決定するという経路があり、それを通過したことが発表されている。そして、浅山のいう「隠語化」していた公明党支援を明確に前面に出している。つまり、この指導は、選挙支援活動が創価学会の信仰活動であることを明言するものである。政党が自らの政策実現のために政権入りを目指すこと、それ自体は普通のことである。それゆえ問題は社会協議会に一般の会員が参加できず、信仰活動としての教団を挙げた政党支持という意思決定のプロセスに会員が参加できないことにあるだろう。

一方、天野は活動の拠点を広島に移し、自らの主催する劇団「松風の会」で一人芝居『父と暮らせば』の上演活動、また核兵器廃絶国際キャンペーン（International Campaign to Abolish Nuclear Weapons 略称ｉＣＡＮ）への賛同、特定非営利活動法人ワールド・フレンドシップ・センターとの協働（一人芝居の全米公演等）、いくつかのウェブ・サイトの運営等、活発に活動している。同時に、辺野古米軍基地建設反対のサイレント・アピール、創価学会幹部の実名告発を行った元創価学会本部職員たちの会合にも参加している［野口ほか 二〇一六］。そして、二〇一九年一月一一日、創価学会広島審査会より、除名申請による査問審査の通知が内容証明郵便にて天野に届けられた。通知によれば、創価学会会員規程第七条一項二号の「この会の指導に反し」及び「この会の秩序を乱す行為」、同項四号の「会員としてふさわしくない行為」で、かつ「この会もしくは会員に迷惑を及ぼす行為」に該当する、ものとしている。

二〇二〇年七月、創価学会から天野へ、天野氏のサイトが「『聖教新聞』の紙面や写真を無断で使用しているため、該当箇所の削除を求めるとともに、損害賠償として九〇万八〇〇〇円を支払うように」という通知が届いた。天野は指摘された箇所を削除したが、一〇月に東京地方裁判所から創価学会を原告とする訴状が届いた。天野はこれを「スラップ訴訟」（社会的強者が弱者を恫喝的に訴訟し、言論の封殺や威嚇を目的として行われるもの）であると主張している[18]。二〇二〇年一二月一八日に第一回口頭弁論が行われた。天野は口頭弁論後に記者会見を開き、こうしたスラップ訴訟は天野だけでなく声を上げた複数の会員・元会員に行われていることを明らかにした[19]。その後、二〇二一年四月二三日には東京地方裁判所において損害賠償を命じる判決（令和二年（ワ）第２７１９６号損害賠償請求事件）が言い渡され、同年八月一〇日付、名古屋地裁岡崎支部より「債権差押命令」が送付、天野の銀行の口座は全額を差押えられた。

冒頭に記したロバート・ベラー（Robert Bellha）の引用はアメリカ社会それ自体の象徴的な解釈と現実とのギャップについて考察したものである。ベラーは中命記三〇の以下の言葉を引用してその書を結んでいる。そして「生命こそ選ぶべし（choose life）」がベラーの願いであり、メッセージであった。このことは現在の創価学会と公明党の関係にアナロジカルな洞察を与えるものであろう。創価学会はどちらを選ぶことになるのであろうか。

わたしは、きょう、天と地を呼んであなたがたに対する証人とする。わたしは命と死および祝福とのろいをあなたの前に置いた。あなたは命を選ばなければならない。そうすればあなたとあなたの子孫は生きながらえることができるであろう。［申命記　三〇：一九。原英文、筆者訳］

注

（1）報告者は当日その場に参加していた。また、スピーチの全文は以下のサイトに掲載されている。【スピーチ全文掲載】「創価学会信者の願いを公明党議員が踏みにじるようであれば、落選運動に転じる！」～「戦争法案」に賛成する公明党を徹底批判！　創価学会員・天野達志さんが魂の訴え！（二〇一五・九・一八）https://iwj.co.jp/wj/open/archives/265527（二〇一九年二月一〇日取得）。

（2）後年、ジュマリ・アラムは真如苑の組織構造と創価学会の組織構造とを比較し、次のようにまとめている。「創価学会もかつてはこのような組織形態を採用していたが、教団の膨張と政治進出にともなって、時間と費用の面におけるむだや不便さなどと絡み合い、いち早く地域組織に切り替えたのである」［アラム　一九九四：一八〇頁］。

（3）http://www.city.musashino.lg.jp/shisei_joho/senkyojoho/senkyo_data/sangiin_senkyo/1011260.h tml（二〇一九年二月一〇日取得）。

（4）　創価学会・公明党の政治進出・得票数の変遷については［中野　二〇〇三］［塚田　二〇一五］等の先行研究を参照。

（5）［猪瀬　二〇一五：二九頁］の引用部の文章には一部言葉の重複があったが、ここでは著者の猪瀬氏により修正された版の文章を掲載している。

（6）　一九六八〜七〇年における言論出版妨害事件は藤原弘達『創価学会を斬る』（日新報道出版部、一九六九年）のみではない。植村左内編『これが創価学会だ——元学会幹部43人の告白』（しなの出版、一九六七年）の出版妨害もあった。植村の同書は『新宗教新聞』（新宗教新聞社発行）の連載記事（植村左内「創価学会をなぜ脱会したか顚末記」）に基いており、新宗連（新日本宗教団体連合会）の理事長であった庭野日敬（立正佼成会会長）に対し、創価学会との仲介に入った日本大学会頭の古田重二良の提案が受け入れられ、立正佼成会が回収・買取りし、日大構内にて焼却処分された（同書「あとがき」に詳しい）。

（7）　時代は下るが、『ジュリスト増刊　総合特集　現代人と宗教』（有斐閣、一九八一年）で実施されたアンケート「宗教教団の発言」では、創価学会からの以下のような回答がある。会員数約六〇一万人、会館数四四〇会館、⑥社会・教育活動／創価学会は、日蓮大聖人の仏法を基調に、平和と文化を推進し、広く社会に貢献していきたい、との基本路線の上から、さまざま平和・文化運動を展開している。昭和四八年、青年部は「生存の権利を守る青年部アピール」を発表。その後、このアピールに基づいて、①反戦出版（全五六巻）の発刊②反戦平和集会の開催③戦争絶滅・核廃絶を訴える一千万署名運動をはじめ、平和憲法擁護運動、自然保護・反公害運動など、生命的とヒューマニズムに基づく多彩な平和運動を展開してきた。そして、昭和五四年八月には横浜に「戸田平和記念館（反戦資料展示館）」がオープンし、広く市民に平和を訴える存在として好評を博している。／更に、人間生命の開発による英知の文化、創造の文化、民衆の文化の創出を目指す文化運動は、各地で開催する地域文化祭、ヒューマンクラブ講演会、聖教文化講演会などの形で結実している。／また、昭和四九年以来実施されてきた、教育環境に恵まれない辺地の小・中学校への図書贈呈運動も、既に一〇万冊を超え、その他、父母教室、教育相談なども全国各地で活発に開催するなど、教育面での社会貢献活動も積極的に推進している。／なお、学校法人・創価大学、創俗学園（高校・中学・小学校・幼稚園を含む）、財団法人・日蓮正宗国際センター、東洋哲学研究所、富士美術館、民主音楽協会などを設立し、それぞれにおいて、公益法人としての目的に沿った事業を、活発に行っている（二一〇頁）。

（8）［フェスティンガーほか　一九九五］。また、千年王国運動として創価学会を捉える視角について、筆者は「新宗教と千年王国――一九五〇～六〇年代における創価学会の展開と使命シンボル」と題して、「宗教と社会」学会第二七回学術大会（二〇一九年六月八日、京都府立大学）において報告している。

（9）「戸田は会長になるや、ただちに「折伏大行進」宣言を行った。彼の考えによれば、神道国教制および天皇制の弾圧がなくなり、日本はアメリカ軍によって占領されているが、これは日蓮のいう「他国侵逼難」にほかならない、この大衆の苦難にもかかわらず、現在の共産党はそれを救う能力をもたない、よってこの機会をのがさずに大行進をおこなわねばならぬ、というのである。そこで戸田はただちに折伏のための武器として、『折伏教典』の編集にかかり、十月には初版をだしたが、この教典はそれから七年間会員に十分活用され、戸田の死後改訂版（昭和三十三年）がでている」［高木　一九五九：七三頁］。

(10) [高橋 二〇一八]。もっとも、戦前の創価教育学会の機関誌『新教』などの存在と性格は、一般の創価学会員はともかく、学術的にはすでに知られているものである(塩原 二〇一一、二〇一二)。

(11) 「今、右傾化を強めている政府・自民党に対し、日本民族を誤った方向へ暴走させないためにも、社共と連係していくことは大局からみてやむをえない。」(昭和四三年五月三日、第三一回本部総会・東京日大講堂)。『池田会長講演集』第一巻(聖教新聞社、一九七〇年)、三五頁。

(12) 例えば、https://www.cia.gov/library/readingroom/docs/CIA-RDP79T00975A012200070001-8.pdf および https://aad.archives.gov/aad/createpdf?rid=18953&dt=2776&dl=2169 等。また、ウェブ・サイト『蓮の落胤——創価学会、話そうか』http://hasu-no-rakuin.hatenablog.com/(二〇一九年二月一〇日取得)において、いくつかの文書が翻訳・紹介されている。

(13) マクローリンのいう模倣国家の概念は、理論的にはルネ・ジラール(René Girard)やホミ・バーバ(Homi K. Bhabha)に依拠している。

(14) 創価学会の階層分析については稿を改めるほかにないが、研究動向について記しておく。創価学会の階層分析は、最も早いものとして井門富二夫「コミュニティ・チャーチと大衆組織の問題」(『宗教公論』三一—一一、宗教問題研究所、一九六一年)があげられる。これは国会図書館デジタルコレクションの個人送信で読むことができる。その後、鈴木広による調査(鈴木広『都市的世界』誠信書房、一九七〇年)、堀幸雄による中央調査所のデータを使用したもの(堀幸雄『公明党論』青木書店、一九七三年=南窓社、一九九九年)が続くが、宗教学や宗教社会学では検証に足るデータに基づくものがほとんどない。例外として猪瀬優理による「札幌市における創価学会員の現状—調査票調査結果報告」(『酪農学園大学紀要』人文・社会科学編、二八—一、二〇〇三年、五五〜六三頁。https://core.ac.uk/download/pdf/198537893.pdf〈二〇二二年一一月一日取得〉による一連の研究、近年では萬代らによるアンケート調査（萬代望・海山宏之・柴田初男・清野勝男子「現代日本人の宗教意識に関するアンケート調査」『茨城県立医療大学紀要』二四、二〇一九年、一一九〜一三六頁）がある。また、鈴木広以降の既存のデータを再検討した中野毅「民衆宗教としての創価学会――社会層と国家との関係から」（『宗教と社会』一六、二〇一〇年、一一一〜一四二頁）がある。

一方、政治学においては投票行動に与える影響という視点から、いくつかの研究が著されている。これらはヨーロッパ価値意識調査等をふまえた独自の調査（「ライフスタイルと政治に関する調査」東京調査、二〇〇五年）や、SSP-IやJGSSのデータを用いた分析が行われている。前者には松谷満「「保守補完」政党としての公明党――支持層における「非保守的」政治志向の抑止効果をめぐって」（『アジア太平洋レビュー』六、大阪経済法科大学アジア太平洋研究センター、二〇〇九年、二九〜四二頁。https://cir.nii.ac.jp/crid/1050291768254492288〈二〇二二年一一月一日取得〉）があり、後者には小堀真「宗教団体に属する人びとの社会参加――創価学会員の開放性と性差」（『文京学院大学人間学部研究紀要』一四、二〇一三年。https://www.u-bunkyo.ac.jp/center/library/hum2012_227-244.pdf〈二〇二二年一一月一日取得〉）や、浅野良成「選挙動員をめぐる団体間比較と国際比較――JGSS-2003とEASS 2012による検討」（『日本版総合的社会調査共同研究拠点 研究論文集』二一、JGSS Research Series No.18、二〇一九年。https://jgss.daishodai.ac.jp/research/monographs/jgssm21/jgssm21_02.pdf〈二〇二二年一一月一日取得〉）がある。

より最近では蒲島郁夫・境家史郎『政治参加論』（東京大学出版会、二〇二〇年）がある、創価学会が政界に進出したことによって、「眠っている大都市の棄権票を起こし」た（石川真澄『戦後政治構造史』日本評論社、一九七八年）という認識が踏襲されている。

蒲島らは、シドニー・ヴァーバによる多国間の比較研究にも依拠している（S・ヴァーバ、N・H・ナイ、J・キム『政治参加と平等――比較政治学的分析』三宅一郎・蒲島郁夫・小田健著訳、東京大学出版会、一九八一年。原著は Sidney Verba, Norman, H. Nie and Jae-on Kim, *Participation and political equality: a seven-nation comparison*, Cambridge University Press, 1978.）。

興味深いのは玉野の研究（玉野和志『創価学会の研究』講談社、二〇〇八年）を引用しながらされた次の評価である。「創価学会員の活発な政治参加は、公明党の選挙運動への関りが信仰活動の一環として位置づけられたことだけでなく、教団での日常的な活動を通して会員が（ヴァーバのいう）市民的技能を向上させていたという面からも理解できる。教団が開く座談会等での教学は、無学な入信者にとって、『それ以前には身につける機会を得られなかったがゆえに持っていた、文字や言語に関するハンディキャップを克服』する機会を提供したとされる［玉野　二〇〇八：五一頁］。こうして高められた一般的技能は、会員が政治に関わる際にも資源として用いられたであろう。（中略）教団の意図はともかく、高緯度成長期における創価学会の活動は、都市部低学歴層の政治参加を直接的、間接的に促す結果をもたらしたのである」［蒲島・境家　二〇二〇：一六九頁］。また、ヴァーバの調査データについては前掲したホワイトの『創価学会レポート』の序文にも言及がある。

（15）「公明党幹事長、創価学会員と「ズレ大きくなっているとは感じる」」『AERA dot.』https://dot.asahi.com/aera/2019013000024.html（二〇一九年二月一〇日取得）。

（16）「創価学会会憲」『創価学会公式サイト』https://www.sokanet.jp/info/kaiken.html（二〇二一年一月二七日取得）。

（17）二〇一九年七月の参議院議員選挙比例代表の得票数は六五三万六三三六票となり、二〇一六年の前回と比べると約一〇四万票減らした。議席自体は一四議席を獲得し、非改選と合わせれば参院で過去最多の二八議席を占めたが、これは過去二番目に低い低投票率により、固定票（組織票）を持つ公明党が有利となったためであるという分析がされている。例えば次のものを参照。「低投票率、参院比例で各党得票減らす　公明は二七年ぶり六〇〇万票台」『日本経済新聞』二〇一九年七月二二日付、https://www.nikkei.com/article/DGXMZO47633400S9A720C1PP8000（二〇二一年一月二七日取得）。

（17）「創価学会が元学会員に「嫌がらせ訴訟」の理由、コロナで意外なもろさ露呈」Diamond Online, https://diamond.jp/articles/-/256779（二〇二一年一月二七日取得）。

（18）「創価学会が天野達志氏（元創価学会員）を告訴!!　訴権を乱用し、言論の自由を弾圧するスラップ訴訟!!～12.18　創価学会による「スラップ訴訟」第一回口頭弁論後報告会見　2020.12.18」Independent Web Journal, https://iwj.co.jp/wj/open/archives/486598（二〇二一年一月二七日取得）。

文献

浅山太一［二〇一七］『内側から見る創価学会と公明党』、ディスカヴァー・トゥエンティワン。

ジュマリ・アラム［一九九四］「新宗教における「カリスマ的教祖」と「カリスマ的組織」――真如苑と創価学会を比較して」、島薗進編『何のための〈宗教〉か？――現代宗教の抑圧と自由』、青弓社。

池田大作［一九六六］『立正安国論講義』、聖教新聞社。

猪瀬優理［二〇一五］「教団ライフサイクル論と教団ライフコース論」、『龍谷大学社会学部紀要』四七、龍谷大学社会学部学会、二一～三三頁。

大西克明［二〇一二］「宗教運動論の展開とその展望――日本社会の実証的研究に即して」、『東洋哲学研究所紀要』二八、東洋哲学研究所、一七四～一五五頁。

塩原将行［二〇一一］「『新教』第六巻第一号掲載の牧口常三郎の論考五編」、『創価教育』四、二七六～二八九頁。

塩原将行［二〇一二］「『新教』・『教育改造』索引」、『創価教育』五、二九三～三二六頁。

島薗進［二〇二〇］『新宗教を問う——近代日本人と救いの信仰』、ちくま新書。

ジュリスト増刊［一九五九］『ジュリスト増刊　総合特集　現代人と宗教』、有斐閣。

高木宏夫［一九八二］『日本の新興宗教——大衆思想運動の歴史と論理』、岩波書店。

高橋篤史［二〇一八］『創価学会秘史』、講談社。

武田清子［一九八六］「天皇制について——内包する二つの要素」、『法学セミナー増刊　天皇制の現在』日本評論社、二～九頁。

塚田穂高［二〇一五］『宗教と政治の転轍点——保守合同と政教一致の宗教社会学』、花伝社。

鶴見俊輔ほか［一九六三］『折伏——創価学会の思想と行動』、産報（産報ノンフィクション）。

寺田喜朗・塚田穂高［二〇〇七］「教団類型論再考——新宗教運動の類型論と運動論の架橋のための一試論」、『白山人類学』一〇、一～二〇頁。

中野毅［二〇〇三］『戦後日本の宗教と政治』、大明堂。

野口裕介・滝川清志・小平秀一［二〇一六］『実名告発　創価学会』、金曜日。

L・フェスティンガー、H・W・リーケン、S・シャクター［一九九五］『予言がはずれるとき——この世の破滅を予知した現代のある集団を解明する』、水野博介訳、勁草書房。L. Festinger et .al, *When Prophecy Fails: An account of a modern group that predicted the destruction of the world*, the University of Minnesota Press, 1956.

ロバート・ベラー［一九八三］『破られた契約』、松本滋・中川徹子訳、未来社。Robert N. Bellah, *The broken covenant : American civil religion in time of trial*, Seabury Press, 1975.

J・W・ホワイト［一九七一］『創価学会レポート』、宗教社会学研究会訳、雄渾社。J. W. White, *The Soka Gakkai and Ass Society*, Stanford University Press, 1970.

村上重良［一九六七］『創価学会＝公明党』、青木書店。

森岡清美［一九八九］『新宗教運動の展開過程——教団ライフサイクル論の視点から』、創文社。

山之内靖、ヴィクター・コシュマン、成田龍一編［一九九五］『総力戦と現代化』、柏書房。

米本和弘［一九九五］「日本共産党はなぜ創価学会に負けたのか」、『別冊宝島　二二五号　となりの創価学会』、宝島社、三八～五〇頁。

Levi McLaughlin [2020] *Soka Gakkai's Human Revolution: The Rise of a Mimetic Nation in Modern Japan*, University of Hawai'i Press.

第五章　「家族」イメージとその政治性

Chapter 5 : The Image of "Family" and Its Politics

猪瀬優理
Yuri Inose

一　はじめに

家族のとらえ方について再考することは、学問的にも、国民国家においても、一人一人の日常生活においても、それぞれの位相で重要な課題となっている。「家族」は私的な領域ではない。夫婦別姓に関する問題、離婚後の子どもの親権や面会交流、同性同士の婚姻、離婚後の女性が出産した子どもの父親推定、「家庭教育」など、家族の「典型像」「あるべき姿」をどのように位置づけるかという問題はきわめて政治的・公的な領域なのである。

本章では、日本の家族と政治にかかわる状況に照らし合わせて、創価学会が提示してきた組織運営・維持戦略における家族イメージについて確認し、その政治性について考察する。

用いる資料は二〇〇二年に札幌市在住の活動的創価学会員を対象に実施した質問紙調査の結果である。特に主たる質問紙とは別に自由回答形式で質問した「創価学会員として心がけていること」および「創価学会内の各性別組織に対するイメージ」に対する回答結果を利用する[1]。

一時期の一教団の一地域の信者を対象とした調査に関する分析であるが、当時の創価学会員による創価学会組織のとらえ方を示した資料を教団組織と「家族」の関係に着目して分析・考察することによって、「家族」イメージの集団・社会における政治性について考えるための資料としたい。

二　戦略としての家族

家族国家観の「国民統合」戦略

公明党＝創価学会の家族政策について述べる前に、その背景にある明治以降の近現代の家族国家観と現代の自民党の家族政策における家族観について触れたい。

近現代における家族に関する研究においては、一定の家族の形態がそれを形成・維持するための社会的な制度や規範によって規定されてきたことが指摘されている。

明治期の日本の家族と政治について社会史の手法で検討した牟田和恵は、近代における日本の家族に変容をもたらした構造的要因として、「(一) 国民国家形成」と「(二) 産業化」の二つを挙げている。国民国家の成立は、個々の人間を管理する権限を共同体や親族から国家に移し、家族を私的な集団に弱体化させる契機となった。また、産業化の進展は、人々の生活領域と生産領域を切断する契機となった。国民国家と産業化は、「家族」に良質な労働力を再生産するための「慰安と愛情の場」＝「家庭的な場」であることを要請し、その機能の担い手となった女性たちは労働者たる夫の慰安や母として子どもの教育を担う「良妻賢母」となることを要請された〔牟田　一九九六：四二～四三頁〕。

牟田〔二〇〇二〕は、これまでの家族国家観研究を再考する必要性を指摘している。再考するための論点として、第一に、家族国家観において動員された「家族道徳」の内実を問うこと、第二に、天皇の「父性」像に伴って用いられてきた皇后の「母性」像について問うこと、第三に、以上の二つの研究上の見落としが意味することを問うこと、を挙げている。

第一の点は、「家族道徳」を用いることによって、家族を媒介にした国民統合を行うという戦略的側面を見落とさないために必要な問い直しとなる。先行研究のように家族国家観における「家族道徳」を、前近代的なものとしてのみ批判する場合、日本の家族国家観が、「近代国家における国民統合のための家族を媒介とした普遍的な政治手段の一変種である」ことを見えなくさせてしまうからである。

第二、第三の点に関しては、「日本国民の父母」として天皇・皇后という一対の男女カップル像を「日本国民」に提供・浸透させることにより、「異性愛」に基づく社会秩序を強力に浸透させた点を見落としてきたのではないかと指摘している〔牟田　二〇〇二：一二三〇頁〕。

この点は、後述する創価学会における池田大作夫人・香峯子氏を女性会員にとってのモデルとして称揚することで、会長・会長夫人という一対の男女カップル像を「創価学会員」へ提供・浸透させたことと構図として対応している。

先行研究は天皇制国家による民衆に対する抑圧・支配を可能にするイデオロギーとして家族国家観を理解・批判してきたが、家族国家観の持つ働きの本質は、「民衆」の側がその権力を「自然」なものとして身体化し、自ら実現に向けて行動するよう差し向ける働きにある〔牟田 二〇〇二：二三〇頁〕。重要な点は、この権力が「ジェンダー秩序」に基づいており、それを構成員の内面に自然化・身体化させ、社会に画一的に普及させる働きをもってきたことである。

「ジェンダー家族」の政治性

「家族国家観」は第二次世界大戦の敗戦によって解体されたとしても、ジェンダー秩序に基づく「家族」を通した権力の基本的な支配構造自体は、明治期以降、変わらず存在し続けている。

ただし、国民国家・産業構造ともにこの期間に変容し、「家族」のあり方もその影響を受けて変容している。グローバル化する産業システムの要請は、女性を家庭内における「良妻賢母」にとどめておくことができなくなり、主婦化した女性たちを非正規雇用労働者として低賃金で雇用することによって産業システムと国民国家の維持を両立させてきた。現在では、そのような対応も限界に達して、男女ともに雇用が不安定化し、婚姻や出産によって家族を持つこと、つまり、社会の構成員の再生産を担うことが男女問わず個人にとっては高コスト・高リスクになる社会状況がある。

牟田［二〇〇六］では、改めて「近代家族」について「ジェンダー」概念を導入して再考する中で、近代家族研究の中で「家族の脱呪術化」が起こっていたことを指摘している［牟田　二〇〇六：一〇三頁］。なぜなら、「近代家族」研究が、家族の「愛情」が干渉・監視・拘束・重圧でもありうるという「近代家族」そのものへの「疑い」を含意していたからである。同時に、「近代家族」研究はフェミニズムの立場から「家族の政治性」を問い直すものでもあったからである。「近代家族」が異性愛制度・規範を中核していること、つまり、ジェンダーに強く規定されたものであることを明確にすることで、家族が政治性を持っていることが暴露される。一定のジェンダー秩序に規定される家族のあり方は、近代という特定の時代や日本という特定の地域にのみ限定されるものではない。そのため、この性質を持つ家族のことは近代家族というよりも「ジェンダー家族」と呼ぶ方がふさわしい［牟田　二〇〇六：一〇五頁］(2)。

牟田［二〇〇六：一一〇頁］は、「ジェンダー家族」が育児・介護等のケア労働の点で行き詰っていることを説明し、「ジェンダー家族」を「ケアとケアの担い手が、家族内に孤立し公的領域から切り離されるように、ケアの負担のアンバランスと悪循環が起こるように仕組まれた装置である」と説明する。

また、木本喜美子と榎一江［二〇一四］は、社会政策の分野では「理論的には、従来の日本の雇用制度が女性差別なしには成り立たないこと」、このような「時代遅れの社会システムが執拗に作動」

していることが確認されていると指摘している。

つまり、「ジェンダー家族」によって支えられる社会は、根底から「差別」によって成立している社会なのである。不平等や格差の生成と拡大は必然でもある。ここから抜け出すにはジェンダー不平等、正規／非正規や学歴差、産業間・地域間格差等、社会的分割を生み出す差別を解消する必要がある。そのためには、家族の背景にある政治的な関係性を解明する必要があるが、特に、家族に現存するケア労働におけるジェンダー・バイアスを是正するための「家族政策」が要請される［木本・榎二〇一四：八頁］。

日本における「家族政策」は、基本的には長らく「ジェンダー家族」を維持する立場を主張する政権与党・自民党のもとで進められているためか、選挙等の場面で家族政策が主要な争点となることは多くなかった。しかし、少子高齢・人口減少社会となった現在、否応なく「ジェンダー家族」のありようが問われ、新たな視点からの「家族政策」が必要とされる状況が訪れている。

この状況は宗教集団の組織運営にも大きく影響を与える。「家族」の比喩を用いる「戦略」は国家だけでなく、創価学会という全国に広がった規模の大きい宗教組織を維持するため、メンバーに帰属意識を持たせる「戦略」としても適用可能である。この点を念頭におきつつ、次節では、公明党の「家族政策」の方向性について簡単に確認する。

三　公明党の「家族政策」

政権与党・自民党の家族観

公明党の「家族政策」を確認する前に、連立政権を組む自民党の家族観について確認する。

二〇二一年四月、菅義偉首相は次期衆議院選挙における連立政権の目玉政策として子ども政策を一元的に担う行政組織「こども庁」の創設に向けた具体的検討を指示し、同年一〇月に岸田文雄首相のもとで行われた衆院選でも子ども政策は各党がアピールする論点の一つとなった(3)。

しかし、衆院選後には自民党内にある、「子育ては家庭が担うべきだという党内の根強い声」によって、その組織名称は「こども家庭庁」に変更となった。「自民党の会合で虐待を受けた経験を語り、「こども庁」の名称のきっかけをつくった風間暁氏」が語るように「家庭にこそ苦しめられている子どものことも考えての『こども家庭庁』なのか」〔朝日新聞　二〇二二〕という批判も相次いだ。この議論のなかでは、公明党も二〇二一年の「衆院選で『こども家庭庁』という名称を公約に掲げ、『家庭庁』とするよう自民党側に求めていた」〔朝日新聞　二〇二二〕。

「児童虐待」に対する認知が広がり、「家庭」が子どもにとって安心・安全の場とは限らないことを前提とした子ども政策が必要だという認識が以前よりも社会に広く浸透しつつある中、相変わらずも「家庭」＝母親（女性）にその責任を偏って担わせようとし続ける政権与党・自民党の「家族政策」

の方向性と、公明党がこれに同調していることが確認できる。

本田・伊藤編［二〇一七］は、現代日本における国家による家族への干渉が強化されている状況の一例として、「家族教育支援法」、「親子断絶防止法」、また「自民党による憲法第二四条改正案」、地方自治体も積極的に取り組んでいる「官製婚活」について取り上げている。

本田由紀はこれらに共通する問題点として、第一に形式の強要性、第二に内容の非合理性、第三に法案・制度の実施方法の全域性を挙げている。そして、「現在の日本で進行中の法案・制度は、国家が家族の望ましい姿を強固に定め、直接的に変容させようとする」「異例・異常な事態だ」と指摘する。さらにその背景にある自民党の政治体質、特に第二次安倍政権以降について「夫婦別姓や男女共同参画に反対し、男女間および親子間の権威主義的で非対称的な関係性を何よりも是とする」「極右ネットワーク」の中に組み込まれたものとみている［本田・伊藤編　二〇一七：一〇～一六頁］。

自民党が示してきた家族に対する姿勢は、伊藤公雄による以下の総括の通りである。


日本の家族をめぐる政策は、旧来の国家秩序の基盤としての家族の保護という視座がいまだに維持され、かつ、（国家が本来担うべき）福祉領域の多くを家族に依存し、国家の負担を家族に押し付ける形で展開してきた。そのため、日本の戦後の家族政策は、政府の福祉負担をできるだけ軽減させる（実際の家族へのサポートを回避しながら、ケア領域の責任を家族＝女性に押し付ける仕組み）ために実行されてきた一方で、秩序形成の場としての精神論的家族イデオロギー（「家族は助

け合うべき」はその典型だろう）だけが強調されてきたのである。〔本田・伊藤編　二〇一七：一六四〜一六五頁〕

このような方向性を維持・強化する「家族」をめぐる政策を主張することは、先に述べたように差別にもとづいた社会構造を維持・強化していくという政治的姿勢を示していることになる。

公明党が自己規定する政治的姿勢

自民党と連立を組んでいる限り、公明党もこの政治的姿勢を共有しているとみなされる。しかし、二〇一四年に結党五〇周年を迎えた公明党は、『大衆とともに——公明党五〇年の歩み』（以下、『五〇年史』[4]）の中で、自らを「平和の党」「福祉の党」「環境の党」「クリーン政党」とし、国の構成員（民衆・大衆）に対する差別の撤廃や格差是正を求める立場を保持しているとしている。

「中道主義」を掲げ、「第三極」を担う公明党の政治。それは、党利党略優先でなく国民本位。政局第一でなく政策中心。多数を頼みとするゴリ押し・強行採決や、その一方での〝何でも反対〟と審議拒否乱発とは異なる、審議・討論を基本とする合意形成型政治。イデオロギー優先でなく生活者中心。大企業や労働組合偏重でなく庶民本位。現実と理想の架橋。「机上」でなく現場第一主義。人間性重視……といった発想と行動様式を特徴とするものである。〔公明党史編纂委

員会　二〇一九：二二頁〕

以上が、公明党の自己規定である。『五〇年史』では、その歩みをトピック別に分けつつも時代順に追っている。五五周年を記念して二〇一九年に出された増補版では全二三章にわたるが、ここでは、その中で党が提示している「家族政策」にかかわる「実績」と「理念」について確認しておく。

地方議会から出発した前史を描く第一章では、「市民相談」の窓口を開設し、「政治と国民を結ぶ」役割を果たしたことが示される。これが契機となって、以来、公明党は、義務教育の教科書無償化、児童手当、パート減税、交通災害共済制度、乳幼児の医療費無料化、小児医療の負担軽減、分娩費給付アップ、救急救命士の創設、育児・介護休業制度の拡充、白内障眼内レンズ挿入手術への保険適用、マンモグラフィーの導入拡充、さい帯血移植への保険適用、子宮頸がん検診の無料クーポン、不妊治療助成制度の創設、保育所待機児童ゼロ作戦実施、ジョブカフェの設置拡充、バリアフリー法の制定など福祉・教育・医療・介護等の分野で「国民のナマの声」を政治に反映してきたとする。以上が「実績」の一覧といえる。

その背景にある理念は「中道主義＝人間主義」「王仏冥合・仏法民主主義」「地球民族主義」「人間性社会主義」といった独自の用語を並べて説明される。公明党結成時（一九六四年）、自民党は「財界・大企業の代弁者」、社会党は「労働組合中心の党」とそれぞれみなされていたのに対し、公明党は「あらゆる階層のいっさいの民衆を包含しうる大衆政党」を目指し、イデオロギー対決や政治闘争には与さず、「国民の暮らし・国民にとって身近な問題」に関心を寄せる「庶民・大衆の利益を第一とする政党」として登場した、と自己規定しており、現在でもこの立場には変更はない。

第五章は「政党で初の『福祉社会トータルプラン』発表―児童手当実現に党上げて取り組む」と題され、党の「家族政策」の方向性が最も多く記されている。児童手当制度創設に反対であった自民党に対して、公明党が繰り返し要望や質問をし、地方議会での先行実施を促すなど熱意をもって実現させたという。自民党は「福祉は政治ではない」という姿勢であり、「左翼政党」も「社会主義体制」への移行にのみ関心を持ち「福祉に冷淡」であるなか、これに対して公明党が「福祉の実現こそ政治の目的」であるとして、一九七六年に日本の政党史上初めて「国民福祉中期計画―生きがいとバイタリティーのある福祉社会トータルプラン」を発表し、「政権担当能力を証明した」。

自民党と連立政権を組んだあとの二〇〇四年時の「年金改革」等について記述している第一六章でも、「児童手当充実など少子化対策を強力推進」という見出しのもと、「一般に、福祉・社会保障といえば、年金・医療・介護の三つが柱とされる。公明党はそれに子育て支援を加え、四本柱の一つとして少子高齢化対策の流れを作った」とし、公明党案をベースに政府の少子化対策「新エンゼルプラン」（二〇〇〇～〇四年）が策定されたとしている。

第一七章は主に二〇〇一年9・11同時多発テロ以降のイラクへの自衛隊派遣問題など「平和の党」としてのアイデンティティを揺るがす事態に対する対応に言及した章だが、「教育基本法改正など、公明党の主張反映」という見出しの項目では、安倍晋三第一次内閣下で実施された二〇〇六年教育基本法改正において、公明党が「愛国心」の表記に「国家主義的なものになってはならない」と強く主張した結果「国家主義の懸念を払しょくした」文言に修正できたと主張している[5]。『五〇年史』では「家庭教育」については、「時代の変化に対応した」新たな項目であると言及するのみで批判的な観点からの記述はない。改正前の調整の際にも「おおむね異論がない点」として挙げられている［朝日新聞　二〇〇四[6]］。

第一二章では、二〇一八年に「子育て」「介護」「中小企業」「防災・減災」をテーマに実施した『一〇〇万人訪問・調査』の結果が示されている。この結果を踏まえ「子育て支援へ教育無償化を強力推進」し、「地域包括ケアシステム」の構築と介護サービスの充実を図るなど「国民のナマの声」を反映しているとし、「現場主義」「調査なくして発言なし」という「党の伝統的な政治手法」を用いた「生活者の政治」の担い手として健在であるとの自負を示している［公明党史編纂委員会　二〇一九：三一三〜三四五頁］。

連立政権参加後の公明党

公明党は児童手当成立を社会福祉分野における「実績」として重視している。しかし、北［二〇一〇］は、一九七一年六月に成立し翌七二年一月に施行された日本の児童手当制度には「その当初からジェンダー・バイアスが埋め込まれていた」と論じている。本来の「児童手当」は親の所得の多寡にかかわらず子どもに必要な現金給付を行うはずのところ、「受給資格や所得限度額の設定、手当額や支給期間の基準、財源構成から厚生白書の解説等にいたるまで、日本の児童手当は為政者が期待する性別分業家族モデルにいわば身の丈をあわせ、不似合いな役回りを演じることが求められてきた」からである［北　二〇一〇：一〇二頁］。

つまり、日本の児童手当制度は「子どもは父親を主たる稼ぎ手とし、母親を主たる家事・育児の担い手として家庭で養育・教育されるべき」という「ジェンダー家族」規範に基づくように形成されてきた。児童手当支給に所得制限がつけられ「親の低収入の補完策として制度化」され、「児童手当の権利性が弱められた」結果となった。

北［二〇一〇］は、公明党が「実績」として自己規定している児童手当の拡充政策についても、性別分業の強化につながる形で行われてきたと指摘する。そのなかで、公明党が連立政権参加したことの影響についても言及している。当初の公明党は、本来の児童手当の原理に近い立場に立ち、所得制限を撤廃して全額国庫負担による児童手当を義務教育終了まで支給する、という主張をしていた。しかし、連立を組んだ政府・自民党の抵抗を押し切ってまでこうした構想を実現する力はなく、所得制限撤廃についても全額国庫負担についても妥協策をとることとなる。

公明党は全額国庫負担という主張を捨て、実現はしていないが育児保険の制度化を新しい政策目標とするようになった。これは、国、地方、企業に加えて非被雇用者家庭・被雇用者家庭からも拠出金を徴収し、その財源にもとづいて、育児に伴うコスト（育児休業給付、保育料、奨学金など）を賄うためのバウチャーを支給するという構想である。拠出をしない親はこの手当や給付を受けられない、ペナルティとインセンティブで加入を促す側面がある育児保険制度である。国会において公明党議員から「自己責任」論を支持する意見や、抑制された社会保障の「すき間を埋める」ものとして共助を位置づける発言も出た[7]。北［二〇一〇］は、このような態度は「少なくとも一九八〇年代までの公明党には見られなかった」とし、野党時代は本来の児童手当のあり方に近い主張をしていた公明党が連立政権に入ったことによって、所得制限は緩和されても撤廃はされず、被雇用者・非被雇用者間の所得限度の格差も維持されるなど児童手当法に「新たな矛盾」が持ち込まれたと指摘している［北　二〇一〇：一二五〜一二六頁］。

公明党は、児童手当の所得制限撤廃なども訴えていたが[8]、結果としては自民党が推進する「政府の福祉負担をできるだけ軽減させる」一方で、「秩序形成の場としての精神論的家族イデオロギー」［本田・伊藤編　二〇一七：一六四〜一六五頁］を強調する家族政策に同調してきた側面がある。

公明党は選択制夫婦別姓制度の導入やＬＧＢＴ関連法案の成立に向けた取り組みについては積極的に支持しており（公明党ＨＰ）、ジェンダー政策においては自民党とは異なった立場をとっている。そのため「家族政策」は両党の間で協議が持たれる分野の一つでもある。一方で、「家庭」という言葉を重視する姿勢は自民党と共有しており、女性たちの犠牲を強いるような方向性に同調してきたといえる[9]。

次節では、創価学会が「家族」「家庭」あるいは女性たちを組織の中でどのように位置づけてきたのかについて確認してみよう。

四　創価学会組織と家族

本書第一章では、「創価学会のレジリエンス」の第一点目として創価学会において指導者と信者、組織と信者の関係が、先祖・家族あるいは親子の共同性ではなく、三代会長を指導者と仰ぐ「師弟の精神」で結ばれている点を挙げた。

一方で、「家族」の関係を全く無視した組織運営をしているわけでもない。

多くの日本の創価学会員に対する聞き取り調査やその活動や生活実態に対する参与観察をもとにして生き生きとした創価学会員一人一人の生き方や暮らしを示しながら、現代日本社会における創価学会という教団組織の特徴について論じ、創価学会を「模倣国家（Mimetic Nation）」としてとらえる視点を示したマクローリン［二〇一九］は、創価学会婦人部の組織運営上の重要性を第六章「良妻賢母と回心の歩兵（Good Wives, Wise Mothers, and Foot Soldiers of Conversion）」で論じている。ここでは、創価学会の活動を支える創価学会のジェンダーポリティクスについて論じているマクローリンの議論をもとに創価学会における「家族」について確認したい。

マクローリン［二〇一九］は、会員数の増大に伴う創価大学や創価学園の創設、公明党の国会や地方議会への進出といった創価学会の拡大が実現したのは、相当な部分、婦人部を中心とした女性会員の努力によるものであると評価している。その一方で、創価学会の組織内で女性会員が占める地位や創価学会の歴史の中で語られる位置づけは、その功績に見合っていないことも指摘している。

一九七〇年の言論出版事件後、創価学会は公明党との「政教分離」を公的に宣言することになったが、以降も創価学会婦人部は政治的な活動を継続していたとともに、「盤石な家庭」を築くために婦人部が「家庭の太陽」となることをスローガンとしていた。また、この時期に池田大作夫人である香峯子を良妻賢母として称える風潮が生まれても来た。

特に顕著になったのは、二〇〇五年に主婦の友社から『香峯子抄』が出版されて以降である。『香峯子抄』には息子の博正による緒言があり、池田大作によって同じ主婦の友社から『新・婦人抄』が出版されている。これらのことから、マクローリンは、創価学会指導部が全国の創価学会婦人部に対して、池田名誉会長夫人の池田香峯子を日本の「良妻賢母」のモデルとして示す意図を持っていると指摘している。

また、マクローリンは、多数いる副会長に草創期の柏原ヤス以外の女性の就任がないこと(10)、婦人部・女子部の長以外の組織の長には女性が就くことが決してない構造であることを確認し、このことが逆説的に、女性の学会員一人ひとりと池田名誉会長との結びつきを強める効果をもたらしていると指摘している。官僚制組織の中では日々面倒なことが起こるが、女性会員はフォーマルな組織構造の中での序列の中に位置づけられないため、池田とのつながりは直接的な心のつながりとして認識されていく。

マクローリンのみるところ、このような結びつきは一九九一年の日蓮正宗からの離脱以降に強まっており、大石寺とそこに安置された大御本尊が担っていた聖なる象徴の代わり、スピリチュアルな導きと唯一の権威をもつものとして、池田大作へのコミットメントに依存するようになった。この点は、女性だけでなく男性の創価学会員にとっても同様の構造ではあるだろう(11)。

さらに、マクローリンの指摘の中でも特に重要なことは、創価学会員家族が私的な空間であるとともに、公的な制度的空間としても営まれているという指摘である。この実例として、創価学会員家族の参与観察事例を詳細に紹介し、創価学会婦人部の女性たちが家事・育児・介護など家庭における役割を担い、かつ、創価学会婦人部として組織でも活躍することが、緻密なスケジュールとタスク管理のもとに行われる、負担と責任の大きい営みであることを描いている。

座談会会場として自宅を提供している女性の事例は、創価学会における副地区婦人部長であるとともに一児の母であり、学校教員でもあった。座談会が自宅で行われる日には、フルタイムの仕事を終えて、子どもにご飯を食べさせたあと、家の中を整えて座談会にやってくる会員たちを迎え入れる準備をし、会合を終えた後はすべての後片付けをする。これが日々の暮らしとして継続していくのである。職業をもって家庭と学会活動を切り盛りしている婦人部女性たちは、仕事の後の家事というセカンドシフトだけでなく、創価学会活動というサードシフトが存在する、ということになる。

その役割を担当する女性（妻・母）に大きな責任感とそれを担いうるだけの力量が備わっており、そのパートナーたる男性（夫・父）も創価学会員でともに家庭責任と創価学会の組織上の責任を分担する力があれば、少なくとも邪魔にならない程度の役割を家庭内で果たしているのであれば、また、そのもとで育つ子どもたちが時間に追われる多忙な母親の生活状況に深い疑問を持たずに追随してくれる状況であれば、家庭はなんとか破綻なく営まれていくだろう。

一方で、これらの条件が十分に備わらなかった場合には、家庭運営には暗雲が立ち込めていく[12]。創価学会家庭で育った第二世代の信者たちには、親の信心の強制や学会活動による不在によって、心に傷を負ったり、不満を持ったりして、親との関係性に亀裂が生じている者もいる［マクローリン　二〇一九］[13]。

本論の分析対象である質問紙調査への婦人部員の回答にも以下のようなものがあった。

「家族に迷惑をかけていると感じる時がある。朝食夕食きちんと用意できない時がある。朝食（配達）[14]、夕食（会合）」。

近年では、就労している既婚女性の創価学会員も増加しており、婦人部に多大なる労力を創価学会活動に注ぎ込むことを期待することは難しい。男子部・女子部についても、日本における労働環境は創価学会活動を余裕を持って行えるような状況ではない。

家庭責任も創価学会における組織活動も、と女性たちに負担をかけ続けることは困難である。創価学会は、婦人部組織に対して、これまでも会員の日々の関心や問題状況に関心を払い、組織の変革を図ってきている。賃金労働に従事する女性たちが増えてきたことに対応してワーキングミセスという区分を作るなどが挙げられるが、最近の例では、二〇二一年に婦人部と女子部が統合されて「女性部」となることとなったことが挙げられるだろう。この点について『創価学会二〇二一年活動報告』では、次のように説明している。

創価学会では、時代や社会の変化に合わせ、二〇〇〇年末から全国に女性最高協議会を発足し婦人部と女子部が連携して活動に取り組んできた。その後、ライフスタイルや価値観が多様化する中、女性一人一人が力を発揮できるよう、また、同世代で触発しあい、幅広い世代が協力して励ましあいながら進んでいけるよう、新たに女性部として出発した。〔創価学会広報室　二〇二二：四頁〕

活動の実態的変化については、今後の現場における調査が必要であるが、おそらく、このような改変の背景には女子部の活動的会員の減少だけではなく、婦人部の活動的会員の減少もあると思われる。

明白な弊害がありながらも、創価学会組織が良妻賢母の規範を押し付けている理由について、マクローリン〔二〇一九〕は、次世代を創価学会信者に育てるために「主婦」によって家庭が維持されるという保守的なモデルを保持し続けるほうが、創価学会組織にとって都合が良かったからだろうと述べている。

この点は、家族国家観において提示された「ジェンダー家族」像が、「生産と生命の再生産の効率的で効果的なパターンを作り上げるためにあるべき社会関係のモデルとして機能したのではないか」という牟田［二〇〇二：二三二頁］の指摘と重なる問題のとらえ方である。日本政府も扶養控除や国民年金における第三号被保険者制度など「主婦」を専門的な地位として位置付けることを制度的に支持してきているが、模倣国家の特徴を持つ創価学会も「異性愛主義」「主婦モデル」に依拠して、次世代の学会員の再生産に努めてきたともいえる(15)。

次節では、創価学会が発行している池田大作指導集を用いて創価学会組織、また各部のイメージを総括し、そこに「家族」イメージが色濃いことを確認する。

五　創価学会が提示する「家族」イメージ

教団組織論と「家族」の比喩

信者が持つ教団の集合的なイメージは、その組織のあり方にも影響を与える。そして、日本における新宗教集団の組織構造については、信仰の導き手と導かれた者との間の擬似的な親子関係を基盤としたタテ型組織から、居住地域における「なかま」関係を基盤としたヨコ型組織に転換した例が指摘されている。創価学会もそのような教団組織の一例である。ここでは教団組織論において、「家族」

の比喩が用いられていることに着目したい。

森岡清美は、真宗教団を典型例とする近世に組織化を成し遂げた宗教には「いえモデル」、幕末維新期以降の近代に成立した宗教には「おやこモデル」、そして、近代に準備されて現代において大教団に発展した宗教には「なかま―官僚制連結モデル」ともいうべきものが析出されると指摘し、日本における教団組織論の基盤となる議論を提示した〔森岡　一九八九：三二二～三一八頁〕。

森岡によれば、宗教運動組織化の第一歩は「新生児が親を媒介として親族関係網に組み込まれるように」、導きの子である新規参加者が導きの親である布教者を媒介として既存の参加者の集団に組み入れることであり、「これが日本における宗教運動体のいわば原組織」である。近世では政府・商業ともに組織に「いえモデル」が採用されており、社会の構成自体が「いえモデル」を基盤としていたため、宗教も「いえモデル」によって組織された。ただ、その骨格をなす本末関係は師僧と弟子の「おやこ関係」から出発し、寺檀も僧と帰依者との「おやこ関係」から出発している。近代になると社会全体では「いえ」的構成が瓦解したため、近代に成立した宗教は「原組織」である「おやこ関係」がむき出しになっている状態で組織化が成立した〔森岡　一九八九：三二二～三一八頁〕。

原組織である「おやこ関係」から離れた組織化は非常に困難であるが、創価学会や森岡が分析の対象とした立正佼成会などの大教団は「なかま―官僚制連結モデル」という「おやこ関係」から離れた組織の改編を成し遂げた。この点について、森岡は次のように説明している。

親子関係は情愛的であり、子が成人するにつれて対等の立場に近づいてゆくにしても、わが国では儒教倫理の感化もあって縦の関係と観念されてきた。それにたいして、新しい組織モデルとなるべき仲間関係とは、独り立ちした信者の間の、あるいは独り立ちを志向した信者の間の、横の関係である。縦から横への転換のために、子の側の成人が媒介要因となるが、それだけでは不十分であって、支部組織原理の切り換えといった制度的改革が必要である。〔森岡 一九八九：三一六〜三一七頁〕

ヨコの関係に切り換えられた「なかまモデル」は、「いえモデルやおやこモデルの場合のような、教団への構造化の自然発生的な契機を欠いている」ため、「本部事務局の官僚制機構が発達する必要がある」ことから、「なかま—官僚制連結モデル」という。ただし、日本文化の中では「導きの親子という原組織の規定力が強いので、なかま—官僚制連結モデルがどのくらい広く採用されるかは疑問」とも述べている〔森岡 一九八九：三一八頁〕。

ここで着目したい点は、「いえモデル」「おやこモデル」においては「家族」の比喩が用いられていたのに対し、「なかま—官僚制連結モデル」では「家族」の比喩から離れている点である。

しかし、森岡がいうように「おやこ関係」が「原組織」なのだとしたら、創価学会などの中央集権型の教団組織への変容を達成し「なかま—官僚制連結モデル」を採用した教団であっても、組織運営において「家族」的な関係性のモデルを完全に手放すことはないと思われる。

また、近代以前の親子関係はタテの関係が強いものだったとしても、「家族」の変容が起きた近代・現代の社会において、タテからヨコへの切り替えに必要なことは「子の側の成人」と「支部組織原理の切り替え」だけではなく、「家族」イメージの転換かもしれない。「なかま―官僚制連結モデル」を成し遂げた創価学会組織において、如何なる「家族」の比喩が用いられているか確認する必要がある。

創価学会における「家族」の比喩

聖教新聞紙上などでもよく見られる表現として「創価家族」というものがある。創価学会から出されている指導集において、以下のような表現で示される考え方である。

◎一九七六年発刊『創価学会指導集』（聖教新聞社）【第四章　組織　一　組織】

私も皆さん方も縁があって一緒に大御本尊をたもっている。いうならば、〝御本仏の一族〞といえようか、現代的には〝創価家族〞ともいえようか（後略）。［創価学会指導集編纂委員会　一九七六：三二一頁］

＊

組織のないところに生きようとすることは原始人と同じである。組織を避けるということは〝孤独地獄〞の人生を歩んでいくようなものだ。人間、組織のないところで生きられるものではない。われわれは永遠に学会っ子として団結し、生きぬいていこう。学会っ子ということは、久遠元初からの兄弟であり、永遠の兄弟であるということだ（後略）。〔同上：二三三頁〕

◎一九九五年発行『希望の明日へ――池田名誉会長スピーチ珠玉集』（聖教新聞社）【第四章　組織――団結・調和】

同志は妙法の〝兄弟〟である。ある意味で、肉親以上の、永遠の兄弟である。決して、〝不和〟などあってはならない。「団結」こそが、広宣流布の力である（後略）。〔池田　一九九五：七一頁〕

＊

同志の心が大切である。その麗しい心の交流からかぎりない力が湧いてくる。異体同心がいっさいの勝利のカギなのである。（中略）創価学会は永遠に、「異体同心」という広布と信心の要諦を忘れてはならない。また、仏子を利用しようとする悪を見破り、打ち破っていかなければならない。〔池田　一九九五：七〇頁〕

ここでは「一族」という「いえ」的な用語が、近代家族的なニュアンスの「家族」に置き換えられていること、「おやこ」以上に「兄弟」関係、すなわち「同志」であることに焦点が当たっていることについて、特に確認しておきたい。これは創価学会における「家族」がタテの関係を重視したものではなく、ヨコの関係を重視した「同志」を重視したものであることを示している。「きょうだい」

も「家族」であり、年齢の上下はあっても同一の世代であり、親子ほどのタテの関係性にはない。キリスト教会などで、信徒同士のヨコのつながりを示すために互いを「兄弟」「姉妹」と呼び合うことも想起される。

また、「学会っ子」「仏子」という言葉にみられるように、「こ（子）」の比喩も引き続き用いられている。創価学会員同士はヨコの関係としてつながれていても、原組織である「おやこ関係」を手放しているわけではない。「おや（親）」に当たる存在は「仏」でもあるし、「指針」を与えてくれる「師匠」池田名誉会長でもあり、「師匠」の存在を身近に具現化して「指導」する地域組織の「幹部」学会員でもある。

また、重要な用語として「異体同心《いたいどうしん》」が繰り返し用いられていることは、多様な考えや生活スタイルを持った学会員たちがいることを前提として、これらの人々を「同志」として「団結・調和」させるための比喩として「家族」が用いられていることを推測させる。(16)

具体的に「家族」のイメージを付与されているのは、創価学会内部にある性別・年齢別（婚姻状態別）組織である。壮年部、婦人部、男子部、女子部は創価学会内では「四者」とよばれ、地域の創価学会活動の根幹をなす部署と考えられていた。男子部と女子部は合わせて「青年部」でもある。

壮年部：主に四〇歳以上の男性が所属する部署。
婦人部：主に既婚（独身でもおよそ四〇歳以上）女性が所属する部署。

男子部：主に四〇歳未満の男性が所属する部署。青年部。
女子部：主に独身女性（あるいは、およそ四〇歳未満の女性）が所属する部署。青年部。

ただし、先述の通り二〇二一年五月三日からは「婦人部」が「女性部」と改称し、同年一一月一八日からは「女性部」に「女子部」を統合する組織改編が行われている。以降、既婚・未婚を問わず、二〇代までを「池田華陽会《かようかい》」[17]、三〇代から四〇代を「ヤング白ゆり世代」とし、全世代の女性会員を組織する体制となった。「女性部」の活動実態については今後の調査が必要であるが、調査を行った二〇〇二年当時は「四者」での活動が基盤であったため、本論ではこの区分に基づいて議論を行う。具体的には、これらの性別組織に教団組織側からの指導として付けられている「家族」イメージについて、創価学会組織が発行している書籍に掲載された「指針」のテキストを用いて分析する。

用いる資料は、一九七六年発行の『創価学会指導集』（以下、一九七六年指導集）と一九九五年発刊の『池田名誉会長スピーチ珠玉集』（以下、一九九五年スピーチ集）である。一九七六年指導集には、池田会長の指導だけではなく、数は多くはないが「戸田第二代会長指導」も含まれている。一方、一九九五年スピーチ集はタイトルが示す通り、池田名誉会長の指導のみが掲載されている。したがって、両者は厳密にはやや異なる質をもった書籍であるが、この二つの資料を用いる理由は二点ある。

第一に、同様の編集方針で編まれたものである点である。いずれも編纂委員会等が時機を考慮して創価学会員に伝えるにふさわしいと思われる「指針」をもととなる長いスピーチやエッセイ、巻頭言等から、長くても三段落くらい切り出して編集されている(18)。

これらは、それぞれ創価学会の組織にとって大きな転換点を迎えた後に発刊されている。一九七〇年には「言論出版事件」が起こり、創価学会と公明党は別組織として「政教分離」するに至った。同様に、一九九一年には日蓮正宗から創価学会が「破門」、「魂の独立」を果たした。いずれの時期も組織内には動揺が走ったはずであり、内部の団結・調和を図らなければならない局面があったと推測される。いずれの書籍も、このような事態の後、改めて組織や活動の方向性を定めるために指導をまとめたものと考えられ、組織にとって重要なメッセージが凝縮されているとみることが出来る。

第二に、双方とも「各部への指針」が用意されており（「指導集」は「第七章」、「スピーチ集」は「第九章」）、「四者」および「学生部」「未来部」に対する部署別の指導がまとめられている点である。

つまり、これらは端的に創価学会組織指導部が「四者」各部に伝えたいと考えている「指針」が示されている資料である。以上から、これらの書籍のテキストを分析の対象とする。

「各部への指針」として収録されている部署別の「指針」数を、表1に示した。

一九七六年では四者がそれぞれ異なるものとして認識されている

表1　「1976年指導集」「1995年スピーチ集」の「各部への指針」部署別「指針」数

部署名	1976年創価学会指導集	1995年池田名誉会長スピーチ集	総計
女子部	30	5	35
男子部	30	24	54
婦人部	23	19	42
壮年部	20	15	35
総計	103	63	166

表2　「指導集」「スピーチ集」収録テキストの部署ごとの特徴語（数値はJaccard係数）

壮年部		婦人部		男子部		女子部	
壮年	.667	婦人	.519	青年	.563	女性	.381
指導	.227	学会	.246	諸君	.241	女子	.333
責任	.205	母	.209	男子	.214	福運	.244
人生	.193	信心	.192	世界	.206	結婚	.222
姿	.184	人	.164	広宣流布	.188	人生	.193
学会	.170	家庭	.156	生命	.188	幸福	.149
広宣流布	.167	一家	.152	時代	.185	自分	.140
仕上げ	.167	生活	.140	実践	.180	生命	.140
皆さん	.160	子供	.140	社会	.176	御本尊	.139
信心	.159	活動	.137	人	.169	皆さん	.137

のに対して、一九九五年では「男子部（青年部）」という見出しになっていることと、表1から女子部に向けた「指針」が五つしかないことなどから、性別で分けることと以上に、女子部も男子部とともに「青年部」「若者」「次世代の後継者」であるという見方が一九九五年になると強まっていたとみることができる。

「各部への指針」における「家族」の比喩

「各部への指針」において特徴的な語句を、計量テキスト分析として広く利用されているKHCoder3. Beta. 03i〔樋口　二〇二〇〕の「対応分析」で析出した（表2）。表の数値は、集合の類似度を測るJaccard係数である。Jaccard係数とは、ある語Aとある語Bのどちらかもしくは両方を含む「文書」のうち、AとB両方を含む「文書」の数の割合を示している。抽出語が共起する強さを測るのに適した係数である。

婦人部には、「家族」に関連する「母」「家庭」「一家」

「子ども」が良く用いられている。一例を示す。

【一九九五年スピーチ集】
一家においても、広布においても、婦人の存在と活躍が、いかに大きく大切であるか。婦人が〝一家の太陽〟として、朝から元気に働き、家族や地域のために活動する一家は、おのずと夫や子供も生き生きとしている。また正義のために祈り、戦う婦人部が盤石であれば、学会は盤石である。〔池田　一九九五：二八六頁〕

女子部には、「女性」「福運」「結婚」の語が見える。典型例は次のようなものである。

【一九七六年指導集】
結婚はたしかに人生のもっとも重要な一段階ではある。だが結婚そのものが幸、不幸を決定するのでは絶対にない。若き女性として、いまもっとも大切なことは、着実に自分自身の将来のため、福運を積むことである。そして結婚という喜ばしい〝事件〟があった時、福運それ自体がその人の前途をかならずや祝ってくれるであろう。〔創価学会指導集　一九七六：一五四頁〕

男子部には、「家族」に関連する語句はない。一九七六年指導集にのみ見られる「諸君」という呼びかけの語句に着目する。壮年部や女子部に対しては「皆さん」という呼びかけがなされており、「諸君」という語は全く使われていない。「諸君」という呼びかけ語が用いられる「指針」では、以下のような「次世代を切り開いていく後継者」としての期待が語られていることが多い。

【一九七六年指導集】

男子部諸君の敢闘を期待したい。これは、お願いするという意味のものではない。私も前会長のタイマツを受け継いで、みずから走るだけ走った。今日まで走りつづけた。広宣流布は人に頼まれてするのでなく、地涌の菩薩としての本人自身の自覚から、また自分自身のこの世に生まれてきた使命としてやむにやまれぬ久遠の生命の発動として、遂行するものだからである（後略）。

〔創価学会指導集　一九七六：一四八頁〕

男子部（青年部）では「世界」「広宣流布」（「広布」と略されることもある）という語も特徴的である。こちらの典型的「指針」は以下のようなもので、切り開く先には「世界」が想定されている。

【一九九五年スピーチ集】

青年とは〝戦い〟の異名である。捨て身の戦いなくして、青年部の〝魂〟はない。口ではない。格好でもない。要領でもない。信心である。広宣流布の全責任を自覚して、すべてを祈り、

立案し、いっさいを行動で切り開いていく。それが青年部の伝統であり、学会精神である。〔池田　一九九五：二九一頁〕

壮年部にも「家族」に関する語句はあまりない。「指導」や「責任」が特徴的である。「一家」「一族」に対しても指導的立場に立つ役割があることについては述べられている。

【一九九五年スピーチ集】

（前略）特に、壮年部は、現実社会の荒海を乗り越えて、一家、一族、また地域・社会の友を、三世永遠の幸福の港へとリードする船長の存在である。その責任は大きいし、それだけに冷静、慎重であり、力がなくてはならない。どうか〝あの人がいれば何があっても安心だ〟〝この人の指導は明快だ。間違いない〟といわれるような、名指揮をお願いしたい。かりそめにも、威張ったり、軽率や、はったりがあったり、包容力もなく、冷静に話し合うこともできない、などといった愚かな指導者であってはならない。〔池田　一九九五：二八四頁〕

表2にはあらわれていないが、婦人部、女子部の振る舞い方に対しては、「明るさ」「清らかさ」「美しさ」について言及されている「指針」も多い。一九七六年指導集では、婦人部には「明るく、清らかに、そして美しく若々しく」、女子部には、「目も明るくすがすがしく、髪の毛もさっぱりし服装も清

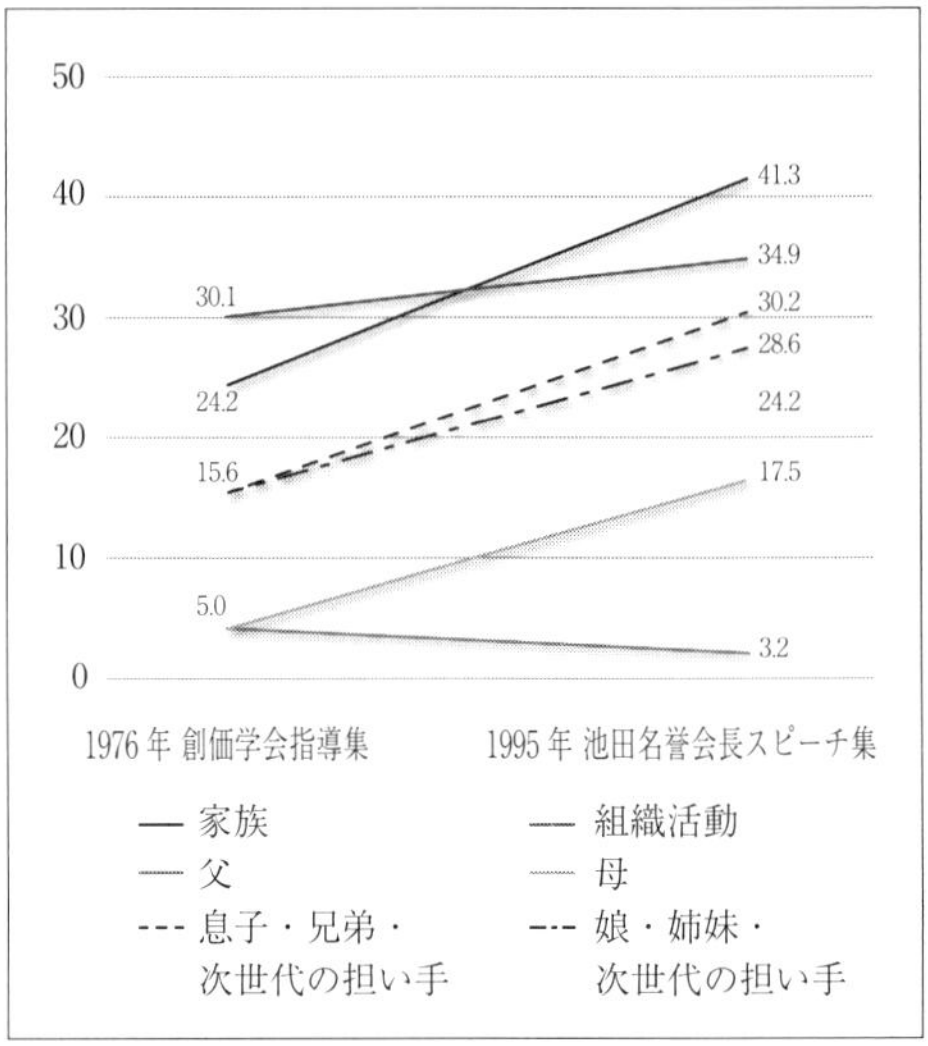

図1　家族に関連する言葉の登場頻度の変化（%）

楚にしてどこからみても近代女性であり、実直な明るく朗らかな女性」であることを要求している。

壮年部や男子部の振る舞い方については、一九七六年指導集では、壮年部には「学会の重鎮であり、中核であり、礎である」「創価学会の柱であり、屋台骨であり、各部の〝かなめ〟となって広布を推進」することが期待され、男子部には「日蓮大聖人の大哲学をもって、だれびとにたいしても、堂々と正義を主張していける確信ある雄弁を」期待されている。「創価学会を守る」ことが両者に期待されているが一九九五年スピーチ集には、壮年部、男子部ともに「ナイト（騎士）の精神で、〝私がいれば大丈夫。婦人部を、女子部を、そして学会を守ってみせる〟」「婦人、女子を優しく守りゆくナイト（騎士）」であらんと、女性を守る役割を期待する「指針」がみられる。

以上から、資料を総括したイメージとして、次のようにまとめることが出来る。

壮年部：創価学会における父の役割。指導的立場。重鎮・柱・要。職場での活躍も重要。
婦人部：創価学会における母の役割。日常活動を支える。家庭を基盤にして次世代を担う子どもを産み育てる。
男子部：創価学会における息子・兄弟の役割。次世代の指導者。勢いを持ち、正義のために戦う。
女子部：創価学会における娘・姉妹の役割。未来の母（婦人部）。若さ、美しさ、爽やかさを持つ。

このイメージは基本的には、男性は賃金労働、女性は家事・育児労働という性別役割分業に基づいており、学会組織の基本構造は、「父＝壮年部」「母＝婦人部」「青年期の息子＝男子部」「青年期の娘＝女子部」、そして本論では取り上げていないが、「高校生までの子どもたち＝未来部」といった「ジェンダー家族」のイメージと重なるものである。

また、「各部への指針」の部分に関連して、一九七六年指導集から一九九五年スピーチ集のそれぞれの「家族」に関連する語句の登場頻度に関して作成したコードを用いてクロス集計分析を行った結果が図1である。(19)「組織活動」と「父」を除いて、一九九五年スピーチ集の方が「家族」に関連した語句の含まれる割合が高いという有意な傾向が明らかになった（表1：各「指針」数の合計が基準）。

二つの資料はテキスト量や「指針」数などにも差があり、単純に比較はできないが、一九九五年の方がより「家族」に関連する語句を用いて、各部の創価学会員の「同志」への親近感や「同志」との団結・調和を促す必要が高まっていたことが推測される。調査時の二〇〇二年時点でも同様の傾向にある可能性が高い。次節では、「家族」の比喩を受け止めてきた創価学会員の受容の状況について、二〇〇二年時点のデータを用いて改めて確認する。

六　創価学会員による「家族」イメージの受容

データ・分析の概要

次に、二〇〇二年に実施した自由記述式で行った質問紙調査の回答テキストの内容について分析する。この質問紙調査票は教団の協力を得て配布した調査票一二三〇票のうち回収された有効票は八二二票で回収率は六六・八%である。

ここで分析対象とするのは本体の質問紙とは別紙として配布し自由記述式で尋ねた設問に対する回答である。本体の質問票に回答した八二二名の内、六五四名が自由記述方式の質問紙に回答を寄せたほか、本体の質問票には回答しないが自由質問紙のみ回答した人が二名いた[20]。合計六五六票の自由回答テキストがあるが、以下の分析で各所属部署別の検討を行う場合には、所属部署が不明の回答（および一名だけの男子学生部）については除いた形で分析されている。分析に際しては、同様にKHCoder3［樋口　二〇二〇］を用いた。

設定した質問は「創価学会員として心がけていることは何か」「その心がけに影響を与えている人物や事柄は何か」および「創価学会内の各性別組織（婦人部・壮年部・男子部・女子部）に対するイ

表 3 「日ごろ心がけていること」各部員回答の特徴語（数値は Jaccard 係数）

壮年部（N＝163）		婦人部（N＝344）		男子部（N＝77）		女子部（N＝69）	
平和	.084	人	.291	人	.104	前向き	.100
学会	.084	自分	.218	自分	.084	人	.092
他人	.082	相手	.149	自身	.071	友人	.075
世界	.081	地域	.111	絶対	.067	明るい	.074
職場	.076	行動	.104	話	.067	物事	.066
誠実	.075	学会	.101	学会	.066	行動	.066
幸福	.067	大切	.098	仕事	.060	強い	.061
信頼	.067	平和	.093	大切	.055	接す	.058
池田	.065	池田	.089	接す	.054	努力	.058
先生	.064	世界	.082	努力	.053	悩む	.052

表 4 各部所属の回答者に典型的な「心がけていること」回答例

壮年部	「世界の平和に貢献したい。職場でも、学会でも、信頼される人物になる」。
婦人部	「創価学会の一員として日蓮大聖人の仏法と池田会長の指導を学び、行動、家庭、社会がより平和で幸せになる為日々心がけています」。
男子部	「特に今は職場で実証（学会員としての人間性・仕事の成功）」。
女子部	「悩んでいる友人の話に耳をかたむけ、自分には何ができるかを常に考える。職場や地域では、実証を示せるように努力する」。

メージはどのようなものか」である[21]。当時、これらの自由回答の調査票を別途作成して回答を依頼した理由は、創価学会員に対するインタビューを重ねる中で基本の組織である「四者」のジェンダーにもとづいた役割・イメージがどのように理解・受容されているのか明らかにしたいと考えたからである。本論では、この点について分析を行う。

「創価学会員として心がけていること」

まず、回答者自身が創価学会員として心がけていること

表5　回答者の所属部別の「家族」コード出現頻度・割合
（男子学生部１、不明２を含むが双方出現はなし）

	壮年部（163）	婦人部（344）	男子部（77）	女子部（69）	合計（656）
家族	5（3.1%）	42（12.5%）	5（6.5%）	3（4.4%）	56（8.5%）

カイ２乗値　14.763**　**P＜.001

表6　各部所属の回答者に典型的な「家族」に関する回答例

壮年部	「妻や、子や、両親を思うように、同志に対しても家族を大切にする様な気持ち。成長を促すような気持ちで接するようにしています」。 「私たちは日々の活動の中で信心即生活のリズムの中で自分の会社家族の職場、友人知人の事を願って頑張っている（後略：日蓮大聖人の言葉の紹介)」。
婦人部	「笑顔を常に忘れず、家庭においても近隣においても挨拶をする事。信心している同志には、励ましを忘れず世界平和とたくさんの方の幸せを祈る事を心がけています」。 「家庭では太陽、職場ではいなくては困る人を目ざし、地域には、町内会行事等に積極的に参加するようになりました」。
男子部	「仕事３人前、信心１人前、仕事や家族をしっかり守り、その上で自身の成長を強く願っています。活動をする中で、人を許すことができる様になりました」。 「日ごろ心がけていることは、人の為又家族の為何かをしてやれないかと思う気持ちを持つことで、それに伴い活動（学会活動）は、人の幸せを祈るその祈りが活動（行）になり、形として幸せの因となると思います」。
女子部	「あまり深く考えない。家庭の中が明るい」。

について尋ねた設問についてその回答傾向を確認する[22]。表3は、回答者の所属部署別にみたとき、回答の中で特徴的に表れている語句上位一〇個をリストしたものである。

全員創価学会員であるので、それぞれの部署で共通する語も多い。実際の回答の文章を確認しつつまとめると、壮年部は「職場や地域、学会で誠実に生活すること」、婦人部は、「地域、学会で池田先生を師匠として相手の心を大事に行動すること」、男子部は、「仕事、学会で相手のことを大切に考え行動すること」、女子部は、「友人など相手に接するときに前向きな心をもって明るく行動すること」を大切に心がけていることがわかる。「人」という語は、具体的には池田先生、地域の学会員、地域住民、家族、友人、職場の人たちなど周囲にいる人たちのことである。典型的な回答を挙げておく（表4）。

本章の課題である「家族」という語について、その出現回数を回答者の所属部署別にクロス集計したところ[23]、表5のようになった。回答者数が多い婦人部は出現数が多いが、その出現割合も他部より多い。「家族」を直接的に用いた回答例を表6に示しておく。

なお、直接的に「家族」という語を含む回答例は、壮年部一六三件中三例（一・八％）、婦人部三四四件中一六例（四・七％）、男子部七七件中二例（二・六％）、女子部六九件中に一例もなく、「家庭」が一例あった。なお、「家庭」の利用は壮年部〇例、婦人部一一例、男子部二例である。

以上から、婦人部の会員にとっては、前節で確認した「家族」や「学会組織」を支える存在として自身を捉える視点、男子部・壮年部にとっては「仕事」「職場」「社会」で実証を示していくという自負、女子部には「明るく」「前向き」な姿勢を持つことが、それぞれ内面化されていることを確認できる。

「各部のイメージ」

次に、「創価家族」イメージがどの程度、浸透しているのかを各部のイメージ等を尋ねた自由回答の分析から検討する。なお、各部のイメージを尋ねることについては、「四者」の間には違いはないとする意見もあった。(24)

「それぞれ別々ではないのです。常に連絡を取りながら同じ目的に向かって活動しています。年齢、性別によって分かれているだけです」。

「全ての部署の人々は最終的には全人類の幸福・世界平和が目標です」。

しかし、多くの回答者が各部のイメージを記入しており、各部署に異なるイメージが語られていることから、「四者」が目指す「根本」には違いはないとしても、組織における「役割」には違いがあると創価学会員自身にも一定程度認識されているとみてよいだろう。この点は、次のような創価学会組織を「家族」に見立てる回答が多数みられたことからも確認できる。

「組織（ブロック・地区・支部）は大きな一家族と思うので父親（壮年部）・母親（婦人部）として、人生の経験者として、信仰の部分でアドバイスをしていける組織がいいと思いますが、ともすると男・女は独自の活動が多いので、「人生バラ色」指向で足が地についていない部分が多いよう

表7　「各部のイメージ」頻出語上位10個（カッコ内は出現頻度）

	壮年部	婦人部	男子部	女子部
1位	柱（84）	太陽（108）	活動（57）	花（77）
2位	学会（68）	明るい（74）	男子（55）	明るい（77）
3位	活動（67）	学会（69）	元気（49）	女子（71）
4位	仕事（59）	婦人（69）	学会（47）	活動（44）
5位	組織（58）	活動（65）	若い（44）	学会（41）
6位	存在（52）	存在（63）	青年（38）	女性（40）
7位	社会（45）	家庭（45）	行動（33）	爽やか（34）
8位	壮年（41）	元気（41）	未来（32）	未来（29）
9位	頑張る（32）	組織（38）	会合（29）	若い（28）
10位	婦人（31）	地域（36）	頑張る（27）	華（27）

※「人」を除去語に追加

に見えます。現在、学会では、壮年部・男子部一体、婦人部・女子部一体の活動ができるような機会を作っていっています」。

この回答には、実際の組織運営が見立て通りにはいかないこと、それに対する対応が行われていることも明示されている。また、創価学会会員にとって、「組織」とは、全国を統括する中央集権的な官僚組織を指すのではなく、日々の学会活動を共にする地域に根差した「ブロック・地区・支部」を意味していることも確認できる。理想と実際のギャップについてはのちに詳しく分析を行う。

ここではまず、各部の「イメージ」に対する回答の全体像を確認するため、回答のテキストの頻出語上位一〇位までの結果を確認する（表7）。

頻出語には直接的に「家族」を意味する語句はほとんど見られないが、その意味するところを具体的回答に基づいて総括すると、壮年部は「学会の柱・要として学会組織の活動と仕事を頑張る存在」、婦人部は「学会・家庭・地域で元気に活動する明るい太陽」、女子部は「爽やかで明るい学会活動における花（華）」、男子部は、「若く元気なこれからの学会を担う頑張る青年」というイメージである。なお、男子部は「池田先生の弟子」という師弟の枠組みの中で把握されている面が強い。「池田先生」への言及があるテキストは、壮年部では五件、婦人部では二件、女子部では四件だが、男子部は一三件あった。これらのイメージは、「一九七六年指導集、一九九五年スピーチ集」で各部に示された「指針」とほぼ一致している。

次に、直接的に各部に対して「父」（あるいは、「家族を守る」「子を育てる」等の語がある回答）「母」（壮年部と同様）、「息子（兄弟）」（あるいは、「子」「家族の一員」「未来（将来）」「後継者」「次世代」等の語がある回答）、「娘（姉妹）」（男子部と同様）のイメージを回答しているものを取り出した結果は次のとおりである。(25)

壮年部「父」イメージ：七一名（一〇・八％）
婦人部「母」イメージ：一〇八名（一六・五％）
男子部「息子（兄弟）」イメージ：七九名（一二・〇％）
女子部「娘（姉妹）」イメージ：五九名（九・〇％）

表８　全回答者から得られた各部の典型的な「イメージ」に関する回答例

壮年部	「全体のまとめ役、家族で言うとやはりおとうさん役です」。 「組織に於いても、又、家族に於いても、大事な一家の“柱”です」。 「婦人部男子部女子部から頼りにされている存在。指導者的なイメージ」。 「一家にあっても、組織にあっても、お父さん、黄金柱」。
婦人部	「創価家族の太陽」 「一家の太陽、地域の太陽。婦人部が前向きに元気に、負けずに行けば家族も地域も発展する」。 「組織のお母さんの役割、壮年部、男子部、女子部を大きく優しく包みこむ存在（持久力、忍耐力、包容力はピカ一）」。 「組織内ではお母さんの役割でみんな仲良く楽しく活動する和をつくる」。
男子部	「学会のお兄さん的存在、役割」 「組織の息子の役割、壮、婦、女子部に思いやりがあり21世紀の担い手」。 「先生が期待をされ次の世代を担ってゆく大事な青年部」。 「未来の父として人生における訓練期間」
女子部	「学会のお姉さん的存在、役割」 「四者全体の華、創価の華です。ひたむきに師を求め社会においても実証を示す」。 「若さと純真さ、清々しさなどのイメージ、将来の婦人部としての訓練の時期」。 「将来の男子部の力となる人材」

壮年部・婦人部には「父母」として「子」を守り育てるというイメージ、男子部・女子部には、「子」のイメージが一定程度みられることが確認できる。また、具体的回答には男子部・女子部に対しては「未来の婦人部」「未来の母」としての期待も見られた。具体的な回答例を表8にまとめた。

なお、本調査の回答で「創価家族」という語句がみられるのは、表8の婦人部欄に示した回答だけであった（「学会家族」の語句は二名使用）。「創価家族」という語句は一九七六年指導集にも使われていたが、二〇〇二年調査当時は現場での使用頻度は高くなかったことが推測される。一方で、「創価家族」という語句が用いられていなくても、創価学会員が組織から提供された「家族」イメージを認知して受容していたことが確認できる。

「理想」のイメージと「不足」に対する認識

「理想」のイメージとの対応から何を「不足」と捉えているかをみることは、「イメージ」の浸透と受容の具体的状況を見ることにもつながる。そこで、この点について確認してみたい。

まず、各部に対する「四者」それぞれの回答の特徴語の傾向について確認する（表9）。各部ごとの特徴語およびそれに関連する具体的な回答から各部の間の関係性が確認できる。全回答者の分析結果を示した表3では現れなかった「父」「母」「お父さん」「お母さん」の語が男子部や女子部に挙がってきている。女子部から壮年部には父と娘の関係性、壮年部から婦人部へは組織や家庭で婦人部から「支えてもらう」関係性、男子部・女子部からは婦人部を「母」とみる関係性がみられ

表9 各部に対する各部回答者の回答における特徴語上位5つ(数値はJaccard係数)

壮年部に対して							
壮年部より		婦人部より		男子部より		女子部より	
組織	.111	柱	.118	先輩	.113	学会	.079
仕事	.111	仕事	.087	人生	.101	婦人	.078
活動	.109	活動	.086	学会	.074	優しい	.069
柱	.109	壮年	.079	存在	.067	父	.068
社会	.068	存在	.074	良い	.060	お父さん	.066
婦人部に対して							
壮年部より		婦人部より		男子部より		女子部より	
活動	.111	太陽	.186	温かい	.075	温かい	.082
学会	.101	明るい	.139	学会	.075	学会	.080
中心	.068	人	.137	存在	.071	存在	.067
多い	.049	婦人	.118	明るい	.064	お母さん	.066
支える	.040	存在	.089	母	.062	元気	.061
男子部に対して							
壮年部より		婦人部より		男子部より		女子部より	
若い	.063	元気	.086	学会	.110	勢い	.089
行動	.048	男子	.086	立つ	.085	会合	.078
未来	.043	若い	.067	先頭	.084	活動	.071
人材	.040	行動	.059	活動	.076	多い	.071
先駆	.036	青年	.056	自分	.062	担う	.058
女子部に対して							
壮年部より		婦人部より		男子部より		女子部より	
活動	.063	明るい	.123	分かる	.124	明るい	.106
学会	.057	女子	.121	花	.079	花	.083
若い	.044	女性	.067	学会	.063	学会	.078
人	.044	爽やか	.059	優しい	.055	笑顔	.063
華	.039	未来	.051	存在	.052	強い	.063

表10　各部への各部回答者からの理想イメージと現実の不足・不満点

壮年部へ	
壮年部から：理想	**壮年部から：不足・不満**
一家にあっても柱であり、組織においても人生の経験を生かして、四者の要として皆を守っている。	積極性が足りない。仕事に追われている。／腰が重くて活動しない。／婦人部におされがち。
婦人部から：理想	**婦人部から：不足・不満**
男性はやはり大黒柱であり、いざという時の頼りです。／他の三者を温かく見守る。	頼りない、もっと活発にして欲しい。／婦人部に頼らず積極的に活動して欲しい。
男子部から：理想	**男子部から：不足・不満**
若いメンバーの良き理解者であり、相談役。／会員の矢面に立つべき存在。	あまり活発に活動していない。存在感がうすい。／年寄りばかりが集まっている部。活気がない。
女子部から：理想	**女子部から：不足・不満**
優しく頼れるお父さん／常にどっしりとかまえている父親らしい頼もしさ。／よき父、よき相談者	男らしいがやや婦人部に負けている。／議論好き。外に向けての行動は腰が重い。
婦人部へ	
壮年部から：理想	**壮年部から：不足・不満**
壮年部を立て、常に活動の源動力で、男・女青年部を巻き込む活動を起こしている。	幹部になる程忙しく、家庭の時間を大切にして欲しい。
婦人部から：理想	**婦人部から：不足・不満**
婦人部が元気に活動していくと三者も元気になるくらい婦人部中心、母は強しというくらい元気。	幹部は部員さんのことを陰で悪口を云わない。／心のない、口だけの人が目につく。
男子部から：理想	**男子部から：不足・不満**
母のように、温かく、何でも話せる良き理解者的役割。	視野をもっと広くもってもらいたい。(もちろん広い人もたくさんいます)

女子部から：理想	女子部から：不足・不満
学会の大黒柱、賢明な女性の生き方の現れ。地域や、子供のいる女性層への貢献をしていく。	人間関係が難しそう。／女子部よりムダ話が多いと思います。
男子部へ	
壮年部から：理想	**壮年部から：不足・不満**
若い力を、平和のために、一般の男性の何百倍もすごい。／元気が売り。／真面目…	男子部はもっと元気が欲しい、体育会系が少ない、人材不足。／時間帯が遅い。／非常識…
婦人部から：理想	**婦人部から：不足・不満**
池田先生は、常に男子部に厳しい。なぜなら、将来は、男子部の力にかかっているから。	仕事が忙しくあまり会合等には参加出来ない。／もっと時間を考えて、常識的に行動して欲しい。
男子部から：理想	**男子部から：不足・不満**
自分自身や生活の面でいろいろ鍛えてくれる。女子部が花なら男子部は兵士といったところ。	いろいろな考え方をもっているのはいいがほとんど2世で学会命、自分として疲れる場所。
女子部から：理想	**女子部から：不足・不満**
とても頼りになり、なくてはならない男子部です。／女性を敬う優しい方々。／ムードメーカ的役割	面識があまりない。／本来男性の力強さをもっとつけて欲しい。／信頼できない人も多い。
女子部へ	
壮年部から：理想	**壮年部から：不足・不満**
女性らしく、華やいだ活動で、周りに明るさを提供している。／素直で可愛い人が多い。	潔癖なイメージ、とにかく真面目、気軽に話しかけられない。女子部単独で活動している感じがする。
婦人部から：理想	**婦人部から：不足・不満**
学会女性として教育を受け、将来の婦人部として優秀な知識等を身に付け、後世に伝えて欲しい。	もう少し会合（地区）に参加してもらえたら。／爽やかさを失ってきている。／組織に人材不足。

男子部から：理想	男子部から：不足・不満
文字通り学会の「花」の存在。特に会館の受付などは抵抗のある外部の方もホッとするのでは？	（会うことがないので）よく分からない。／自己中心的になりやすい。／したたか。
女子部から：理想	**女子部から：不足・不満**
明るい。楽しい。優しい人が多い。／他の部にとっての花であり、先生の娘である。／未来の婦人部	帰宅の時間（夜10時：中略）が、守られていないのが多い。／ちょっと閉鎖的なところもある。

る。一方で壮年部と男子部の間の関係性には「先輩」「人材」などの要素が目立つ。男子部員から女子部への特徴語一位が「分かる」だが、実際の回答ではほぼ全員「会合でも会うことがなく、接する機会がないから分からない」という趣旨で用いられている（一五件〈一九・五%〉）。ある壮年部員の回答には男子部は「女子部との交流が禁止されている」とあった。

各部間の関係性が見える「理想」と「不足・不満」を述べている代表的な回答をまとめた（表10）。

壮年部は、理想としては家族・組織における頼れる指導者・守護者であることを期待されているが、実際には活動者が少なく、活動自体も婦人部に頼りがちであることがみえる。

婦人部は、やはり実質的な学会活動の中心であり、家族でいえば男性家長を立てて支え、子どもを見守り育てる「良妻賢母」であることが期待されているが、学会活動を頑張れば家事・育児・「夫の世話」が滞り、いつでも「温かく優しい母」ではいられない状況が読み取れる。

男子部は、創価学会組織の元気で勢いのあるイメージを担う存在であることが期待されているが、実際の男子部員にはそのような「体育会系」の体質に合わない場合もあることが推測される。

女子部は、若いうちは「学会の花」として「居るだけでよい」とも考えられているが、「未来の婦人部」として期待されている。その期待が「閉鎖的」ともみえる壁をつくりだしている可能性がある。

なお、「男子部も女子部も同じ」とする回答が五九件（九・〇％）、「四者」共通の回答が七件、婦人部と壮年部を共通とする回答が二件あった。男子部と女子部を区別しない回答は「次世代を担う後継者」への期待が半数以上を占めている（他は活動者の少なさの指摘、頑張っている現状の指摘）。

「理想」と「不足・不満」を対応させて検討した結果、回答の中に創価学会組織における既存の「ジェンダー秩序」の維持と再編のせめぎ合いを見出すことが出来た。

たとえば、「壮年部」に対しては、婦人部員から「男性は柱と思うけれども、女性より、男性は上と思っているのでは」、「『男性優位』の社会で生きて来た男性が少しかわいそう」、男子部員から「同時中継等で青年の時代・女性の時代等と言われ、肩身の狭い思いをしているのでは……」、女子部員からは「婦人部に負けてたまるかという気持ちが強い」という回答が寄せられていた。

婦人部に対しては、壮年部員から「にぎやかで、かしましいがここ一番では男より度胸があるのではないか」、婦人部員から「創価学会の要。世間ではまだまだ男性社会だが、学会は婦人部が元気」との回答の一方、女子部員から「男性が安心して仕事が出来るように心がける」との回答があった。

壮年部と婦人部の仲が良くないケースもあるようで、婦人部員から「地区部長1人の意見を通すところのようで、婦人部の意見は聞いてくれません。地区部長・地区婦人部長の仲が悪く、部員さんにもそれが見えるのがツライ」との回答、壮年部員から「(地域の婦人部が)壮年部と仲は良くなく、そういう事では困る」との回答もあった。

男子部に対しては、壮年部員から「もう少し男らしく活動して、壮年部と話しをして欲しい」、婦人部員から「男らしく、頑張って欲しい」「男子らしく強くなるように」、男子部員からは「男っぽい方々が多いように思います」との回答があり、「男らしさ」を求められている傾向がうかがえる。また、「結婚しているのに、男子部は変だと思う。ヤング壮年部とかにしたらどうか」という提案があるなど女性と男性とで組織区分の基準が異なることへの違和感も示されている。

女子部に対しては、壮年部員から「結婚式までの短い間であるが、互いに現実や未来を語り合い、その中から真の幸福を見つけ、強い女性強い母になっていく場」等と将来「良妻賢母」となる期待が寄せられている。また、組織の区分の方法について未婚のまま四〇歳代を迎える女性も少なくない状況から、「年齢的に女子部? と思う子達は気の毒」という意見もあり、そのためか「三〇歳をこえたら未婚でも婦人部に部移動すべき」「年齢制限をはっきりしてほしい」という要望があった。女子部には帰宅時間が決められている点について、男子部員からは札幌市の二〇〇二年時の目安として帰宅時間を夜一〇時までとする組織の方針に対し活動が自由にできずに「かわいそう」という回答もあった。

男子部と女子部は同じ青年部として、性別に囚われずに学会の先頭に立って勢いよく活動すべき部と期待する一方で、男子部には「女子部・婦人部を守護する騎士」という男性役割、女子部には「学会の花」「未来の婦人部」という女性役割といった性別役割にもとづく期待もみられた。

壮年部と婦人部に対して同じ回答をした二例は「家庭の父母のように、男子部と女子部を育成激励し、包容力の豊かなる動の存在」と「人生経験を生かした社会貢献と組織活動の中心的存在」であった。この二つも「ジェンダー家族」に基づいた関係性と組織に置いては「父母」はともに性別にかかわらず「親」＝「中心的存在」として同等・対等であるという関係性も存在していることを象徴する回答である。

創価学会員の回答からは、「ジェンダー家族」の秩序を維持する「男らしさ／女らしさ」の要請を受容していることが見て取れる一方、婦人部を除く各部に活動者が不足しがちであるため、その「理想」を実現しきれない部分があり、これまでの「ジェンダー秩序」とは異なる方向性の必要性が会員の中にも見出されつつあった状況を確認することができた。

七　おわりに

本章の議論から得られた考察を五点指摘して、本論のまとめとしたい。

第一に、創価学会では、「家族」イメージを会員の教団組織への帰属意識を強めるための戦略として用いている。

創価学会は、ヨコの関係を基盤とした「なかま―官僚制連結モデル」で運営されている中央集権型の組織と目されているが、「家族」イメージを活用して組織の結束を高めている。これは、全国的な組織構造を統括するモデルとしては「家族」から離れているように見えても、宗教的あるいはスピリチュアルな次元、あるいは個人的なレベルにおける人と人との結びつき方を象徴する要素としては「家族」の比喩は手放されていないということでもある。

第二に、「家族」イメージは、池田大作を頂点とする全国組織と直結しているのではなく、各地域の地区やブロックの組織の「団結・調和」を図るために利用されている。

創価学会全体は中央集権的な巨大な組織構造としてくみ上げられているとしても、その末端の組織で実質的な活動を行うのは、末端の支部・地区やブロックといった顔の見える範囲の組織である。座談会や各部の部会が開催され、家庭訪問や幹部指導で個々の会員同士のコミュニケーションが行われ、関係性が形成されている。その地道な活動の総体が公明党議員の当選や八二七万世帯の創価学会組織という全体の形に形成されている。末端の活動が活発でなければ、全体の活気も規模も縮小していく。明治期の日本が国民統合・国民形成のために利用した「家族国家観」イデオロギーも、個々の家父長制的家族のつながりに仮託して成立可能であった。創価学会の巨大な組織も、地区やブロックなどの地域組織の「同志」の間の信頼や連帯や情愛を糧にして成立しているのである。

第三に、創価学会組織から提供された「家族」イメージが会員に受容・内面化されていたことが確認されると共に、その「イメージ」の実現が実際には容易ではないことが確認された。

本論で分析した二〇〇二年時の札幌市の活動的創価学会員たちの回答の分析から、壮年部・男子部・女子部に活動家（創価学会活動を責任をもって引き受ける学会員）が少ない現状が見て取れるが、壮年部員の回答には「最近は幹部登用が多くてブロックは大変な事が多いです。もっとブロックの中に幹部自らが入ってくださいこのままだとブロックが死んでしまいます。大幹部なんてあまり要らない」との切実なコメントがあった。ブロック・地区は最も基本となる地域組織であり、実質的な会員同士のコミュニケーションが営まれる「同志」「創価家族」の実感が得られる場である。しかし、限りある「活動家」が地区やブロックより上の単位の組織幹部に就く事例があると考えられる。支部や本部、区・圏と地域組織の単位があがっていけば、担当すべき部員数が増え、一人一人に対する対応が手薄になってしまう。結果として、官僚制的な組織機構の論理が強く働くようになり、「創価家族」として「同志」をとらえる方向性が弱まる契機となっていくだろう。それは、組織の「屋台骨」「柱」あるいは「土台」を損なうことにつながる。

「信心二世が多く、又、苦しさを乗り越えた経験をもつ人が少ないので、少し心配しています。創価班は立派です。」という回答もあった。創価班は男子部の花形であり、本論で示した理想のイメージの体現者である。しかし、本調査の回答にも垣間見えるが、全員がこのような「男らしさ」モデルに従った行動をするわけでもできるわけでもない。女子部に対する「女らしさ」モデルも同様である［猪瀬　二〇一二］。

第四に、二〇〇〇年前後に創価学会組織において、ジェンダー秩序にかかわる一定の転換点があったと考えられる。

創価学会における「良妻賢母」モデルの揺らぎが顕在化した時期であり、その対応として婦人部と女子部の一体化とともに「良妻賢母」モデルの強化という複数の方策が行われようとしはじめた時期にあたる。婦人部と女子部の一体化が図られるようになったのは二〇〇〇年頃からの動きであるが、池田大作夫人・香峯子を良妻賢母として称える風潮が二〇〇五年『香峯子抄』出版後に強まったことも指摘されている。これは本論で一九七六年指導集を一九七〇年言論出版事件、一九九五年スピーチ集を一九九一年「魂の独立」後の「指針」の明確化の動きの一旦と位置づけたのと同様に、二〇〇五年『香峯子抄』が女性に対する「指針」の明確化とみなしうる。

近年、以前よりも「創価家族」という語句が『聖教新聞』紙上や幹部のスピーチなどでよく用いられるようになってきたようにみえる背景には、組織が「根元から崩れる」という危機感があるだろう。本研究の調査時点二〇〇二年はその端緒の時期にあたっているとみることが出来る。本調査はその時期の創価学会員の生の声の記録である。

第五に、「ジェンダー家族」の「家族」イメージが集団に対して用いられることの「政治性」が改めて確認された。

マクローリン［二〇一九］が指摘するように、また、これまでの家族研究の知見からも明らかなように、従来の「ジェンダー家族」を基盤とした運営を創価学会の組織においても、日本社会全体においても今後も維持し続けていくことは困難と予測される。国政選挙の報道で「ジェンダー」にかかわる問題が争点として大きく取り上げられるようになってきたことの背景にある変化が本調査の分析からも読み取れる。日本社会全体にとって「ジェンダー」のあり方の変革が大きな政治的争点となりつつある現在、創価学会においても「ジェンダー」は大きな争点となっていくはずである[26]。

伊藤幹治は『家族国家観の人類学』において、次のように述べている。

> 「家」制度が法的な根拠をうしない、衰退しつつある現在、その支柱をもぎ取られてしまった家族国家観は、再び活性化するようなことは、まずあるまいと思われるが、将来、一定の社会的＝政治的な条件さえととのえられれば、その疑似イデオロギーが再生産される可能性が全くないとはいいきれない。むしろ、この国の宗教的＝政治的風土には、こうした可能性が潜在しているといったほうがふさわしいような気がする。無論、そのばあいも、家族国家観が形成されたときとおなじように、国家権力を背景にしたイデオローグの存在が不可欠の条件であることはいうまでもない。［伊藤 一九八二：二〇九～二一〇頁］

「創価学会」という組織では、そのシンボルである「師匠・池田大作」が、「家族」イメージを用いて組織を統合するイデオローグとして機能してきたといえるが、二〇一〇年ころからは公式の場に登場することがほとんどなくなった。現在の創価学会は、池田大作後の組織を運営していく「指針」を固め、会員の間に浸透させている渦中にある。

本章で用いたデータは二〇年前の札幌市に限定された質問紙調査への自由回答の限られた結果であり、「家族」イメージが持つ組織機構全体への効果、また二〇二一年現在の創価学会組織における問題点については検討することが出来ない。二〇一〇年代以降、組織における新たな転換点を迎えている創価学会組織について、今後さらなる調査・分析が必要である(27)。

注

(1) 本稿は二〇一一年第二一回日本家族社会学会大会(於:甲南大学)における報告「宗教集団における「家族」イメージとその受容」をもとに大幅に改定したものである。

(2) 「ジェンダー家族」と呼ぶことの意義は、ジェンダーに規定されていない方向に「家族」のあり方の可能性の道を開いていくことにある。もっとも、現状は「家族」という言葉自体に一定のジェンダー秩序に基づいた権力関係が分かちがたく結びついており、「家族」という言葉から既存のジェンダー秩序を引きはがす方向性の確立は困難かもしれない。

(3) 同年の衆院選ではメディア等でも選択的夫婦別姓制度を導入する法案やLGBT理解増進法案など、家族やジェンダーにかかわる問題が争点の一つとして取り上げられていた。

(4) 初版は二〇一四年刊だが、本章では二〇一九年刊の増補版を用いる。

(5) 自民党案の「郷土と国を愛し」の「愛」の部分に対し、公明党は「郷土と国を大切にし」とする表現を主張していた。改正教育基本法では「伝統と文化を尊重し、それらをはぐくんできた我が国と郷土を愛するとともに、他国を尊重し、国際社会の平和と発展に寄与する態度を養うこと」という文言で決定している。「国を愛し」という表現を変えることは自民党の強い意向で認められなかったが、「国」を「我が国」に、「心」を「態度」に変え、「他国を尊重し」という文言を挿入するという調整であった。

（6）各公明党議員の活動を見ると「家庭教育学級」「全国家庭教育支援研究協議会」等の家庭教育推進にかかわることに積極的に参加していることから、賛同の方向性であることがわかる。また第一四七回国会衆院厚生委員会では、福島豊が「地域社会が昔と違ってつながりが薄くなった、核家族になった、そういう状況の中では子育ても社会化をする必要がある」という結論を述べるために、母親がテレビ・ビデオ任せの子育てをしている、発達障害が増えて学級崩壊が起こっているなどと述べたうえで「家庭教育力の衰退」説を展開している。

（7）北［二〇一〇］が示している資料のうち、公明党議員の発言に着目すると、二〇〇五年五月一八日の第一六二回国会参院「少子高齢社会に関する調査会」で鰐淵洋子が「育児保険につきましては我が党としましてもマニフェストの一項目に掲げておりまして、社会全体が子育てを支えていくという趣旨からは、創設に向けて歩みを進めていきたい」と発言している。第一四七回国会衆院厚生委員会会議録（二〇〇〇年四月一二日）では、遠藤知良が「これは、年金に保険料を掛けているわけですから、ある意味では自己責任の世界で、その果実として児童手当を支給されるということもあっていいのではないか」と発言。第一六四回国会衆院厚生労働委員会会議録（二〇〇六年三月一五日）では、福島豊が「効率化を図るということは、給付の抑制ということにつながらざるを得ないだろうと思います。そうした中で、すき間を埋めていくものは、ともに支え合う、共助の社会ということなのだろうなと私は思うのです」と発言している。

（8）前述の厚生委員会で、遠藤知良は「私どもの考え方、今後十六歳未満まで拡大する、あるいは所得制限を撤廃する、こうした形で児童手当というものを少子化対策の重要な柱としてさらに推進をしていく」という考え方に賛成か反対か厚生大臣に問いかけている。同委員会で福島豊も財務官僚に「扶養控除なのか児童手当なのかということについて、きちっと真正面から検討を私は進めていただきたい」と児童手当の考え方を問いただしている。

(9) 朝日新聞［二〇二一］の記事では、「党幹部は「自民党内の『保守派』とは同床異夢かもしれないが、『家庭』とついた方が収まりがよかったのだろう」と振り返った」との記述もある。

(10) 婦人部・女子部の一部の方は、創価学会組織の女性の立場に関して柏原ヤスに話題が及ぶと「柏原ヤスさんは特別だから」と、女性としては「例外」という見解を述べていた。

(11) 創価学会員に対する質問「日ごろの行動に影響を与えている人物・事柄」に対する回答のうち、「池田大作」（名誉会長、SGI会長、池田先生等）を挙げている回答数の男女差を比較検討したところ大きな差はなかった（男性六一・八％〈一四九〉、女性六五・一％〈二六九〉、不明一〇〇％〈二〉）。

(12) スケジュール管理とケアの重荷を担う女性（母・妻）が病や怪我等に倒れることがあっても破綻する。それを補完するような仕組みは社会の中に十分に備わってはいない。創価学会ほどの規模があれば、地域の信者集団に余裕がある場合には一時的に人手や支援を提供できる可能性はあるが、あくまでも個人の善意や余力に依存するものであり、教団のシステムに支えられているわけではない。このような事態をあらかじめ見越すことができる場合、逆に、家庭を破綻させないために女性自身が創価学会の活動を抑制するということになるだろう。

(13) マクローリン［二〇一九］で紹介されていない葛藤要因としては、妻と夫の創価学会の活動に対する姿勢が異なる場合、夫の実家あるいは妻の実家が創価学会員家庭でない場合、などがある。

(14) 朝食のところにある「配達」とは、聖教新聞の配達である。創価学会婦人部員や退職後の壮年部員の一部が請け負っている。組織の中では、「無冠の友」と称えられるが負担の多い役割である。

(15) このことは必ずしも、学会組織の中で異性愛ではない会員や子どもを持たないことにした女性（また男性）の居心地が悪いことに直結しないかもしれないが、異性愛にもとづいて次世代を生み育てるという方向性の行動が各会員に期待されていることは間違いない。かつて調査対象者である二世信者の婦人部員が不妊治療に踏み切った理由を、「子どもが出来なくても夫婦二人で過ごしていくのもいいかもしれない」との考えをいつもは物静かな一世信者の母親に伝えたところ「それでは、誰がこの学会を継ぐのだ！」と大声で喝を入れられたからだ、と話していたことが思い出される。

(16) 現在も「創価家族」という語は用いられている。むしろ近年になってからの方が意識的に「創価家族」という語句を積極的に使うようになってきている印象である。例えば、二〇二二年三月三日付の「未来部希望月間」の始まりをつげる『聖教新聞』の記事においては、「三月は卒業や進学、進級、就職などを迎える大切な節目。苦難の中で前進する宝の友に、創価家族が一丸となって励ましを送っていきたい」とか、未来部長、女子未来部長が「無限の可能性を秘めた未来部員が、使命の舞台に羽ばたいていけるよう、創価家族の皆さんと共に全力で激励」、といった場面で用いられている。

(17) 後述の通り、女子部には「華・花」、婦人部には「太陽」のイメージが強く持たれているが、この名称にはそれら双方が示されている。

(18) 類似した編集方式の「指導集」として二〇二一年に上中下の三巻シリーズで『池田先生の指導選集』が聖教新聞社から発刊されている。ただし、一つのスピーチの全体が長文で収録されている。上は『幸福への指針』、中は『人間革命の実践』、下は『広宣流布と世界平和』とのタイトルが付けられ、上中下通して第一章から第三一章までで構成されている。この指導選集には「第二〇章　青年に贈る」「第三〇章　未来部は広宣流布の命」という章はあるが、「各部への指針」に当たる章がない。また、「第二四章　広宣流布の組織」の中には「八　麗しき創価家族の世界」という見出しがあり、章のリード文には「創価学会は、妙法で結ばれた〝家族の集い〟であり、慈愛と安らぎに満ちた、最高に仲の良い麗しき和楽の世界であると語っています」と説明され、続く一九九〇年二月の「アメリカSGI青年研修会」スピーチでは「広布の組織は、生命の安らぎと充実のホーム（家庭）なのである」とある。

(19) 作成・使用したコーディングルールは次の通り。「家族」＝「家族 or 一家 or ホーム or 家庭 or 一族 or 父 or 父親 or お父さん or 母 or 母親 or お母さん or 兄弟 or 姉妹 or 兄 or 姉 or 弟 or 妹 or お兄さん or お姉さん or 子ども or 子 or 子供 or 娘 or 息子 or 孫 or 祖父母 or 祖母 or 祖父 or 両親 or 親 or 夫 or 妻 or 夫婦 or 夫妻 or 主人 or 奥さん or 親 or 両親」、「組織活動」＝「組織 or 活動 or 会合 or 役職 or 学会 or 地区 or ブロック or 幹部」、「父」＝「父 or 父親 or お父さん or（家族 and 守る）or（子 and 育てる）or（家族 and 働く）or（一家 and 要）or（一家 and 柱）or（家族 and 要）or（家族 and 柱）or（家族 and 支え）or（家庭 and 守る）or（家庭 and 存在）or（家庭 and 太陽）or（一家 and 太陽）or（家族 and 太陽）」、「母」＝「母 or 母親 or お母さん（以下は、「父」と同様）」、「息子・兄弟・次世代の担い手」＝「兄 or お兄さん or 兄弟 or 弟 or 息子 or 子ども or 子 or 子供 or 孫 or 子ども or 次世代 or 後継 or 21世紀 or 将来 or 後継者 or 未来 or 次の or これから or（家族 and 一員）」、「娘・息子・次世代の担い手」＝「姉 or お姉さん or 姉妹 or 妹 or 娘（以下は「息子・兄弟」と同様）」。

(20) 内訳は、壮年部一六三、婦人部三四四、男子部七七、女子部六九、男子学生部一、不明二である。

(21) 「【質問一】あなたが日ごろ創価学会員として生活、活動する上で心がけていること（人生目標、人への接し方など）は何ですか。また、あなたがそのような心がけを持つことに影響を与えている人物や事柄（書物など）についても具体的に自由にお答えください」として、「日ごろ心がけていること」と「影響を与えている人物・事柄」を欄を分けて回答してもらった。また、「【質問二】次のそれぞれの部署の特徴や役割はどのようなものだと考えますか。あなたが持っている印象・イメージや、学会内で日ごろいわれていることなどについて、それぞれ自由にお聞かせください（良い面だけでなく、足りない面などもあればお聞かせください）」として、「壮年部」「婦人部」「男子部」「女子部」に分けて回答してもらった。各部に共通した回答を書いている場合は、その同じ回答テキストをすべての部署の欄、あるいは男子部・女子部両方の欄に書き入力する形で処理している。

(22)　KHCoder3の「語の取捨選択」の設定では、「強制抽出する語」として、「広布、広宣流布、題目、唱題、勤行、御本尊、大聖人、御書、人間革命、宿命転換、一家和楽、聖教新聞」、一般的な語であるが上位に出てくるため「使用しない語」として「思う、考える、部、心がける、常に、特に、持つ」を設定した。各部のイメージの抽出語リストを出す際には「人」も除去語に追加した。

(23)　作成・使用したコーディングルールは、注（19）と同様。

(24)　本質問紙調査全般への意見と思われるが「信仰とはアンケートで答える問題ではないと思う。こんな質問をされた事をとてもいやだと思いました。」とのみ書かれ、設問へは未回答の回答もあった。

(25)　作成・使用したコーディングルールは、注（19）と同様。

(26)　現状としては、創価学会では婦人部と女子部が統合されて「女性部」となっても、女性と男性を組織的に分けて取り扱う体制については変更がないようにみえる。教団として「性の多様性」を否定しないとしても、性の二分法、異性愛主義に違和を感じる人には、居場所を作りにくい環境である。一方で、『聖教新聞』においてもこれまでのわかりやすい「成功」に基づいた「勝利」とは異なり、内面の成熟に注視した若い世代の体験談が連載として掲載されるなど、二世信者である子どもに強要するのではない形で、創価学会活動に意義を見出すように促す方向性が模索されている。この点についても今後の調査研究が必要である。

(27) 謝辞：本稿は、二〇〇一～二〇〇二年度科学研究費（特別研究員奨励費）課題番号01J10853「宗教集団における世代間信仰継承と「ジェンダー」の再生産過程の解明」による研究成果の一部である。また、当時、質問紙調査に協力してくださった北海道創価学会の幹部の皆様、札幌市在住の創価学会員の皆様に、改めて心より感謝を申し上げたい。なお、本稿は二〇二一年度龍谷大学国内研究員としての研究成果の一部である。

文献

伊藤幹治［一九八二］『家族国家観の人類学』ミネルヴァ書房。

猪瀬優理［二〇一一］『信仰はどのように継承されるか――創価学会にみる次世代育成』、北海道大学出版会。

北明美［二〇一〇］「第四章　児童手当政策におけるジェンダー」、木本喜美子・大森真紀・室住眞麻子編『講座　現代の社会政策四　社会政策のなかのジェンダー』、明石書店、一〇二～一三五頁。

木本喜美子・榎一江［二〇一四］「ジェンダー平等と社会政策〈特集〉ジェンダー平等と社会政策）」、『社会政策』五―三、三～一〇頁。

創価学会広報室［二〇二二］『創価学会二〇二一年活動報告』、創価学会広報室。

樋口耕一［二〇二〇］KH　CoderOFFZCIAL　BOOK『社会調査のための計量テキスト分析［第二版］

——内容分析の継承と発展を目指して』、ナカニシヤ出版。

本田由紀・伊藤公雄編［二〇一七］『国家がなぜ家族に干渉するのか——法案・政策の背後にあるもの』青弓社。

牟田和恵［一九九六］『戦略としての家族』、新曜社。

牟田和恵［二〇〇二］「家族国家観とジェンダー秩序」網野善彦・樺山紘一・宮田登・安丸良夫・山本幸司編『岩波講座 天皇と王権を考える七 ジェンダーと差別』岩波書店、一二一七〜一二五四頁。

牟田和恵［二〇〇六］「家族の近現代——生と性のポリティクスとジェンダー（特集 歴史社会学）」、『社会科学研究』五七—三・四、九七〜一一六頁。（牟田和恵［二〇〇六］『ジェンダー家族を超えて——近現代の生／性の政治とフェミニズム』、新曜社に再録）

森岡清美［一九八九］『新宗教運動の展開過程——教団ライフサイクル論の観点から』、創文社。

McLaughlin, Levi. [2019] *Soka Gakkai's Human Revolution: The Rise of a Mimetic Nation in Modern Japan.* Honolulu: University of Hawai'i Press.

新聞記事

『朝日新聞』二〇〇四年一月一〇日「教育基本法改正見送り、保守色嫌った公明党 文科省、先送り機運も」。

『朝日新聞』二〇〇二年一二月二四日「「家庭」にこだわる子ども政策 「お母さんが育てるもの」？ 新庁名の背景は」。

『毎日新聞』二〇〇四年四月一四日「社説：教育基本法改正 「愛国心」の本音がちらつく」。

資料

池田大作［一九九五］『希望の明日へ——池田名誉会長スピーチ珠玉集』、聖教新聞社。

公明党史編纂委員会［二〇一九］『増補版　大衆とともに——公明党五〇年の歩み』、ＫＯＭＥＩ。

創価学会指導集編纂委員会編［一九七六］『創価学会指導集』、聖教新聞社。

第六章 成長＝成功神話——長期的展望を失うメカニズム

Chapter 6 : Growth = Success Myth — Mechanisms for losing long-term perspective

櫻井義秀
Yoshihide Sakurai

一 サバイバル戦略に陥る政治と政党

分配の政治と財政破綻

二〇二一年一〇月三一日に第四九回衆議院選挙の投開票が行われ、自民党は二六一議席（単独過半数は二三三議席、安定多数は二四四議席）を獲得し、公明党の三二議席と合わせて二九三議席とした。マスメディアの事前予測では自民党が数十議席を減らして立憲民主党が議席を増やすことが予測されていたが、実際は自民党が一五議席減、立憲民主党が一四議席減となった。予想外である。予想を外す二つの要因があった。一つは、立憲民主党が日本共産党と組んで同一選挙区では候補者を一人に絞る、閣外協力の約束をなすなどの選挙協力体制を構築したことで、自民党の当落線上にある候補者をかなりの程度逆転できると見込まれていたが、この戦術は九選挙区での勝利にしかつながらず、比例区が伸び悩んだ。もう一つの要因は、一一議席から四一議席に躍進した日本維新の会の健闘である。大阪都構想や行政改革を掲げた地域政党を母体とする日本維新の会が、改革に期待する人々の票を集めた。二〇一七年の衆議院選挙で東京都知事による都民ファーストという地域政党を全国化した「きぼう」が、民主党の支持層や政党自体を完全に切り崩した構図が再来したとも言える。見方を変えれば、最大野党のかつての民主党と現在の立憲民主党は改革陣営の受け皿となれば強いが、第二、第三の受け皿を称する野党が現れれば、容易に票を奪われる政党なのである。

この選挙に先立ち、自民党政権は、二〇一二年一二月二六日から二〇二〇年九月一六日まで安倍晋三元首相が歴代最長の長期政権を維持し、後継を託された菅義偉元首相は、同日から二〇二一年一〇月四日まで新型コロナウイルス対応と二〇二〇東京オリンピック・パラリンピックの開催実現に傾注した。しかしながら、五波にわたる感染拡大によって医療が逼迫し、一七〇万人を超える感染者と一万八〇〇〇人を超える死者を出したこと（医療アクセスが制限されたまま在宅療養＝放置状態で亡くなった感染者も多数）、観光業支援のＧＯＴＯキャンペーンが逆に感染を拡大し地域経済を冷え込ませたタイミングの悪さ、一年近く経っても病床確保やＰＣＲ検査などを効果的に行えなかったことなどから菅義偉首相の支持率が急落した。そこで自民党は衆議院選挙の前に総裁＝首相を交代する疑似政権交代をやってメディアの注目を惹きつけ、新しい資本主義や配分の政治を掲げる岸田文雄首相で選挙に臨み、功を奏したのである。

実際、岸田首相は一〇月八日の首相就任演説において、新自由主義的な政策が深刻な分断を産んだと主張し、安倍―菅政権とは一線を画す政治姿勢を示した。しかし、新しい資本主義の中身としては、「成長と分配の好循環」「コロナ後の新しい社会開拓」という見出しのみが新しく、政策の骨子はデジタル、グリーン、人工知能、量子、バイオ、宇宙など先端科学技術の研究開発に重点投資するこれまで同様の成長戦略である。また、分配についても具体的には、賃上げを行う企業への税制支援、学生の教育費支援、看護や介護、保育従事者への数パーセント程度の賃上げなど従前の支援策を超えるものではなかった。コロナで傷ついた社会の開拓もデジタル技術の活用や観光産業の振興といったおなじみのフレーズが並んだ。

新しさのキャッチコピーと分配の政治、コロナ対策を先取りされたことで、従来配分の不徹底さを批判してきた野党、とりわけ立憲民主党は、対立軸の構築に困難をきたして他の野党同様、自民党以上に財政活用による分配を強調せざるをえなかった。立憲民主党・共産党・国民民主党・日本維新の会らは消費税五％に減税、小規模政党は廃止を訴え、自民党と公明党は消費税の税率をそのままにした上で自民党は所得制限付きの現金給付、公明党は子育て世帯へ一律一〇万円給付を公約とした。選挙後は、世帯主の所得が九六〇万円以下の世帯の子ども一人に対して自治体の判断で一〇万円相当の現金もしくはクーポン券が配られた。

こうした野放図な財政活用を懸念して現職の財務省事務次官が、「このままでは国家財政は破綻する」［矢野　二〇二一］という評論を出した。二〇一五年に「財政再建待ったなし―次世代にツケを残すな」と政策提言した経済同友会は賛同したが、コロナ禍で落ち込んだ経済を元に戻すべく財政投資を叫ぶ与野党はこの提言を無視して給付金のバラマキ戦術を選挙公約に盛り込み、今回の選挙では財政再建がまったく政策から消されたのである。

日本ではこの三〇年あまり四年に一度の衆議院総選挙で勝つためには、財政再建よりは財政投資や減税によって国民生活を安定させ、景気をよくするという言い方に勝るものはない。しかし、二〇二〇年度の国家予算は歳入約六三兆円に対して歳出約一〇三兆円であったのが、コロナ対策で補正予算を組んで約一八二兆円（実質一四八兆円を歳出し、三〇兆円を次年度繰越）まで拡大し、二〇二一年度もまた一〇六兆円を組み、そのうえ、二〇二一年度補正予算案として三五・九兆円を計上した。通常の予算でも約二四％を国債であてており、日本の政府債務残高は一二〇〇兆円を超え、国内総生産比二五六％と他の先進国の二倍以上に拡大している。

日本の国債は九割方が国内債権者であるために政府と国民の間で金の貸し借りがあるだけで、海外に借金をしているわけではないから海外の債権者によるデフォルト危機はないし、国債の引き受け手（日銀と市中銀行、および国民）がいる限り問題がないという論者もいるが、私はそう考えない。いずれかの時点で政府は利払いができなくなり、債務残高を圧縮しない限り財政が回らない状態になる。そうすれば、ハイパーインフレが意図的か自動的に発生して国債や銀行預金が紙くずとなるような事態が生じる可能性がある。無限に借金できた国が歴史上存在したことはなく、国の借金は対外的なものであれば国家財政の権限を奪われるか、政府が合法的な踏み倒しを行うかでしか、借金を消すことができない。そうなれば、海外に資産を持つなどリスクヘッジのできる富裕層と大企業のみが生き残り、生活資金や老後資金を国内に預金していた中間層は無産市民となり、超格差社会となるだろう。少なくとも地球温暖化のリミットよりも財政破綻のリミットの方が近いはずであり、他の先進国と比べて二倍以上の債務国家である日本経済がどうなるか世界から注視されているのが実情である。

世代間の葛藤

現代の日本や世界において中長期的視点もしくは生きのびるための感覚を持っているのは高年齢世代よりも若者世代ではないか。政治や経済の中枢を握る団塊の世代や経済成長の記憶を持つ世代は、青年期の〈成長＝成功〉神話に縛られている。それは個人の生き方に留まらず、科学技術の進歩や社会発展についても進歩や利便性の拡大、これまで以上に豊かになることへの夢を捨てきれない社会意識とも言える。内閣府が設置した総合科学技術・イノベーション会議の第五期科学技術基本計画に記載されたソサエティ五・〇という未来社会はその典型である。

「Society 5.0では、膨大なビッグデータを人間の能力を超えたＡＩが解析し、その結果がロボットなどを通して人間にフィードバックされることで、これまでには出来なかった新たな価値が産業や社会にもたらされ……、ロボットや自動走行車などの技術で、少子高齢化、地方の過疎化、貧富の格差などの課題が克服されます」（内閣府ＨＰ）。技術革新が自動的になにがしかの価値を生み出し、人間社会を作り変えていくという見取り図の単純さに鼻白んでしまうほかない。

しかし、幼少期から青年期まで失われた三〇年とも言われる経済停滞期に生きている若い世代は、日本社会の変化をよりリアルに感じており、楽観的な未来を予想していない。この世代は、「（就職）氷河期世代」「ロスジェネ」「さとり世代」などと言われ、賃金や所得がほとんど上がらず、雇用の非正規化による生きにくさを二〇年以上経験していることもあり、団塊の世代からバブル世代に共通する組織への依存や頑張リズム、努力は必ず報われるという感覚がないとされる。そのためか、高年齢世代と比べて何ごとにも熱くならない。アスピレーションをあらかじめ低く設定しているのでほどほどの生活でも満足感が高く、現状維持を臨むという意味での保守的意識が強い［吉川・狭間編　二〇一九］。他方で、個人の生き方としては、過密な都市生活や長時間労働環境に見切りをつけて地方で生業を模索し、穏やかな時間の流れやコミュニティでの人間関係を重視する若者たちがいる［伊藤　二〇二二］。

海外に目を転じると、アメリカで二〇〇〇年以降に成人に達した人たちをミレニアル世代と呼ぶが、日本同様、デジタル・ネイティブであり、個人主義や個性を重視し、前世代の消費文化や所有欲よりも体験やシェアに重きを置くとされる。この世代より一〇年若い世代がＺ世代であり、成長主義の限界、すなわち地球温暖化やＧＡＦＡによる富の独占、覇権国家の横暴に厳しい批判をなげかけている。タリバーンの恐怖政治に抗して教育の権利を訴えたマララ・ユスフザイや、地球温暖化の危機を学校ストライキで示したグレータ・トゥンベリ、香港の民主運動に挺身した周庭もこの世代である。ジェンダー・バイアスとの戦いも繰り広げるこれらの女性たちは、日本では新世代のアイコンとして若者世代以上に革新的な中高年世代に受け入れられているようにも見受けられるが、いずれにせよ、旧世代が主導する政治や文化のあり方、社会発展の展望が時代錯誤的であること、何よりも未来世代に負の遺産を渡す無責任さを激しく非難しているのである［クルツナリック　二〇二一］。

新世代が旧世代に問いただしているのは、人類社会が崩壊に瀕しているという認識と具体的な行動である。具体的には、①地球環境が二酸化炭素の排出等による温暖化や、森林・漁業資源など自然環境を使い尽くすことによって再生不可能な状態になっているという強い危機感があり、②持続可能な発展やＳＤＧｓという目標を掲げながらも成長神話から脱却できない政治家や資本家達に強い不満を持ち、一般市民にもライフスタイルの転換を求めている。そのうえで、③ジェンダー平等や一般市民の意向が政治に反映される民主的社会の実現といった社会的公正と人権の確立という人間社会の尊厳そのものを向上させようとしている。

このような世代間における価値観の葛藤は、日本や世界といった全体社会ではそのまま表れるが、政党や宗教団体といったイデオロギー・信念の共同体においては必ずしも明確な断層を示すものではない。自分の周囲にいる人々が共通の信念体系と利害関係を持ち、特定のリーダーシップをとる人物や集団に帰属している限りにおいて、共有する理念が現実化しているように錯覚できるからである。その意味で政党や宗教団体と一般社会との現実認識のズレはいつの時代にもありえる。しかしながら、党員や教団信者であっても日常においては一般生活者である以上、掲げられた理念と現実とのギャップに戸惑うことも多い。本書の四章で粟津が指摘した創価学会会員における「破られた契約」という感覚はそこに由来する。

このような裂け目を意識化させない工夫こそ、政治集団や宗教集団の儀礼・祝祭空間とそこに潜む正当化のイデオロギーである。数年に一度実施される国政選挙において組織に最大限の動員がかかり、利用可能な外部資源を総動員して戦い、幹部は勝利の美酒に酔いしれるわけである。論功行賞の人事や褒美の配分は、指導階層やその予備軍にとって次の選挙に向けた大きな動機付けとなり、最前線で票固めをする実行部隊の人々は労いの言葉に満足するだけでなく、マシーンを活用した地域活動や経済活動で元を取ろうという発想になる。

サバイバルの時代における政治宗教

自民党も公明党も地域社会や業界、大教団に支えられた安定政党であるために、選挙に勝ち続けている戦術を変える理由を見いだしにくいだろうし、支持母体の意向に沿わない政策決定もできないだろう。日本の中長期的な課題として財政再建と増税を実施するのかどうか、二酸化炭素を削減するべく原子力発電所の稼働率を上げるのかどうか、自衛隊の位置づけや外交戦略を転換するための憲法改正を行うべきかどうかなど世論を二分するような政策課題は、選挙戦の公約には決してならない。むしろ、支援業界や支持母体の期待に応え浮動票を獲得するべく、八方美人的な財政支出を競うのである。

中長期視点に立つならば、経済や技術革新に偏った「成長神話」を疑い、自然環境と日本社会の持続可能性を考え直し、人口減少社会日本に見合った賢い「縮小」のあり方を模索するための新たな投資が必要なのではないだろうか。ＧＯＴＯキャンペーンのように特定業種と行楽客に便宜を提供し、そうした機会を享受できない人々にも同じ負担を将来的に強いる財政支出は不公正の誇りを免れないし、二酸化炭素と残飯を大量に出すことがＳＤＧｓにかなっているとも思われない。それよりも食の地産地消や職の地元創出などの仕組み作り、デジタル技術を活用した地方分散型社会の構築など、持続可能な人口規模に見合った縮小社会を構想することはいくらでも可能である。

自民党も支持基盤の業界や国民の多数も景気回復や経済成長という「夢よ再び」の呪縛から覚めることはないだろう。こうした政策を採り続け、「成長の起爆剤」となるアドバルーンをあげないかぎり、現実の生活や社会が壊れてしまう不安が拭いきれないのである。客観的には、ソサエティ五・〇の第四段階である情報社会において日本は官民共に世界に後れを取っており、ＧＡＦＡＭのようなプラットフォーム産業はないし、ハード面の半導体産業も台湾や韓国にシェアを奪われてしまった。もの作りの旗頭でかつ関連業界・労働者数の多い自動車産業においてもＥＶ化に出遅れている。科学技術・工業先進国から滑り落ちる恐怖がある。実際、日本人一人あたりの平均賃金はＯＥＣＤ加盟の三五カ国中二二位であり（朝日新聞、「三〇年増えぬ賃金日本二二位」二〇二一年一〇月二〇日付）、日本円の購買力は五〇年前の水準に戻ったという（朝日新聞、「弱る円、急激な円安、輸入品値上がり」二〇二一年一二月二八日付）。そのうえ、人口減少・超高齢化に対応可能なコミュニティ政策も社会保障の充実も財源の問題から難航している現実に、とにかく夢をみさせてほしいという国民の切なる願望に応えたい政治の論理もわからないではない。

戦後期とは異なるフェーズで日本社会は再びサバイバルの時代に入っている。「縮小」の構造変動は、高度経済「成長」の変動同様に急激に日本社会を変えていく。自公政権は勝ち続け、世論に応えるために現状維持の政策をとり続ける。その結果、地球温暖化対応や産業構造の変革においても中途半端のまま推移し、ある段階で財政的にも行き詰まるのではないだろうか。若い世代において、地方において、あるいは未知の領域で新しいライフスタイルや産業分野を創出しようという試みはなされているが、日本の中核は変化を拒んでいるように見える。

小欲知足という言葉を公明党の政治家や創価学会会員が知らないことはないだろう。しかし、指導者以下末端の会員まで勝利し続けることを毎年の目標とするようなライフスタイルを続ける限り、成長への欲望それ自体を疑うことはない。公明党―創価学会は自公政権としてこの二〇年間権力に近づくことによって、宗教的理念を基盤とした政党として中長期的展望を持ち得ない体質に変わってしまったのではないだろうか。

本章の構成

現代日本における自公政権の問題点については詳しく述べておいたので、以下の節では、まず、政治と宗教の関係を考える世俗化の議論を通して日本における政教関係の特徴を述べ、従来の世俗化論では日本に特徴的な政教関係は把握できないことをおさえる。次に、創価学会の成長と成熟を振り返るべく、①国立戒壇・王仏冥合を唱えた第一次政治宗教の時代、②言論弾圧事件をきっかけとした政教分離と平和主義を掲げた公明党模索の時代、③現代につながる自公政権となり国民政党化した第二次政治宗教の時代を簡単に叙述する。そして、③の流れが出てきた背景に日本社会における左派・リベラル派の退潮と「経済大国」であったという集合的記憶や成功体験から逃れられない政治・社会意識の変化があることを解説し、最後に創価学会＝公明党が日本社会の転換に依然としてキャスティング・ボートを握っていることを明確にしておきたい。それは自民党を選挙で支えるだけでなく、創価学会の夢こそ戦後日本人の追いかけてきた夢でもあったからである。

二　日本の政教関係と世俗化

世俗化の諸次元

創価学会という宗教団体の政治性と公明党という政治団体の宗教性、および創価学会という社会集団と日本社会の関係性を考える上で世俗化の議論が思考の補助線になる。

日本において世俗化という言葉は、宗教性が世俗にまみれる、もしくは宗教の衰退と理解されているが、これは世俗化の一側面でしかない。宗教社会学において、世俗化は①政教分離、②宗教制度の機能分化、③宗教心の衰退の諸次元で捉えられる現象とされる［ドベラーレ　一九八一］。日本語の含意は③である。しかしながら、世俗化（secularization）という言葉の初出は、一六四八年のウェストファリア条約までさかのぼり、教会の所領を王侯に割譲することと、カトリック側とプロテスタント側に分かれた王国・諸侯国が国際秩序をめぐって争った宗教戦争（三〇年戦争）に終止符を打つことが中身であった。つまり、宗教制度という領域を確定したうえでその範囲を超えて社会全体に関わることに制限を設けるのが世俗化であり、①と②の意味だった。政教分離を厳格に実定法で定める現在の日本のやり方は世俗化の厳格な適用であり、特定宗教や教派を国教会と定めたり教会税を配分して優遇したりする政教関係もあれば、カトリックのような権力を持つ宗教組織と政府が協定を結んで政治と教会の区分けを行うやりかたもある。共産主義国家のように宗教団体を抑圧し、政治権力の下で統制するやり方も広義の世俗化政策と言えよう。

太平洋戦争後の日本社会においては、ＧＨＱによる神道指令と日本国憲法に基づく厳格な政教分離の発想によって公共領域に直接宗教的理念や特定宗教団体の利害が持ち込まれない。①の世俗化の徹底である。しかし、実態としては政治家や支援者、支持母体の宗教的信念や政治志向が、選挙を通じて政党や議会の立法や審議の過程に入り込んでくる。戦後、伝統宗教や新宗教が直接的に宗教家を政界に送り込んだものの、政党を組むにはあまりにも人数が少なすぎるので既存の政党を支援するやり方に方向を転じたことはすでに述べたところである。その中で創価学会は当初から政治に直接参加することを企図し、政党を結成する規模に教団を成長させた。この点では②の世俗化において政党と宗教団体との利害を含む相互の影響関係が残されている。自民党議員は、神道政治連盟や日本会議のように宗教団体を支持母体にかかえる政治組織に関わっている。ここまでは既存の研究によって明らかにされてきた日本の政教関係である。

しかしながら、③の次元に関しては、新聞社の世論調査や研究者の社会調査によって宗教的信念や宗教行為の低下が指摘されてきただけである。個人が社会や宗教集団に保持されていた価値観や規範よりも、自身の価値観や生き方の指針を優先させるようになったのかどうかは必ずしも明らかではない。トーマス・ルックマンは人間社会が意味・象徴を使わなくなったわけではなく、聖なるものが制度的領域から内心倫理（見えない宗教）へ移行したと述べたが［ルックマン　一九六七］、この議論は一九七〇年代以降スピリチュアリティという個性の尊厳や超越的存在と共振・共感する人間の感性が聖なる次元に移行する時代の予言となった［伊藤　二〇二〇］。しかしながら、私の見立てでは、日本において家族や地域社会、職場組織において集団の規模や関係性が弱くなり個人が析出してきたという意味での個人化は進行していても、ルックマンのいう内心倫理への転換は生じていないのではないかと考えている。スピリチュアリティについて言えば、この概念が導入され、精神世界のサブカルチャーから医療や教育などの公共領域においても利用され主流化されるにしたがって、人生の諸段階や生活の諸側面において個人化していない内心倫理や個の尊厳をあえてその人のスピリチュアリティとして求めていくことが生じているのではないだろうか。スピリチュアルケアのわかりにくさやケアの困難さは、価値や規範の根源が集団から個人に変わってきたことを意識化していない日本への適用の問題があるように思われる。

そして、このような③の個人化という世俗化が日本で進行しにくい背景を説明するなら、日本社会の特徴として国家や制度と個人との構造的分化が顕著に見られないからではないか。わかりやすく言えば、プライバシーの尊重という意味での公私の区別がなされていても、公権力の行使がどこまで許されどこからが許されないのか、その中間にある公共圏において国家・行政と市民・個人がどのように規制と自由の線引きをなすかといったことに市民は自覚的でない。逆の方向から言えば、政治は公共的空間において個人から願望や要望を拾い上げ適宜取捨選択しながら国民の総意と代弁するので、政治家や官僚によるパターナリスティックな指導と配慮を市民が公益の観点からよしとし、行政の長に決断力と思いやりを求める心情になる。権威主義的パーソナリティが長引く景気低迷とコロナ禍のなかでいっそう強まっているように思えるが、〈政党・行政―世論―個人〉の相互浸透的利害と心情の関係を基礎とした日本の現状維持型政策が続いていることは前節で記載したとおりである。

まとめると、日本において世俗化は①から③の諸次元において独特な展開を示しており、政治と宗教、政党と市民という二項対立的な構図が組みにくいところに創価学会＝公明党という政治宗教が置かれている。創価学会という宗教団体を支持母体とする政党は政教分離の観点からいかがなものかといった紋切り型の批判や、西欧のように特定宗教や特定政党の価値観と市民社会との葛藤といった構図もまた日本の政治宗教を捉えるのに適切な枠組みを提供しない。この点を政教分離の観点からもう一度捉え返してみよう。といっても、宗教施設への公費支出をめぐる訴訟において政教分離が問われ、宗教の領域が公共圏において定義されているという法学的観点ではなく［塚田 二〇一二］、世俗化を進める社会的アクターに注目して宗教団体が公共圏に参加できる自由度を見ていこうと考えている。

世俗化のアクター

カナダの政治哲学者であるチャールズ・テイラーは、『世俗の時代』という大著においてキリスト教世界に生じた世俗化を三段階に分けて神信仰というキリスト教の未来を展望している［テイラー二〇二〇］。第一段階は、前項で述べた政教分離であり、一七世紀から現代まで続く。主たるアクターは近代国民国家であり、世界宗教であるカトリック教会に対して宗教が司ってよい領域を権力で設定するか、政教協約（コンコルダート）を結んだ。第二段階は、二〇世紀の後半から現代まで続いており、司法、マスメディア、および市民が信仰の領域を公的領域から私的領域に囲い込んでいる。ヨーロッパでは、主として英仏独の大陸部において人々の宗教意識は、教会に属していないが個人的信念がある人々（believing without belonging）の群れを生み出し、その周辺部にある北欧では国教会に所属しているが信仰はない人々（belonging without believing）も生み出した。南欧では宗教が制度や文化に溶け込んでいる（diffused religion）状態を生み、東欧やロシアではカトリックや正教会が復興し、人々が信仰的になるという複雑な世俗化が生じている。しかし、ヨーロッパの国々は多様な隣接国の政教関係に影響されながら、それぞれの国ごとに政教関係のダイナミズムを保持しており、歴史的な反復もありうるという［伊達編　二〇二〇］。世界全体に目を向ければ、北米大陸や南米、アフリカ、アジアでは福音主義教会や聖霊派教会が勢力を拡大しており、世俗の時代にあってキリスト教は勢力を盛り返した。

現代の第三の世俗化とは、グローバリゼーションの拡大によって難民や労働移民の移動が増え、ヨーロッパや北米大陸が急速に多民族、多文化的構成に変わってきている。その際、人々が持ち込む宗教文化と伝統的なキリスト教文化がどのように共存していけるのかが課題となる。具体的にはイスラームだが、双方の一神教的宗教文化がどれだけ他の宗教文化に対して寛容になり得るのか、複数の宗教文化を認める現代の世俗国家においてキリスト教的信仰がどのように成立するのかということがテイラーの問題意識の背景にある。ムスリマのニカブ（目以外をすべて覆う服装）もＩＴやＡＩによる個人認証とセキュリティ管理の面で困難をはらんでいよう。宗教多元主義と現代社会との調整の局面が第三の世俗化である。

世俗化のアクターをまとめれば、国民国家、市民社会、および人々の個人主義的価値意識である。国民国家もまた①複数の宗教文化に対して特別な配慮をしない世俗国家、②宗教の領域を国家が統制する世俗国家、③特定の宗教文化と国民文化に共通の伝統を認める世俗国家に分かれる。日本は①を憲法上のたてまえとするが、天皇制と神道に特段の配慮を行うという意味で③の要素を持つ世俗国家である。②の代表的な例としてフランス革命や第三共和政の時代に非聖化（laicization）を行い、現代でも公共領域にはライシテ（公共領域の非聖化）を求めるフランスや、公認宗教による公認された宗教施設でしか宗教行為を認めないという宗教の行政的管理を行う中国が代表的な例としてある。ヨーロッパや北米の諸国は③である。

市民社会のアクターをあげれば、文筆活動を行う知識人たちや文壇・論壇、世俗国家の意向を体現する官僚や法律家、近代的価値観を解く教育者や特定の宗教観を説く宗教者、およびマスメディアが相当するだろう。近代主義的価値観を身につけた人たちは、伝統や慣習、自然科学で証明できない宗教的言説、共同体主義的な価値観や生活態度に対して批判的であった。日本においても明治以降、官僚は宗教団体を統治の対象としたり、知識人やマスメディアは民間信仰や新宗教に批判的視線を向け、伝統宗教をプロテスタント的な信仰的宗教に脱構築したりしようとした。信仰を持ち、教派・教会に所属することが宗教というプロテスタンティズム型の宗教観念が日本人の宗教意識に大きな影響を及ぼし、戦後も持続されている。その反面、先祖祭祀を主とする寺院仏教や祭礼参加を主とする神社神道の諸行事への参加を非宗教行為とみなすのである。さらに、戦後は左派系社会運動やマスメディアの批判的言説や教育によって、排他的信仰を有する新宗教を非科学的・非民主的の二点から批判し、人々も排他的信仰のあり方に違和感を持つようになった。このような批判的アクターによって戦後の新宗教運動も世俗化へ向けて変容を迫られることになる。創価学会も例外ではなかった。

要するに、戦後の日本では公共空間における世俗化が国家権力によらず、世俗化のアクターたちの手によって進行し、国家も市民社会も宗教に負荷をかけない、関わらない体制となった。世界中の諸国家において政教関係を計量的に分析したジョナサン・フォックスの分析によれば、日本は政治が宗教に関わることが極めて少ない国家群に属し［Fox 2008］、グリムとフィンケの分析でも、日本は特定の宗教に対して特典を与えたり配慮したりしない国家群に位置づけられている［Grim and Finke 2006］。宗教団体の社会活動に関して自由度が極めて高い社会といえる。福祉的領域においてソーシャルサポートを行う宗教団体は数多く、政治的領域において社会変革を目論む宗教団体もまた許容されてきたのである。公明党に対して種々の批判はあっても世論の喚起にとどまり、政治参加に制限をかける制度や仕組みは日本にない。政治的機会構造が保障されたところでの公明党の結成であり、今日まで宗教政党として維持されてきたが、宗教性の発現の仕方については世俗化のアクターたちが制限をかけてきたといってよい。

創価学会における教団形成の組織戦略に影響を与えた人物や機関として、①戸田・池田の二代にわたるカリスマ的会長や、②日蓮正宗との関係、③共産党や左派系メディアとの関係、および④自民党との関係があるが、本章では②から④までを世俗化のアクターとして大きく捉え、以下の現代史において創価学会＝公明党にどのような変化を強い、また創価学会が応えてきたのかをまとめていこう。

三　創価学会と戦後社会の構造転換

第一期　国立戒壇・王仏冥合を唱えた成長期

最初に創価学会が置かれた社会状況を展望するための基本的な視点を述べておこう。

政治学者の藪野祐三は、政策の実施可能性を規定する経済構造から戦後日本政治の変動についてユニークな分析を行っている。政策の軸は、ハイポリティックス―ローポリティックスの軸である。ハイポリティックスとは、高度に政治的な体制選択、すなわちイデオロギーに関わる課題であり、近隣諸国との国際関係や外交を含む。ローポリティックスとは、家族・仕事・教育・地域社会など日常生活に関わる課題であり、社会保障や地域自治が主たる政策課題である。経済構造の軸としては、経済の成長期にあって複数の選択と投資が財政的に可能な状態、つまりワイドパス期と、経済停滞期にあって取り得る政策の幅が狭く、集中と限定的投資しかできないナロウパス期に分けられる［藪野二〇一九：七八～一一一頁］。

この二つの分析の軸を用いて戦後から現代までの構造変動を四つの期に区切ってみた。そこに創価学会による政治参画と公明党の政策転換の流れを示したのが図1である。

敗戦から一九五〇年代までの日本は、天皇制や戦争責任をめぐる議論も盛り上がり、共産党が勢力を伸ばすものの、一九五一年に主権を回復するまでGHQによる間接統治期であり、その後もアメリカの意向を無視した政策はとりえなかった。そのうえ、朝鮮戦争による特需を得ても焦土と化した都市インフラの整備、戦争の被災者（遺族や孤児、傷病帰還兵）への支援など必要な支出があり、政策の幅も財政的余裕もなかった。

この時代に創価学会が設立され、統一地方選挙や参議院選挙に議員を送り込んだ。しかしながら、この時期は日本も創価学会の会員も貧しく、サバイバルが最大の目標であったと言えよう。幸福製造機としての御本尊と法華経、日蓮正宗の宗門、帰依する信仰集団の関係は緊密であり、創価学会自体

	ハイポリティックス（政治体制）	ローポリティックス（日常生活）
ワイドパス（経済成長期）	1960～70年代　高度経済成長 自民党　vs.　社会党 1964　公明党結成 1969　言論出版事件 1970　宮本顕治宅盗聴事件 会員世帯数750万に 1972　正本堂建立 1973「中道革新連合政権構想」発表 1974　創価学会と共産党が協定に署名 1975　創価学会インターナショナル（SGI）発足 1979　北条浩第４代会長就任。池田大作名誉会長就任。	1980～90年代　安定成長 保守系　vs.　リベラル 1989　議員のリクルート事件関与による辞職、矢野委員長の金銭スキャンダルによる辞任 1991　日蓮正宗から分離 1993　細川内閣が発足し、公明党・国民会議から４閣僚 1994　羽田内閣発足。公明党から６閣僚。分党方式（新進党に参加する「公明新党」、地方議員らによる「公明」を結成）
ナロウパス（経済停滞期）	1950年代　復興期 政党再編　五五年体制へ 1946　創価学会に改称 1955　統一地方選挙に学会員候補を推薦 53名当選 1956　参議院選に６名の候補を推薦 ３名当選　国会への進出	2000年代以降　定常的経済 民主党政権　自公連立強化 1999　自民党と自由党との連立政権発足「政教一致批判に関する見解」を公表 2001　小泉内閣発足。「テロ対策特別措置法」成立 2002「イラク特別措置法」成立 2004　有事法制関連７法成立 2008「新テロ対策特別措置法（補給支援特措法）」成立 2013「特定秘密保護法」成立 2015　集団的自衛権行使を可能にする安保法制関連法が成立 2017「創価学会会憲」を制定

図１　創価学会と戦後社会の構造転換

が自力を蓄えるべく教線を拡大することに最大限の努力を払っていた時期だった。小樽問答がなされたのは一九五五年である。

戦後初めてハイポリティックスが可能になった時代は、一九五〇年代後半の政治の季節から一九六〇年代に高度経済成長期を迎え、平仄を合わせるべく池田勇人が所得倍増計画をうちあげ日本が国力を回復した時代に相当する。学生運動や労働運動の盛り上がりは、一九六〇年六月に改定安保条約批准阻止の全学連が国会構内になだれ込んで警官隊と激しく衝突し、東大生樺美智子が死亡、学生・警官双方の重軽傷者が数百人にのぼったことで頂点に達した。新安保条約は自然承認となったが、岸内閣は総辞職し、池田内閣が発足してこの時代が始まった。与党自民党と野党社会党が政策面で競い、その間に少数の野党が入る五五年体制が始まる。体制選択は、学生運動と労働運動が左派勢力として自民党も無視しがたい力を発揮することで現実味を増した。一九六〇年と七〇年の安保闘争を挟んだ学生運動の時代には、イデオロギーが実現可能な政策として学校や職場でリアルに語られたのである。

一九六四年に創価学会は公明党を結成するが、王仏冥合と国立戒壇を掲げた創価学会の政治参画は、左右のイデオロギー政党の間にあってユートピア政党と言うべきものだった。五五年体制下では公明党は中道政党と位置づけられているが、仏教の中道でも国民福祉のための中道でもなく、当時は実質的に池田会長と創価学会員を守るための政党だった。創価学会の教勢拡大に対抗する炭労をはじめとする組合系左派勢力とは対抗関係にあり、自前の政治力を持つ必要性に迫られていたのである。

夕張炭労事件は一九五七年であった。

公明党は政党結成後も創価学会＝公明党への批判勢力との関係に苦慮し、一九六九年には『創価学会を斬る』という批判書の出版予告に対して著者の藤原弘達と日新報道に対して種々の圧力をかけた。自民党の田中角栄幹事長は公明党竹入義勝委員長から依頼されたとして電話や料亭で藤原に出版断念の説得を行ったが、最終的にこの本は出版された。この件以外にも批判書の著者や出版社に批判封じを行ったことが言論出版妨害事件と言われるものである。

マスメディアや国会で創価学会＝公明党の行動が問題化されるにおよび、一九七〇年五月三日に創価学会第三三回本部総会において池田会長は、言論妨害という意図はなかったが、世間を騒がせたとして謝罪したうえで国立戒壇の旗をおろし、創価学会と公明党の政教分離を約束することになった。一九七二年、富士大石寺における正本堂の建立をもって創価学会は、本門の戒壇建立と意義づけて政教分離批判をかわそうとしたが、日蓮正宗側が最終的な戒壇ではない（事の戒壇）との見解を示した。存立の意義が宙に浮いたままの正本堂は、大石寺が一九九二年に創価学会を破門した後、一九九八年に解体処分された。

ともあれ、創価学会にとって一九七〇年が転機となり、公明党は政教一致型のユートピア政党から政教分離型の中道政党に転換を迫られ、創価学会は布教の軸足を国内から海外へ転じることとなった。第一章の創価学会の研究紹介や第二章の一九六〇年代までの創価学会についての分析で述べたように、創価学会の教線は日本社会の津々浦々に拡大したとはいえ、農村部から都市への移動者や基幹工や熟練工など大企業主導の組合運動からこぼれ落ちた人々が広宣流布の主たる対象であり、都市部の流動層に居場所と唱題行による実証の獲得という幸福の現世利益を提供することで信者を獲得してきたのである。教団成長は一九七〇年代初めに公称七五〇万世帯を超えたところで頭打ちになり、従来の布教のやり方では豊かになった国民の心を捉えることが難しくなってきた。そこで、創価学会としても宗教団体としての教勢拡張から教団に価値を付加する戦略に転換したのである。すなわち、左派系メディアや政党、および大石寺側からも批判がやまなかった池田大作が三代会長を辞任し、海外布教をめざすＳＧＩ（Soka Gakkai International）の会長に就任し、世界の要人や知識人と対話を繰り広げ、機関紙を通して会員に創価学会と池田名誉会長の存在の大きさを示すことになった。

ハイポリティックスの時代において創価学会＝公明党も新しい政治体制の構築を目指して政治参画したが、約一〇年で王仏冥合の教説と政党理念を下ろすことになった。この世俗化を促進したのが左派政治運動とマスメディア・知識人であった。

第二期　政教分離と平和主義を掲げた模索の時代

一九七〇年代初頭は左派運動がまだ勢力を保っていたが、連合赤軍事件を機に急速に求心力と社会的支持を失い、マルクス主義はイデオロギーとして社会科学のアカデミズムで命脈を保つか、新左翼運動のユートピア的教説となった。主流派左派政治運動は革命から社会改良主義に舵を切り、人権と福祉の実現を目指すことになる。戦後のベビーブーマー達が成人し労働力に参入したこの時代は、子供と高齢者の扶養人口が少なく、一九九〇年代まで生産年齢人口が約七〇％近くに達していた人口ボーナス期に相当し、日本経済は黄金期を迎えた。

学生運動は急速に衰退し、労働運動もサークル活動などの草の根的基盤を欠いた基幹産業の労働組合主導となり、一九八七年に結成された全日本民間労働組合連合会に新産別、総評、日教組が加わって一九八九年に労働四団体を統一した全日本民間労働組合連合会が結成された。以降、連合は組合員のベースアップ要求と約七〇〇万人の組合員票を元に革新系政党支援で政治的影響力を行使する圧力団体に変貌していく。

中道政党として創価学会から自立することを迫られていた公明党は、一九七三年に「中道革新連合政権構想」を発表し、自民党と社会党の二大政党と共産党を除いた民社党他との協力関係を模索した。共産党とは未組織労働者層や票を奪い合う中であり、選挙の度に創価学会＝公明党を批判する共産党、および左派系知識人の存在は公明党にとって実に煙たい存在であった。一九七〇年に日本共産党委員長の宮本顕治宅に仕掛けた電話の盗聴事件の裁判では、一九八八年に最高裁判決が出ており、創価学会の顧問弁護士であった山崎正友が主導し学生部幹部が実行したことと後に会長となる北条浩の了解を得た行為であったことが認められている。この判決が出る前の一九七四年には、創価学会と共産党の間で長年の敵視政策をやめる創共協定が結ばれたが、公明党はこの協定を受け入れることなく、現在に到るまで競合関係は継続している。

この時期、公明党は社会改良主義に転じた左派系政党や地域密着で利益分配を図る自民党との差異化に苦しみ、一九八〇年には社会党とも連合政権構想を合意したり、自民党とも接触を図ったりして勢力拡張をねらうなど焦点の定まらない活動を継続した。また、一九八九年にリクルート事件で池田克也公明党議員が離党し、矢野絢也委員長が明電工事件絡みで委員長を辞任するなどスキャンダルが続いた。

公明党が迷走するなか、創価学会が世界宗教となることをめざしたSGIでは、池田会長が政治・文化の領域における国際的著名人や文化人と対談を重ね、一九八一年に国連難民高等弁務官事務所と国連広報局の認定NGOに、一九八三年には国連経済社会理事会、一九八九年にはユネスコのNGOとして登録されている。核兵器の廃棄や戦争と平和にかかる展示活動やキャンペーンを世界各国のSGIと共に展開したのは、塚田が指摘したように①言論弾圧事件以後、国立戒壇に代わる目標を模索していたことと、②平和活動をSGIの世界布教の目標に据えようとした意図があった［塚田　二〇二二］。二〇一〇年代には、「核兵器なき世界への連帯」展、広島で「核兵器廃絶のための世界青年サミット」を開催するなど創価学会をあげて国際NGO「核兵器廃絶国際廃絶キャンペーン」に協力している。しかしながら、日本は二〇二〇年に国際法規として発効した核兵器禁止条約の批准はおろか、参加もしていない。

SGI、創価学会は平和主義で通す一方で、公明党は宗教政党から政治政党としての独自性を発揮しようとしていたと言えるかもしれない。それが他政党との連衡合従による権力への接近であった。

一九九〇年代から小選挙区制が導入されて政党再編が進み、自民党が分裂してできた保守新党から一九九三年日本新党の細川護熙を首班とする連立政権が誕生し、公明党は、総務庁長官、郵政大臣、労働大臣、環境庁長官のポストを得て四名が入閣した。一九九四年新生党の羽田孜内閣では六名が入閣したが、一九九四~九五年社会党の村山富市を総理大臣とする内閣（自社さ連立政権）の時代、それに先立つ首相指名選挙で海部俊樹自民党総裁を推したために野党に転落した。

その後、一九九四年に公明党を解散して、国会議員が所属する「公明新党」が新進党へ合流し、地方議員は「公明」に残った。この年から自民党が新進党にゆさぶりをかけるべく、創価学会＝公明党を批判する四月会（正式名称は「信教と精神性の尊厳と自由を確立する各界懇話会」）によって創価学会批判キャンペーンをうち、新進党を解党に追いこんだ。小沢一郎の政治力に一撃を加えた後、橋本龍太郎首相は新進党の部分であった公明党＝創価学会側に公式に謝罪して協力関係を取り付け、一九九九年の自民党と自由党の連立政権を発足させた。そして、小渕第二次改造内閣において公明党から一人が入閣したのである。

五五年体制が崩壊した後の十年余り、公明党は協力の相手を求めて連衡合従し続け、創価学会の会員は焦点の定まらない選挙に動員され続けた。公明党の存在意義が創価学会員にも日本の政党政治においても見えにくい時代だったと言える。

なぜ、日本が最も豊かで輝いていた一九七〇年代から八〇年代、そしてバブルが崩壊してなお東アジアの経済大国であった九〇年代にかけてのワイドパスの時代に、公明党は独自の活動を展開できなかったのだろうか。もちろん、ＳＧＩの対外的な活動は顕著であり、創価学会は国内でも池田文化会館の建設や墓苑事業の拡大など着実に教団経営の基盤を固めており、日蓮正宗に破門されることで名実ともに世界の仏教系新宗教としての存在感を高めている。他方で、国立戒壇や王仏冥合といった政治参画の遠大な目標を放棄したことで、公明党には間接的に創価学会を政界において外護する安全弁以上の役割がなくなり、平和と福祉を実現するための具体的な施策は、地方政治における学会員へのマメなケアを超えて国政レベルでは独自の理念を持ち得ていないように思われる。そのために、共産党を除くあらゆる政党と連衡合従を模索してきたのである。

もう少し別の観点から言えば、五五年体制下において公明党のような中道政党の役割は極めて小さく、一般市民から期待される存在でもなかった。日本全体が底上げされていた経済成長期の三〇年間においては、創価学会会員としても公明党に具体的な政策を実現してもらうことで生活の向上を図るような期待があまりなかったのではないか。信仰の証しとして選挙活動を行い、公明党議員を勝利させることで教えと教団の正しさを実感すればよく、それを二、三年おきに繰り返すことで教団としての再活性化を持続することが、公明党が創価学会に果たした役割と言えるかもしれない。

豊かな時代、政策的なワイドパスにおいて方向性を示したのは左右両極に位置する共産党・社会党や自民党であり、中道による人々の幸福実現をうったえるも既に物質的には経済的底上げによって達成され、社会保障においても国民皆医療保険・皆年金制度が一九六一年に達成され、一九七三年には高齢者医療の無料化が達成されていた。このような時代において政策的になすべきことが見当たらなかったというのが正直なところではないだろうか。

第三期　自公政権となり国民政党化した第二次政治宗教の時代

日本では、一九九三年にバブル経済が破綻して以降、一九九七年のアジア金融危機、二〇〇〇年のITバブル崩壊、二〇〇八年のリーマンショック、二〇一一年の東日本大震災と度重なる経済危機にみまわれ、経済成長率は平均して一%前後、消費者物価はデフレ傾向、労働者の平均給与も下がるなど、数%台の成長を遂げる周辺の東アジア諸国と比べて定常的経済に入ったことが明らかだった。日本企業や事業体は雇用を維持するために労働者の非正規化を進め、就職氷河期と相まって現在の四〇代を中心に経済生活の基盤が脆弱な世代が出現している。この世代および続く世代において未婚率が増進し、少子高齢化と地域人口の減少に歯止めがかからない状態である。国民の要望は一貫して景気の維持と医療費・年金などの社会保障関連に集中し、沖縄米軍基地の移転、脱原子力発電の可能性、憲法改正といった大きな政策目標を抱えながらも、総選挙ではローポリティックスの時代に応じたイシューにしなければ勝てない状況が続いている。そのため、政府は金融緩和やグローバル企業への支援を政策の柱とし、二〇一九年に社会保障関連経費をまかなうための消費税増税をなすまで赤字予算を組み続け、二〇二〇年からの新型コロナ感染拡大に伴う医療・景気支援策によって日本の債務残高は、GDP比二五〇%を超すに到っている。

自民党が与党の地位を回復したのは公明党と連立を組む一九九九年以降であり、新進党を軸に保守系と革新系リベラルを糾合した民主党が一九九八年に誕生し、二〇〇九年から一二年まで鳩山由紀夫、菅直人、野田佳彦を総理大臣とする民主党政権が誕生した。しかし、民主党政権に対して東日本大震災と株価長期低迷への対応において国民の不満が高まり、政権交代は三年四カ月で幕を閉じた。二〇一二年から現在まで安倍晋三内閣の長期政権、菅義偉の短期リリーフ政権、岸田文雄政権と続いている。この二〇年あまり、政権交代や自民の復活などあったものの、政界再編の軸は保守と革新ではなく、保守と自民離脱者にリベラルが加わった政権奪取のための政党再編劇だった。総選挙も体制選択が争点ではなく、自民党政治に対する批判（小泉純一郎は党首にして自民党批判を展開し、菅義偉の後継を選ぶ総裁選でも自民党の看板掛け替えが焦点）の妥当性を有権者が判断する構図であったと言ってよい。

この間、公明党は政権与党の一翼を担い、自民党政治の維持に貢献し続けてきた。中道の政治から権力側の政治に移行し、公明党が掲げた平和と福祉の理念と齟齬を来す自民党の法案にも協力してきた。自衛隊の派遣や武力行使に関わる法案のみ挙げれば、二〇〇一年の「テロ対策特別措置法」、二〇〇二年の「イラク特別措置法」、二〇〇四年の「有事法制関連7法」、二〇〇八年の「新テロ対策特別措置法（補給支援特措法）」、二〇一三年の「特定秘密保護法」、二〇一五年の「集団的自衛権行使を可能にする安保法制関連法」がある。これだけ見れば、識者や創価学会員の一定数が公明党の変質を指摘し論難しても当然と思われるが、佐藤優は、創価学会こそ自民党による日本政治の右傾化や保守化の歯止めになっているという。逆説的でわかりにくい議論だが、この二〇年の間、衆議院・参議院の両院合わせて五〇から六〇議席を持つ公明党の存在は、自民党にとって選挙戦略上極めて重要なパートナーであるだけではなく、自民党が保守政党と組んで日本国憲法改憲の発議が可能な、圧倒的多数となる三分の二を確保することができるかどうかについても、改憲勢力と反改憲勢力のいずれにも是々非々で加担できるという意味でキャスティング・ボートを握っている。だからこそ、公明党が日本の平和維持に寄与しているという言い方は、あながちレトリックでもない。それだけ重要な政治的ポジションを得ることができたということである。

ここで約四〇年間にわたる衆議院選挙の選挙結果を見ておこう。表1に示したとおり、自民党は二〇〇九年の大敗北を除き、二〇〇議席から三〇〇議席の間、ほぼ安定多数の二六一議席を確保できており、五五年体制で票を分け合った社会党は村山政権後、社会民主党と民主党左派に分裂した。社会民主党となった一九九六年に一五議席を獲得したものの、漸減する議席数は二〇一〇年代に入って二議席に落ち込んだ。民主党は二〇〇三年と二〇〇九年の大勝利を例外として五〇議席から三〇〇議席まで無党派層の風次第の議席数確保となっている。二〇一七年には小池百合子東京都知事の都民ファーストを母体とした希望と民主党の合体する話がもつれ、枝野幸男を党首とする立憲民主党となった。地方政党から改革を掲げて全国政党になった日本維新の会や希望も五〇議席を確保した年もあるが、固定票は必ずしも安定していない。日本維新の会は二〇一四年の四一議席が二〇一七年には一一議席になり、二〇二一年に再び四一議席に戻っている。これらの政党はかなりの程度政党補助金に資金を依存しているが、独自の資金と盤石の固定票を持つのが公明党と共産党である。公明党は二〇議席から五〇議席まで波はあるもののこの二〇年は三〇議席前後を確保し、共産党は二〇議席後半から徐々に減らしているものの一〇議席強を確保している。

表1　主な政党の獲得議席の推移

	自民	民主	国民民主	公明	共産	維新	新進	社会	民社	希望	れいわ
1983	250			58	26			112	38		
1986	300			56	26			85	26		
1990	275			45	16			136	14		
1993	223			51	15		55	70	15		
1996	239	52			26		156	15			
2000	233	127		31	20			19			
2003	237	177		34	9			6			
2005	296	113		31	9			7			
2009	119	308		21	9			7			
2012	294	57		31	8	54		2			
2014	291	73		35	21	41		2			
2017	284	55		29	12	11		2		50	
2021	261	96	11	32	10	41		1			3

議席数だけで見ると小選挙区で勝利した政党と死票を抱えた政党の差異が顕著になるので、獲得した票数だけで政党の集票力を見たのが表2である。一九九六年に衆議院選挙が中選挙区制から小選挙区と比例代表制の併用に変わり、総票数が増えたものの、自民党は四〇〇〇万票から五〇〇〇万票の間で推移し、民主党は選挙ごとに一〇〇〇万票台から六〇〇〇万票まで大きく振れていることがわかる。これに対して、公明党は五〇〇万票後半から七〇〇万票（自民と選挙協力をしているため、公明党支持者が自民党に投票、またはその逆の選挙区がある）、共産党は風が吹いたときは一四〇〇万票に達するが固定票は六〇〇万票から八〇〇万票の間であることがわかる（すべての選挙区に候補者を擁立した二〇一七年までは死票が多い）。

表２　主な政党の獲得票の推移

	小選挙区＋比例区										
	自民	民主	国民民主	公明	共産	維新	新進	社会	民社	希望	れいわ
1983	25,982,785			5,745,751	5,302,485			11,065,082	4,129,907		
1986	29,875,501			5,701,277	5,313,246			10,412,584	3,895,858		
1990	30,315,417			5,242,675	5,226,986			16,025,472	3,178,949		
1993	22,999,646			5,114,351	4,834,587		6,341,364	9,687,588	2,205,683		
1996	40,042,051	14,950,856			14,365,509		31,392,379	4,787,889			
2000	41,889,232	31,879,722		8,993,785	14,071,860			7,918,915			
2003	46,749,511	43,909,790		9,619,951	9,424,124			4,736,062			
2005	58,406,187	45,841,211		9,968,725	9,856,562			4,715,529			
2009	46,112,199	63,320,133		8,836,991	7,922,240			4,382,899			
2012	42,267,766	23,227,426		8,002,355	8,389,448	19,204,581		1,872,552			
2014	43,120,364	21,692,840		7,314,236	13,103,131	12,702,344		1,733,788			
2017	45,056,493	15,811,216		7,810,165	9,403,013	5,152,150		1,574,093		21,115,125	
2021	47,541,040	28,707,736	3,840,187	7,987,263	6,805,748	12,853,623		1,331,781			2,463,928

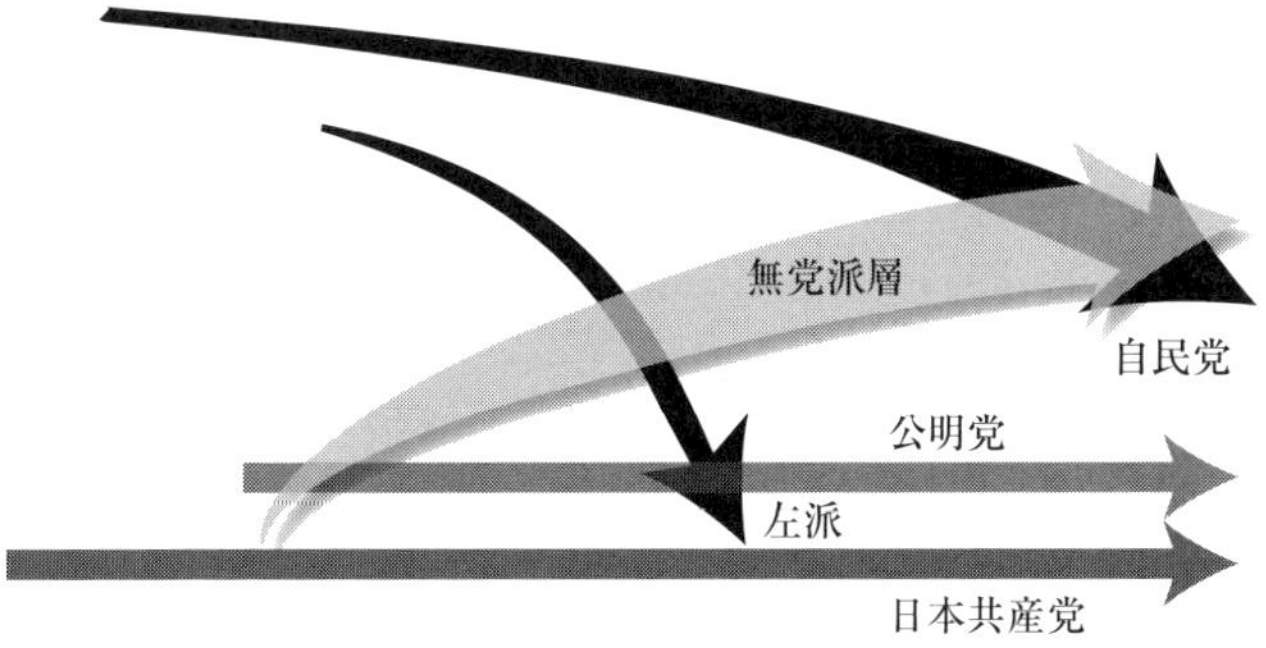

図2　五五年体制から多党・無党派の時代へ

公明党と日本共産党

一九八〇年代以降の政党別獲得票数をみると固定票を持つ自民党、公明党、共産党の三党が抜群の安定度を示していることがわかる。もちろん、五五年体制が崩壊してナロウパスの時代に入ったことで投票行動は、イデオロギー的な政権選択から経済生活や社会保障などの身近なイシューに対するよりましな政権運営を期待できる政党への投票に変わり、政権交代が相次いだ一九九〇年代以降に無党派層の存在がクローズアップされてきた。無党派層を引きつけられるかどうかが選挙に風を起こせるかどうかと同義になり、二〇〇五年の小泉純一郎による自民党の大勝や二〇〇九年の民主党の大勝には無党派層が大いに関わったとされる。

五五年体制から現代までの主な政党の勢力図を簡単に図示したのが図2である。

農林漁業や地方自治体の人口減が深刻化し、基幹産業であった鉱工業の正規労働者が減ってくると、自民党や社民党、民主党共に固定票の目減りはいかんともしがたく、都市集住の中間層の支持（風）を呼び込むか、他に固定票を持つ政党と連衡するかしかなくなる。自民党は一九九八年にこの選択をし、長期政権を持続させた。他方、左派から保守まで幅広く政権奪取のために結集した民主党（立憲民主党）も二〇二一年の選挙でようやく共産党と選挙協力を行う決断をした。その効果が限定的だったことから支持母体の連合は共産党との協力に疑問を呈し始めたが、大企業の企業内労組が労働者運動の担い手だった時代は過ぎており、集票力を過信しているように思われる。

創価学会＝公明党と日本共産党は、公明党の設立期から現在に到るまでライバル関係にあると言ってよい。機関紙や書籍による批判は共産党によるものが圧倒的に多く、第一章でまとめた創価学会についての先行研究は、ジャーナリズムであれアカデミズムであれ大半が左派的視点から政教一致型の組織体制や教線の拡大方法についての批判だった。ワイドパス期において宗教政党としての脅威を論じても、創価学会＝公明党の政治的役割が日本の政界を左右するものとは思っていなかっただろう。しかし、ナロウパスの時代に入って自公政権が誕生すると、創価学会＝公明党のプレゼンスは共産党を凌駕してしまった。そのうえ、東西冷戦体制が終結し、中国共産党や朝鮮労働党のような東アジア社会主義体制しか残っていない時代に、共産主義の理念で票を集めることは困難である。日本共産党もイデオロギー政党からイシュー型政党へ変貌し、社会党なきあとの正真正銘の革新政党として（政党交付金を受領していないことでも）一般市民から支持を受けるように変わってきた。その意味では王仏冥合を諦めて中道政党となり、生活と平和主義を掲げた公明党と似ていなくもない。

しかしながら、共産党と公明党が似ているのは、①なによりも会員と党員に支えられた自立的組織

〈利害集団からの支持や献金を要しないこと〉であること、②組織体制のガバナンスが権力集中制であること〈指導者や組織への表だった批判が少ないこと〉、③党員や会員が自分の生き方として組織活動に邁進する〈献身への報酬は往々にして彼岸にあること〉、そして、そのようなライフスタイルが組織エリートと中下層の支持者によって共有されていることである。似ているためにお互いによく相手のことが分かり、相手に対する批判もツボを押さえているとも言える。

このような政党は公明党と共産党だけであり、地域と職業集団の寄り合い所帯である自民党を除けば、他政党は〈政治家―支持母体＝利害集団〉の構造的・状況的産物とも言え、存続が保障されていない。いずれにせよ、自民党と公明党の連立政権は今のところ盤石の基盤であり、公明党―創価学会は日本社会の趨勢に大きな役割を今後とも果たしていくだろうと予想される。

四　創価学会＝公明党の未来

カリスマ的支配から合法的支配

二〇一七年に創価学会は会憲を制定した。その前文には日蓮正宗から袂を分かった創価学会の正統性を示す歴史認識が現れている。すなわち、二代会長の戸田城聖において「日蓮大聖人の曠大なる慈悲を体し、末法の娑婆世界において大法を弘通しているのは創価学会しかない。ゆえに戸田先生は、未来の経典に『創価学会仏』と記されるであろうと断言されたのである」として教団が本仏というユニークな見解を述べた。そして、戸田が日蓮正宗総本山大石寺第六四世法主の日昇から下付された紙幅の御本尊を、かねて「『法華弘通のはたじるし』として、『大法弘通慈折広宣流布大願成就』『創価学会常住』の御本尊を学会本部に御安置され、本格的な広宣流布の戦いを展開された」としている。創価学会と日蓮正宗との確執は、本門戒壇の御本尊としての板曼荼羅の真正性と継承の正統性をめぐって講組織である創価学会は日蓮正宗の法統を凌ぐことはできなかったということだが、約三〇年にわたる葛藤の歴史は消されたのである。そのうえで、「二〇一三年一一月五日、池田先生は、『大誓堂』の落慶入仏式を執り行なわれ、『広宣流布の御本尊』を御安置され、末法万年にわたる世界広宣流布の大願をご祈念されて、全世界の池田門下に未来にわたる世界広宣流布の誓願の範を示された」と御本尊に魂入れをした池田大作の功績を称えた。かくして創価学会は、「日蓮世界宗創価学会」となり、「信濃町を『世界総本部』とする壮大な構想を示され、その実現を代々の会長を中心とする世界の弟子に託された」現在の執行部が「二三世紀までの世界広宣流布」を行う正当性をこの会憲において示したのである。

二〇一八年に聖教新聞紙上で四半世紀にわたって連載された池田大作の『新・人間革命』が完結を迎え、現在の執行部および数代にわたる全国の創価学会員が登場した創価学会の正史は幕を閉じた。総則には、牧口常三郎、戸田城聖、池田大作の「三代会長」のみが、「広宣流布実現への死身弘法の体現者であり、この会の広宣流布の永遠の師匠」であり、「先生」であることがうたわれた。池田大作は存命中だが、歴史上の人物となり、創価学会はマックス・ウエーバーがいうカリスマ的支配から合法的支配の時代に移行したのである。

日本における新宗教や浄土真宗諸派では、開祖（祖師）およびその系譜や血統を受け継ぐ教主によって継承され、血筋のカリスマが縮減していく過程において教団の弱体化を招いているのだが、創価学会は池田の晩年に組織宗教としての体制固めをした稀有な教団である。このような選択を池田門下の執行部がなしたのは、池田自身が創価学会の名誉会長およびＳＧＩ会長として四代会長以下の歴代会長に実権を渡さなかったことと、戸田がそうであったように弟子たちに競合させて組織的活力を維持する長期的戦略をとったからだろう。しかも、創価学会、各国のＳＧＩ、公明党の組織が拡大・複雑化し、要職を占める創価学会エリートが多数になったことで集団指導体制と組織内昇進の道筋をテクノクラート型にしなければ収まりがつかなかったのかもしれない。さらにいえば、創価学会は公明党を通じて二、三年の周期で国政選挙を戦わなければならず、合理的な組織運営が求められもした。

宗教組織にカリスマが必要とされなくなり、執行部や職員上層部、国会議員や地方議員などの組織内エリート主導の組織となれば、組織は「先生」と会員の関係から、指導層と被指導層に階層分化が生じる。教団創設期からの数代にわたる信者家庭、要職を占める層や教団設立校などの学閥なども生まれるだろう。日本の寺院仏教、新宗教を問わず、似たような組織構造と問題が発生している。

公明党の遠山清彦は、参院二期、衆院四期を務めた党内でもエース級の人物だが、東京地検特捜部は日本政策金融公庫の融資を貸金業の登録がないまま仲介（一年三カ月で一一一件行い、約一千万円の手数料を得た）したとして在宅起訴した。公庫融資を所轄する財務省の副大臣に在職中のことであり、政権与党・要職者としての立場を存分に利用していたとみなすことも可能である。なお、同氏は新型コロナウイルスの感染拡大に伴う緊急事態宣言中に銀座のクラブに出入りしていたと報道され議員辞職していた。朝日新聞は社説にて「公明党—クリーンの看板どこへ」「政権与党のおごり」などと批判したが（『朝日新聞』二〇二一年一二月二九日）、公明党が既成政党化している証左だろう。

公明党の困難

公明党議員は選挙の地盤を完全に創価学会に依存している。教団から適任ではないとみなされれば政治生命を即座に失うという意味で不適切な行動の抑止体制は他の政党より整っている。公明党に人物がいるかいないかということ以上に、党の掲げる①子育て教育こそ希望、②平和の党が「金看板」、③「大衆福祉」の推進力、④小さな声を聴く力、⑤原発ゼロの社会へ、という理念の実現が、自公政権において可能かどうか、そこに葛藤や矛盾がないかどうかの方が深刻な問題である。

①についてはコロナ禍の痛みを軽減するために国民一人当たり、子供一人当たりの一律給付という政策を実現したが、財政再建に対する見通しを示していない。②日本の安全保障政策が日本国土を戦場に変えることがないかどうか、台湾有事他の事態に即して具体的に考えると現政権の外交政策・防衛戦略に問題はないのだろうか。③労働者の非正規化や個人事業請負化といった雇用関係の自由化が、生活の保障や福祉にどう関わっているのか。④公明党支持者以外の声—投票しなかった人々はど

う扱われるのか。⑤福島県原子力発電所のメルトダウン以降もこの問題についての見通しを立てていないように思われる。

これらの諸問題は、公明党が自民党と政策をすり合わせ、調整するために矛盾として生じていることである。野党として批判に専念するよりも、政権の内部で改善を行うほうがより生産的であると判断しているのかもしれないが、十分にその成果が見えてこない。この問題を創価学会会員のみならず一般市民に説明することは、なかなか難しいと思われる。

公明党がエスタブリッシュされた政党として今後何を目指していくのか。①創価学会や歴代会長を外護した時代、②中道政党として他党と連衡合従して権力を目指した時代を経て、③日本政治の中枢において政策実現の実力を持ち始めた現代において、政党として生き残ること以上の目標を公明党は持っているのだろうか。もちろん、公明党が創価学会の意向を度外視して政党独自の目的や戦略を持つことはないだろう。ならば、創価学会の総則に掲げられた目的である「日蓮大聖人の仏法の本義に基づき、弘教および儀式行事を行ない、会員の信心の深化、確立をはかることにより、各人が人間革命を成就するとともに、日蓮大聖人の仏法を世界に広宣流布し、もってそれを基調とする世界平和の実現および人類文化の向上に貢献する」ことと公明党の政策はどう関わってくるのだろうか。

こうして私たちは本章の最初に述べた日本の社会的課題と創価学会＝公明党が展望する課題との重なり合いに再び立ち返ることになる。

創価学会と公明党の指導者や担い手にとって、戦前の抑圧経験から圧殺されないよう巨大化すること（成長主義）と、政権との関係維持（政治参加）は初期の動機付けだったが、高度経済成長期に教団の成長がすなわち政治力になるという予想以上の成功を収めて現在に至った。選挙で勝利することは、教団活性化に寄与するのみならず、国政において創価学会のボリュームゾーンであるかつての中下層の国民や地方政治において結集軸となる学会員コミュニティへの社会福祉的配分にも成功した。そして政権与党の一翼を担う政党を有する日本最大の宗教団体となっている。この成功体験が創価学会の強みでもあり、制約でもある。

日本社会と同じことで成功体験が忘れられず、この準拠枠が行動選択の経路となり、時代状況に対応できなくなる可能性が強い。日本社会については第一節で述べてある。創価学会について述べるならば、幹部達は勝てる戦略を変更する必要性を誰も感じないということではないか。このことが創価学会にとっての持続可能性にはなるが、「持続可能な世界を未来世代に残す」と創価学会社会憲章で述べられているように、持続可能性は日本社会や世界社会においても問われなければならないだろう。

創価学会はすでに述べたように日本の既成宗教や新宗教といくつかの点において異なる。しかしながら、日本社会との共通性について述べれば、戦後における民衆・大衆の願望であった生き延びること、幸せになるという願いを明確にとらえた現世利益型在家仏教として始まり、成長・成功・繁栄・

勝利の夢を数十年にわたり数百万人の人々と一緒に見てきたわけである。創価学会員の夢は日本の民衆・大衆の夢でもあった。しかしながら、人口減少・経済力減退の時代において、日本社会は容易に現状打開の方向性を見出していない。このことは創価学会についてもやはり言えるのではないだろうか。成長は望めないので持続可能性ということが問題になるが、果たして何のためかという理念を展望する課題を共有しているということを確認し、本章の結論としたい。

文献

朝日新聞「三〇年増えぬ賃金日本二二位」二〇二二年一〇月二〇日付。

朝日新聞「弱る円、急激な円安、輸入品値上がり」二〇二一年一二月二八日付。

伊藤雅之［二〇二〇］『現代スピリチュアリティ文化論―ヨーガ、マインドフルネスからポジティブ心理学』明石書店。

伊藤洋志［二〇二二］『イドコロをつくる——乱世で正気を失わないための暮らし方』、東京書籍。

吉川徹・狭間諒多朗編［二〇一九］『分断社会と若者の今』、大阪大学出版会。

チャールズ・テイラー［二〇二〇］『世俗の時代　上下』（千葉眞監訳）、名古屋大学出版会。Charles Taylor, 2007, *A Secular Age*, Harvard University Press.

カレル・ドベラーレ、ヤン・スィンゲドー［一九八一（一九九二）］『宗教のダイナミックス——世俗化の宗教社会学』（石井研士訳）、ヨルダン社。

伊達聖伸［二〇一〇］『ライシテ、道徳、宗教学——もうひとつの一九世紀フランス宗教史』、勁草書房。

伊達聖伸編［二〇二〇］『ヨーロッパの世俗と宗教——近世から現代まで』、勁草書房。

塚田穂高［二〇二一］「第七章　核廃絶運動と宗教間連携の新展開——ICANとSGI・WCRPの関係を中心に」、大谷栄一編『戦後日本の宗教者平和運動』、ナカニシヤ出版、二一一〜二四三頁。

トーマス・ルックマン［一九六七（一九七六）］『見えない宗教——現代宗教社会学入門』（赤池憲昭、ヤン・スィンゲドー訳）、ヨルダン社。

矢野康治［二〇二一］「このままでは国家財政は破綻する」、『文藝春秋』一一月号。

藪野祐三［二〇一九］『現代日本政治講義—自民党政権を中心として』北海道大学出版会。

Jonathan Fox［2008］*A World Survey of Religion and the State*, New York: Cambridge University Press.

Brian Grim and Roger Finke［2006］"International Religion Indexes：Government Regulation, Government Favoritism, and Social Regulation of Religion," *Interdisciplinary Journal of Research on Religion* 2-1.

ローマン・クルツナリック［二〇二一］『グッド・アンセスター——私たちは「よき祖先」になれるか』（松本紹圭訳）、あすなろ書房。

あとがき

Afterword

本書では、対象を批判するために「政治宗教」という言葉を用いるのではなく、分析概念として用い、創価学会の宗教活動を検討してきた。「はじめに」で示したように「政治宗教」とは、近代化した社会における宗教集団の類型の一つであり、教団の組織体制や運動形態、あるいは教説や信仰のあり方を社会変革と結びつけ、政治参加を強力に指向する宗教集団として定義されている。

近代社会では、国家の非宗教化・世俗化が「政教分離」として制度化されたが、歴史的経緯から政教関係はそれぞれの国ごとに独自である。日本では、信教の自由と政教分離が憲法で規定され、厳格な政教分離の原則が行政・司法に適用されている一方で、政治領域には政党や政治家個人を支援する宗教界を含む業界団体の意向がさまざまなやり方で入り込んでいる。その意味で日本における政教分離は規範であっても実態とはいえない。

創価学会と政治とのかかわりを考察した本書の企画は数年前にさかのぼる。二〇一一年に刊行した李元範・櫻井義秀編『越境する日韓宗教文化――韓国の日系宗教　日本の韓流キリスト教』（北海道大学出版会）の継続的な研究として、韓国で約一四〇万人の信者人口を有し、韓国政界においても注目されている創価学会と日本の創価学会を比較しながら、政治宗教の日韓比較を行おうと考えたのである。

しかしながら、両国ともに調査の途中で三年に及ぶコロナ禍に直面し、とりわけ韓国において調査が中断されてしまった。日本側で用意した原稿は書籍の半分余りであり、刊行の断念も考えたのだが、まずは日本側で研究成果を先に公開し、韓国側を待とうということにした。その際、日本側の原稿だけでは一書にならないので、六章構成のうち櫻井が二章分、猪瀬がさらに一章を追加して粟津の章と併せることにした。

本書のほぼすべての章の内容が定まった二〇二一年末の時点では、この書籍が出版されるころに宗教と政治の関係がこれほど日本社会で論じられることになろうとは全く予想していなかった。

二〇二二年七月八日に起きた安倍晋三元首相の殺害事件によって統一教会(旧称は世界基督教統一神霊協会であり、二〇一五年から世界平和統一家庭連合に改称)と政治家たちとの関係が白日の下にさらされることになった。櫻井は既に『統一教会――日本宣教の戦略と韓日祝福』(櫻井義秀・中西尋子著、北海道大学出版会、二〇一〇年)を刊行しており、二〇二二年後半から国内外のメディアによる取材に対応してきた。そして、統一教会が引き起こした数々の被害を憂慮し、二〇二二年一〇月二四日に「旧統一教会に対する宗務行政の適切な対応を要望する声明」を宗教研究者有志二五人(代表は島薗進と櫻井)とともに発表している。(1)

その後、二〇二二年一二月一〇日に参院本会議において、新たに「法人等による寄附の不当な勧誘の防止等に関する法律」および「消費者契約法及び独立行政法人国民生活センター法の一部を改正する法律」が成立し、消費者契約法と合わせて、法人等からの寄附の勧誘を受ける者の保護を図る制度が整えられた。

本書はこのような情勢に対応して企画されたものではないが、創価学会と政治とのかかわりについて問うことで保守政権を支援する教団の役割と国家による家族、地域社会、および公共的領域への介入についても検討すべき問題があることを指摘している。特に、二〇〇〇年代に生じていたジェンダー・バックラッシュの背景に自民党とそれを支援する「宗教右派」ともいえる集団の問題があった。(2)

山口智美、斎藤正美はジェンダーやリプロダクション政策への影響を指摘しているが、「宗教右派はジェンダー政策にどう介入したか?」という論点提示をなした。統一教会はジェンダーフリーや性教育、LGBTの権利擁護、性と生殖の健康と権利擁護などの政策に反対する活動に熱心に取り組んでいたことが指摘されている。それだけではなく、神社本庁や日本会議も「伝統的な家族」を守る、「男らしさ・女らしさ」をしっかり守るといった思想を「反共産主義」の立場から主張している。夫婦別姓を求める声や包括的性教育の重要性を訴える声を「共産主義」「マルクス主義に基づいた革命戦略」といった主張で批判する運動・言動が典型的である。(3) 安倍晋三元首相は二〇〇五年に山谷えり子参議院議員とともに自民党に「過激な性教育・ジェンダーフリー教育実態調査プロジェクト・チーム」を座長として立ちあげるなど、ジェンダー不平等を維持・強化する価値を重視する立場であった。

創価学会を「政治宗教」として捉えるという本書の分析視角においても、ジェンダーおよび家族という観点からみた政治性について、具体的な史的事実等にもとづきながら検討することは重要である。猪瀬が翻訳に関わっているティアナ・ノーグレン著・岩本美砂子監訳『中絶と避妊の政治学――戦後日本のリプロダクション政策』（青木書店、二〇〇八年）では、産婦人科医の団体や薬剤師・製薬会社等の利益団体の動きと共に、生長の家やカトリック教会などの宗教的背景を持った議員が日本の性と生殖（リプロダクション）政策に強くコミットメントしてきたプロセスを克明に追っている。創価学会だけではなく、いかに宗教的背景を持った価値観が日本社会のジェンダー秩序に影響を及ぼしてきたのかを検討する意義は大きい。

「はじめに」において「ある時代、ある状況に適合し、驚異的な成長や成功体験を得た記憶は一世代の単位では忘れられるものではない。しかし、適応しすぎたからこそ、時代や状況が変わってしまったときに変化に対応しづらくなる。現時点では停滞で済んでいることが、縮減や没落につながることさえありうるのが宗教史や文明史の教えるところである」という総括がなされているが、ジェンダー秩序という観点から見ると、その「適応」や「成功」とは、どのような価値観を基にしてきたものであったのか、改めて問う必要がある。本書で検討してきたことと合わせて、残された課題の大きさを改めて考えさせられる。

振り返れば、猪瀬は二十数年前に修士論文の課題として、創価学会において親から子、特に母親から娘へと引き継がれる信仰のあり方に関心を持ち、信仰継承を研究課題として考えてきた。博士論文を準備する中、日本学術振興会特別研究員として科学研究費の助成を得たことから、北海道創価学会の方の支援も受けて札幌市創価学会員に対する調査票調査を実施できた。そして、博士学位論文を元に、二〇一一年に『信仰はどのように継承されるか——創価学会にみる次世代育成』（北海道大学出版会）を刊行した。その後、年に数回近隣の文化会館で開かれる本部幹部会に参加し、また、創価学会から離れた二世・三世学会員数名に聞き取り調査をしてきたが、しばらく本格的な調査から離れていた。

本書の第三章で用いた調査資料を得たのはおよそ二〇年前のことである。教団内における家族イメージの利用とその受容については、調査協力者に自由記述式調査票で回答してもらったものだが、二〇一二年に家族社会学会において報告したままだった。本書であらためて資料を活用し考察を加えることができたことを協力者に感謝したい。

二〇二三年現在、創価学会とも深い関係のある「宗教二世」の問題、宗教とジェンダー・家族の問題についての状況については、変化が見られない部分と今後大きく変化することが予測させる部分がある。男女二元論・性別分業論で組織を運営していく体制、リーダーとして示される幹部像は大きくは変化していないようにみえる。他方で、二〇二一年に婦人部と女子部が合併され「女性部」として再編成されたことが一つの変化ではある。また、二世・三世に対する対応と関わる部分では、聖教新聞等の教団機関誌に掲載される体験談において、分かりやすい「世俗的成功」＝「勝利」とみえる「成果」を強調することに加えて、日々を懸命に生きる姿勢自体に意義があるというメッセージも現れてきている。実際、職場環境等が不安定化し、コロナ禍の影響などで日々の会合や家庭訪問もままならない状況がある。会員たちの活動の実態も変化しつつある。

二世・三世の会員が会員の大半を占め、SNSが発達して多くの個人による情報発信と交流が容易にできるようになった。幹部層の二世・三世を含めて、教団組織に対する批判が発信され、世代やジェンダー、地域で分割された組織の枠を超えて横のコミュニケーションが活性化し、二世同士で連帯することも可能な状況となっている。創価学会は、時代の変化に柔軟に対応してきた組織でもあることから、今後の方向性が注目される。

最後に、本研究を現代日本の宗教社会学に位置づけてあとがきを終えることにしよう。本書は、宗教社会学の教団論、宗教運動論という枠組みから創価学会を捉えようとしてきた。しかしながら、現代の宗教社会学のトレンドは、制度化された組織のもとで運営される共同体主義的な価値を重視する教団宗教よりも、より緩やかなつながりをもち個人主義的な価値を重視するスピリチュアリティ文化にシフトしている。

二〇二二年一一月一三日、追手門大学において開催された日本社会学会「宗教」部会でも何らかの形でスピリチュアリティに関わる研究が大半であり、宗教社会学のオーソドックスな研究テーマである入信・回心・脱会の議論や、宗教組織論・宗教運動論、政教関係、あるいは教団論や寺社とコミュニティなどの研究がなかった。ただし、報告のほとんどに何らかの形で「国民国家」という制度の影響力を確認できた。たとえば、「いのちの教育において、個人の生老病死が問題になっていたはずなのに、いつのまにか教育においては自然や宇宙、ふるさとや家族といった個人を超えるものに価値が置かれ」るようになったという弓山達也の指摘は、その背景にある「宗教右派」的な価値観・世界観にもとづいて「日本国民」を育てようとする権力の動向がうかがえる。

スピリチュアリティ研究が盛んになったのは、日本の宗教界が世俗化し、社会の個人化に対応したスピリチュアリティ文化が社会の各方面に浸透したからである。他方で、国家政策に影響力を行使する教団宗教が厳然と存在し、社会は簡単に世俗化していないとも言える。日本における最大の教団である創価学会を「政治宗教」として分析しようとした本書の意義はこの点にある。創価学会がどのような理念と組織戦略をもって戦後日本から現代まで生き抜いてきたのかを創価学会という教団内の出来事に閉じるのではなく、日本社会に与えるインパクトを政治との関係から読み解いてみた。その結果、創価学会をめぐる問題は現代日本社会をめぐる問題なのだという結論に至った。

創価学会を含めて未来の宗教がどのような形で成長・衰退していくのか。こうした検討は、旧来の研究視点や枠組みにとらわれない若い宗教研究者に託されている。しかしながら、現在、残念なことに宗教社会学の王道とも言うべき教団論や宗教運動論を研究の柱とする研究者は激減し、創価学会の存在と日本社会への影響力に着目しつつも、実際に研究に着手するものは少ない。創価学会は、調査するにはあまりに巨大な教団であり、ライフワークになりかねない研究対象である。

私たちの研究は宗教学や宗教社会学の学術書として執筆したものだが、同時に、宗教関係者や市民の方はもとより、創価学会の幹部、信者のみなさんにも読んでもらえるように宗教に関わる洞察を含めたつもりである。こうした試みがどれほど成功しているかは、読者の判断に任せるしかないが、批判を糧としながら私たちは継続して教団論・宗教運動論に取り組んでいく所存である。

（猪瀬優理）

注

（1）　宗教研究者有志声明では、旧統一教会が信教の自由と財産権の侵害を行う問題行動を継続し、度重なる批判にまったく反省を示すことがないことから、宗教法人としての適格性に問題があると判断している。しかし、戦前の大本弾圧事件などの権力による宗教統制の歴史的経験を踏まえて、行政処分には十分な証拠と法的根拠が必要であり、宗教法人法や司法による公正さや透明性が不可欠であることを指摘した。

（2）　この点は、「霊感商法被害」や「宗教二世」問題ほどにはメディアでは広く取り上げられているとはいえないが、山口智美・斉藤正美・荻上チキの研究が再び注目されている（山口・斉藤・荻上『社会運動の戸惑い――フェミニズムの「失われた時代」と草の根保守運動』勁草書房、二〇一二年）。荻上チキが代表を務める一般社団法人「社会調査支援機構チキラボ」による一三〇〇名を超える「宗教二世」の調査に統一教会二世信者の約一〇倍の創価学会二世信者が回答を寄せていた事実を指摘しておきたい（荻上チキ編『宗教2世』太田出版、二〇二二年）。

（3）　石橋は、マスメディアも学者も社会活動家も左翼なども、こぞってジェンダーにおけるバックラッシュを対岸の小さな火事としてしかみていなかったと総括している（石橋『ジェンダー・バックラッシュとは何だったのか――史的総括と未来へ向けて』インパクト出版、二〇一六年）。同様の指摘や見解が少なからぬ研究者達から出されてきたが（浅井春雄・北村邦夫・橋本紀子・村瀬幸浩編『ジェンダーフリー・性教育バッシング――ここが知りたい五〇のQ&A』（大槻出版、二〇〇三年）、木村涼子編『ジェンダー・フリー・トラブル――バッシング現象を検証する』（白澤社、二〇〇五年）、本田由紀・伊藤公雄編『国家がなぜ家族に干渉するのか――法案・政策の背後にあるもの』（青弓社、二〇一七年）、中里見博・能川元一・打越さく良・立石直子・笹沼弘志・清末愛砂編『右派はなぜ家族に介入したがるのか――憲法二四条と九条』（大月書店、二〇一八年）、社会の大勢としてはジェンダー問題を軽く見る傾向が日本社会全体として強いことは否めない。

執筆者一覧

＊印は編者

＊櫻井義秀（さくらい　よしひで）
一九六一年、山形県出身。北海道大学大学院文学研究科博士課程中退。博士（文学）。現在、北海道大学大学院文学研究科教授。専門は宗教社会学、タイ地域研究、東アジア宗教文化論。著書に『人口減少社会と寺院――ソーシャル・キャピタルの視座から』（共編、法藏館、二〇一六年）、『東アジア宗教のかたち――比較宗教社会学への招待』（法藏館、二〇二二年）、『統一教会――性・カネ・恨から実像に迫る』（中公新書、二〇二三年）などがある。

＊猪瀬優理（いのせ　ゆり）
一九七四年生まれ。北海道出身。北海道大学大学院文学研究科博士後期課程修了。博士（行動科学）。現在、龍谷大学社会学部教授。専門は宗教社会学。著書に『信仰はどのように継承されるか――創価学会にみる次世代育成』（北海道大学出版会、二〇一一年）、『基礎ゼミ　宗教学』（共編、世界思想社、二〇一七年）、『現代社会を宗教文化で読み解く――比較と歴史からの接近』（共著、ミネルヴァ書房、二〇二二年）などがある。

粟津賢太（あわづ　けんた）
一九六五年生まれ。神奈川県出身。創価大学大学院文学研究科博士後期課程単位取得退学。博士（社会学）。現在、上智大学グリーフケア研究所客員研究員・人材養成講座講師。専門は宗教社会学・宗教人類学。著書に『記憶と追悼の宗教社会学――戦没者祭祀の成立と変容』（北海道大学出版会、二〇一七年）、『シリーズ戦争と社会5　変容する記憶と追悼』（共著、岩波書店、二〇二二年）、『占領改革と宗教――連合国の対アジア政策と複数の戦後世界』（共編、専修大学出版局、二〇二二年）などがある。

索　引

【サ行】

【タ行】

【ナ行】

【ハ行】

【マ行】

【ヤ行】

【ラ行】

【ワ行】

創価学会　政治宗教の成功と隘路《あいろ》

二〇二三年四月一〇日　初版第一刷発行

編　者　櫻井義秀
　　　　猪瀬優理
発行者　西村明高
発行所　株式会社　法藏館
京都市下京区正面通烏丸東入
郵便番号　六〇〇－八一五三
電話　〇七五－三四三－〇〇三〇（編集）
　　　〇七五－三四三－五六五六（営業）

装幀　野田和浩
印刷・製本　亜細亜印刷株式会社

ISBN 978-4-8318-7765-9 C1014